负重争先　勇于超越

大秦铁路精神

中国铁路太原局集团有限公司党委宣传部（企业文化部）编著

中国铁道出版社有限公司

CHINA RAILWAY PUBLISHING HOUSE CO., LTD.

图书在版编目（CIP）数据

大秦铁路精神 / 中国铁路太原局集团有限公司党委
宣传部（企业文化部）编著 . — 北京：中国铁道出版社
有限公司，2022.3
ISBN 978-7-113-28910-2

Ⅰ . ①大… Ⅱ . ①中… Ⅲ . ①重载铁路 – 铁路工程 –
概况 – 中国 Ⅳ . ① U239.4

中国版本图书馆 CIP 数据核字 (2022) 第 031644 号

书　　名：大秦铁路精神
作　　者：中国铁路太原局集团有限公司党委宣传部（企业文化部）

策　　划：罗桂英

责任编辑：陈若伟　田银香　　　　编辑部电话：（010）51873179

装帧设计：郑春鹏

责任校对：孙　玫

责任印制：赵星辰

出版发行：中国铁道出版社有限公司（100054，北京市西城区右安门西街 8 号）

网　　址：http://www.tdpress.com

印　　刷：北京盛通印刷股份有限公司

版　　次：2022 年 3 月第 1 版　2022 年 3 月第 1 次印刷

开　　本：710 mm × 1 000 mm　1/16　印张：27.25　字数：270 千

书　　号：ISBN 978-7-113-28910-2

定　　价：88.00 元

前　言

负重争先　勇于超越
让大秦铁路精神映照强局征程

历史的车轮滚滚向前，精神的力量历久弥新。

在庆祝中国共产党成立100周年大会上，习近平总书记深刻指出，一百年前，中国共产党的先驱们创建了中国共产党，形成了坚持真理、坚守理想，践行初心、担当使命，不怕牺牲、英勇斗争，对党忠诚、不负人民的伟大建党精神，这是中国共产党的精神之源。伟大建党精神，凝聚着中国共产党人的初心和使命，激励着中国共产党人不断开拓前行。在百年接续奋斗中，中国共产党弘扬伟大建党精神，团结带领人民创造了一系列伟大成就，也铸就了一系列伟大精神。

源自伟大建党精神的激励，一百年来，铁路人听从党的召唤、服从党的指挥，在革命、建设、改革中淬炼成长，在追赶、超越、领跑中疾速奋进，锻造了"始终听党话、永远跟党走"的红色基因，孕育了以"人民铁路为人民"为核心的铁路精神谱系，构成了中国共产党人精神谱系的铁路篇章，在各个历史时期熠熠生辉，在万里铁道线上代代相传，引领着一代又一代铁路人奋勇前进。

全长 653 公里的大秦铁路，西起煤都大同、东至渤海之滨秦皇岛，诞生于改革开放的历史潮流中，嬗变于中国经济的快速发展时，作为我国"西煤东运"的重要战略通道、中国经济走势的"晴雨表"，在服务经济社会发展、确保国家能源战略安全中发挥着无可替代的作用：从勇当全面建设小康社会的"开路先锋"，到当好交通强国铁路先行的排头兵，再到为决战决胜全面建成小康社会贡献力量，一代代大秦人和新时代太铁人始终心怀"国之大者"，想国家之所想、急国家之所急，在迎峰度夏、雨雪冰冻、金融危机、蓝天保卫战、电煤保供等急难险重任务中坚守为民初心、勇担历史使命，一次次挺起了钢铁脊梁。

开通运营三十多年来，一代代大秦人和新时代太铁人秉持"负重争先、勇于超越"的精神信念，不断加强运输组织、提升列车运能、加密列车开行，开启了超越自我、赶超世界的发展模式。年运量从设计 1 亿吨一路跃升突破 4.5 亿吨，累计运输煤炭 70 多亿吨，在不断挑战极限、超越自我中锻造奇迹、独领风骚，创造并保持着世界单条铁路重载列车开行密度最高、运输能力最大、运输效率最优等多项铁路世界纪录，以成熟先进的重载铁路技术体系、运输组织体系、装备运用体系、设备维修体系和组织保障体系，引领着中国重载走向世界，成为"中国重载的一面旗帜"、改革开放 40 多年来中国铁路的标志性成就。

　　伟大成就的背后，折射的是伟大精神。纵观大秦铁路的发展史，就是一部大秦铁路精神的构筑史。一代代大秦人和新时代太铁人知重负重、苦干实干，解放思想、锐意进取，自信自强、守正创新，在精益求精、追求卓越的接力传承中，孕育并形成了以"负重争先、勇于超越"为内涵的大秦铁路精神。这种精神与"二七"精神、成昆精神等一脉相承，都是伟大铁路精神谱系中不可或缺的重要组成部分，在这一宝贵精神的影响和带动下，一代代大秦人和新时代太铁人攻克了一个又一个看似不可攻克的难关，创造了一个又一个引以为傲的奇迹，实现了我国重载运输从落后到追赶，再到领跑的华丽转身，成为服务经济社会发展和保障人民群众美好生活的政治线、安全线、示范线、效益线和幸福线。

　　负重争先、勇于超越的大秦铁路精神，饱含着不负重托勇担当的家国情怀，饱含着勇争一流善创新的科学精神，饱含着砥砺先行勤奋斗的优秀品质！承载起一代代大秦人和新时代太铁人对历史责任的勇敢担当，承载起对国家利益的刚性坚守，承载起对世界一流的不懈追求，承载起对复兴伟业的炽热情怀！诠释了一代代大秦人和新时代太铁人砥砺前行的精神密码、树起了接续奋斗的精神丰碑、标注了勇当先行的精神坐标，已经深深融入每一个太铁人的血脉之中，过去是、现在是、将来仍然是太铁儿女用以滋养初心、砥砺使命的丰富源泉和不竭动力。

　　三十四载春华秋实，三十四载传承弘扬。坚守在大山深处的"全国先进基层党组织"王家湾线路车间党总支，大秦线上的"钢轨医生""全国青年文明号"秦皇岛西工务段女子探伤班组，全国劳动模范、"会开车只是技术，开好车才是艺术"的重载司机景生启，全国"两学一做·榜样""择一事终一生"的阳原供电工区工长王养国，最美铁路人、"新时代·铁路榜样"宋家庄站业务主管薛胜利……在千里铁道线上，涌现出一大批拼搏奋斗的先进集体、一大批忘我奉献的先进模范，他们宛如一颗颗"螺栓"、一根根"道钉"，日复一日地扎根在大秦铁路，成为践行大秦铁路精神的生动写照。

回望来路，是为了更好地前行。当今世界正经历百年未有之大变局，我国正处于实现中华民族伟大复兴关键时期，踏上全面建设社会主义现代化国家、向第二个百年奋斗目标进军的新征程。立足新发展阶段、贯彻新发展理念、构建新发展格局、推动高质量发展，太原局集团公司党委以习近平新时代中国特色社会主义思想为指导，承载党组厚望、把握基本局情、顺应职工期盼，鲜明提出了"弘扬大秦精神、实施强局工程、创建模范路局、建设一流企业"的总体发展思路，这其中把弘扬大秦精神摆在首位，深刻回答了太原局集团公司因何而兴、如何更强这一时代课题。编纂《大秦铁路精神》一书，回溯这一宝贵精神所产生的历史背景、形成过程，深入挖掘其丰富内涵和时代价值，系统展示其现实意义和重要作用，目的就在于进一步统一干部职工的思想共识，在新征程上坚定不移弘扬和践行大秦铁路精神，踔厉奋发、笃行不怠，携手迈向更加美好的未来！

　　万里长江、九曲黄河，有源故其流不竭；千里奔涌、万壑归流，有积故其力无穷。奋斗新时代、奋进新征程，惟有继续把大秦铁路精神薪火相传、发扬光大，才能让精神之光照亮强局征程的豪迈之路！

　　谨以此书献给大秦铁路全线开通运营30周年。

编　者

2022 年 3 月

目　　录

中国重载第一路——大秦铁路

鹿

延庆

茶坞

蓟县西

遵化北

迁安北

秦皇岛港

秦

铁

路

蓟港铁路

迁曹铁路

京唐港铁路

天津港

曹妃甸港

京唐港

第一章
大秦铁路精神的内涵要义

时光荏苒，岁月如歌。在党的领导下，大秦铁路书写了中国铁路浓墨重彩的一笔，在新中国 70 多年的发展历程中绽放着不可磨灭的荣光。这是一条因改革开放而生、因改革开放而兴，承载先行使命、发展重任的担当之路、创新之路、奋斗之路。30 多年来，一代代大秦人和新时代太铁人始终听党话、永远跟党走，牢记时代赋予的使命担当，以负重争先的意志品质，谱写出勇于超越的时代赞歌，创造了世界重载铁路发展史上的一个又一个奇迹。大秦铁路"是什么"？大秦重载运输"为什么"？大秦铁路精神"从哪里来""向何处去"？一串串的疑问和解读，将为您揭示大秦铁路如何坚定不移地走"中央有号召、铁路有行动"的"负重之道"，与改革开放和国家发展同频共振的"争先之路"，与中华民族伟大复兴命运与共。

第一节　大秦铁路精神的基本概念

大秦铁路精神核心表述语被概括提炼为"负重争先、勇于超越",这两句话、八个字是内在要素相互关联、不可分割的整体,是新时代太铁人的精神之源。"负重争先"是精神状态,知重负重、不负重托;"勇于超越"是奋斗姿态,超越自我、争先进位。大秦铁路精神是中国铁路精神谱系的重要组成部分,与"人民铁路为人民"的宗旨一脉相承,反映了一代代大秦人和新时代太铁人的理想信念和职业追求,体现了继承传统与着眼未来、产业特色与时代精神、引领思想与指导实践的有机统一,具有十分鲜明的行业特性和重载特色。

★ 负重争先是大秦铁路精神的精髓所在

"负重争先"体现的是本色和追求。中国铁路太原局集团有限公司因大秦而兴、因大秦而荣、因大秦而强。循着历史的长河回溯,大秦铁路的创业史,就是一部大秦人和新时代太铁人牢记初心、担当使命,负重前行、奋勇争先的奋斗史。作为我国"西煤东运"的重要战略通道,大秦铁路"负"国铁企业使命之重、铁路发展责任之重、重载运输事业之重;作为反映中国经济走势的重要"晴雨表",大秦铁路始终走在时代前列,在服务经济社会发展中争当先锋、在建设交通强国中争当先行、在做强做优做大创一流中争当先进。

负重，《现代汉语词典》中释义，"负"有担负的意思，"重"作为名词是指重量或分量；"负重"就是背上背着沉重的东西或承担重任。负重是中国重载铁路发展的最鲜明行业特征和最重要历史使命。改革开放之初，为缓解能源需求与交通运输的紧张状况，有效解决山西北部煤炭外运和东南沿海地区电煤需求问题，大秦铁路应运而生。1988年12月，新中国第一条双线电气化运煤专线建成通车，30多年来，一代代大秦人和新时代太铁人传承始终听党话、永远跟党走的红色基因，牢记"人民铁路为人民"的宗旨，以晋煤外运、西煤东运为己任，树立知重承重、勇毅前行的"快牛"信念，践行"扎根大秦、终身报国"的铮铮誓言，在迎峰度夏、雨雪冰冻、抗震救灾、疫情防控、电煤保供等危急关头，一次次挑重担、担重责，迎难而上、逆行出征，勇当排头兵，打好攻坚战，用忠诚奉献、无私无畏的担当品格，挺起服从国家战略、服务国计民生的钢铁脊梁，源源不断为祖国各地提供能源战略物资，满足不同时期人民群众对美好生活的向往和需要，确保了能源运输"大动脉"始终畅通无阻。

争先，是中国重载铁路发展的精神底色。30多年来，一代代大秦人和新时代太铁人舍小家为大家，从"雄赳赳气昂昂，跨过御河桥"，投身大秦艰苦创业，到"打仗亲兄弟，上阵父子兵"，建设大秦接续奋斗，到坚持以科技创新引领重载运输事业发展，历经两期工程建设、三次扩能改造；从引进、消化、吸收、再创新，到实现完全自主创新，一次次突破重载铁路运输瓶颈制约，以一往无前的奋斗姿态和永不懈怠的精神状态，锐意进取、敢为人先，取得了中国铁路科技创新的重大成果；从设计年运量 1 亿吨到创下年运量 4.5 亿吨最高纪录，从单列牵引5000 吨、6000 吨到成功试验开行 3 万吨、常态化开行 2.1 万吨单元组合列车，书写了以不足全国铁路营业里程 0.5% 的占比、担负起全国铁路 20% 以上煤炭运量的传奇，创造出"中国重载第一路"的伟大成就，树起了中国重载铁路的一面旗帜，成为世界重载运输当之无愧的"领跑者"。

★ 勇于超越是大秦铁路精神的品质特征

"勇于超越"体现的是态度和担当。大秦铁路的发展史，就是一部大秦人和新时代太铁人担当作为、勇于创新、不断超越的奋进史。无论身处顺境还是逆境，一代代大秦人和新时代太铁人敢于追求、挑战极限，在创造历史中不断超越自我，在世人的疑问和惊叹中镌刻下铁路运营密度、运输效率、干线年运量等"世界之最"的奇迹，为重载铁路事业发展作出了不可磨灭的巨大贡献。

勇于超越，是中国重载铁路发展的价值追求。一代代大秦人和新时代太铁人坚持在大局下思考和行动，胸怀"中央有号召，铁路有行动"的忠诚政治品格，在电煤保供战、脱贫攻坚战、蓝天保卫战中，争当货运增量行动排头兵，蹚出了一条艰苦奋斗、玉汝于成之路，一条改革创新、永攀高峰之路，一条低碳环保、绿色发展之路。进入新时代，大秦铁路不断抢占世界重载铁路运输技术制高点，创新实施"速密重"并举、"集疏运"一体、"产运需"对接、路港矿协作、"管维运"协调的重载运输成套模式，完善构建起重载铁路技术、运输组织、装备运用、设备养护维修、组织保障"五大体系"，为世界重载铁路发展提供了大秦样板、太铁智慧、中国方案，铸就了中国重载铁路从无到有、从追赶迈向超越的辉煌事业，谱写了一曲不忘初心、牢记使命，交通强国、铁路先行，与时俱进、自我超越的精神诗篇。

📖 媒体链接

扫一扫

专题片：人民铁路为人民

第二节　大秦铁路精神的内涵解读

"负重争先、勇于超越"的大秦铁路精神，根植于大秦铁路这片沃土，是一代代大秦人和新时代太铁人在长期实践中积淀形成的职业态度、思想境界和价值追求，深刻体现了太原局集团公司的特征，是太铁文化的基石。大秦铁路精神特色鲜明、内涵丰富，蕴含着不负重托的担当精神、砥砺先行的奋斗精神、勇争一流的创新精神，既体现了独特的企业特征，又彰显了鲜明的时代要求，只有从整体上准确把握其基本内涵和内在逻辑，才能全面理解、自觉践行，在新时代新征程上，不断汇聚 10 万太铁儿女团结奋进的强大精神动力。

★负重——不负重托的担当精神

负重就要担当，这是大秦铁路最珍贵的精神品格，不负重托的担当精神，体现的是一代代大秦人和新时代太铁人以重载报国为神圣职责，几十年如一日，矢志不渝负重前行，把责任和担当融入血脉中、刻进骨子里、落在行动上，表现出了强烈的爱国情怀和对党对人民的无限忠诚。

关键时刻敢担当，这是中华民族自古以来的优秀品质。从大秦铁路开通运营以来，一代代大秦人和新时代太铁人传承优良传统、弘扬担当精神，集党和人民的重托、服务国家发展战略的重任和交通强国铁路先行的重责于一身，以压倒一切困难而不为任何困难所压倒的决心和勇气，在担当中破解时代课题，知难而进、迎难而上、负重前行，把饱含的爱国之情、报国之志落实到圆满完成能源保供运输任务当中，用重载的脉动挺起了负重的脊梁，背负起党和国家赋予的时代使命，生动诠释何为担当、何为本色。

看似寻常最奇崛，成如容易却艰辛。回首峥嵘岁月，没有一代代大秦人和新时代太铁人的责任担当，大秦铁路就不可能一次次书写世界重载奇迹，更不会有大秦铁路精神的孕育诞生。展望未来，在新时代新征程上，肩负交通强国铁路先行历史使命，新时代太铁人必须继续发扬不负重托的担当精神，增强主动性，积极承担责任、敢于奉献和牺牲、主动扛起重任的自觉意识和自强品格；增强坚定性，履行责任义务，挑大梁、攻难关的坚强意志和坚定魄力；增强实践性，脚踏实地、善于作为、精于实干的品质；增强创造性，不拘于陈俗、不墨守成规、能够不断创造、突破自我的创新精神；增强目标性，善始善终、善作善成、接力奋斗直至实现理想、达成目标的品性和气概，在推动中国重载铁路高质量发展的过程中，深入实施重载示范工程，不断深化运输供给侧结构性改革，为满足人民日益增长的美好生活需要提供服务保障，为实现中华民族伟大复兴作出新的更大贡献。

★蜿蜒在大秦铁路崇山峻岭之间的"钢铁巨龙"

★争先——勇争一流的创新精神

争先就要创新，这是大秦铁路最坚定的精神追求。勇争一流的创新精神，体现的是一代代大秦人和新时代太铁人把承载的历史使命凝聚成精神的锰、意志的钙、信仰的钢和力量的火，转化成创新的不竭动力，以勇争一流的进取姿态和精神风貌，把一个个不可能变为可能，推动中国重载铁路事业一路高歌猛进，为实现货畅其流的愿景目标贡献智慧和力量。

一流业绩源于无处不在的创新实践。20世纪的中国，发展重载铁路既没有固定经验借鉴，也没有现成答案照搬，一代代大秦人和新时代太铁人大胆探索、开拓创新，从"杀出一条血路"到"走出一条新路"，在大秦铁路30多年发展的历程中，面对不断出现的新情况、新矛盾、新问题，靠着勇争一流的创新精神，就像奥林匹克竞技场上的不屈强者，不断提升目标刻度，屡次把似乎遥不可及的梦想化作让世人惊艳的现实，创造着突破自身极限的"世界重载运行的奇迹"，在探索实践中逐步形成具有世界先进水平和中国特色的标准体系，一次次续写着创新发展的传奇。

实践"勇无止境"，创新永无止境。在大秦铁路这块试验田上，一代代大秦人和新时代太铁人从零起步，啃硬骨头，攻最难关，以勇争一流的志气、敢为人先的锐气，走出去学习借鉴、引进来消化吸收，通过创造性转化、创新性发展，攻克了一系列重载运输的崭新课题，形成了一整套符合我国铁路高质量发

世界重载铁路运输
效率第一

世界单条铁路重载列车
密度第一

世界重载铁路
增运幅度第一

世界重载铁路
干线年运量第一

★大秦铁路之"最"

展要求的科学管理理论和实践运用方法，走出了一条创新发展的道路，创造了铁路重载运输事业的宝贵经验，在中国铁路波澜壮阔的发展历程中描绘出浓墨重彩的工笔画。自主研制的车体轻量化 C80 系列重载货车、大功率和谐型机车被广泛应用。重载钢轨使用寿命由通过总重 9 亿~12 亿吨提高到 15 亿~20 亿吨。创新研发出机车自动过分相装置、5T、CTC、微机联锁、大容量胶泥缓冲器等一大批技术成果，为我国侯月、瓦日、浩吉等多条重载铁路建设运营提供了"大秦方案"。其中，"大秦铁路重载运输成套技术与应用"荣获国家科学技术进步一等奖。透过历史，没有一代代大秦人和新时代太铁人勇争一流的创新精神，就没有大秦铁路举世瞩目的成就，更不会有大秦铁路精神的充实延展。迈入新时代新征程，必须始终把创新作为引领发展的第一动力，贯彻新发展理念，持续深化改革创新，充分依靠创新赋能，不断激发动力源泉，把大秦铁路这面"中国重载旗帜"举得更高、扛得更牢，为中国重载运输事业高质量发展提供源源不断的强大动力。

★ 勇于超越——砥砺先行的奋斗精神

超越就要奋斗，这是大秦铁路最鲜明的精神特质。砥砺先行的奋斗精神，体现的是一代代大秦人和新时代太铁人以中国重载铁路发展为己任，汇集奋斗、奉献、奋进于一体，永葆奋斗激情、奋斗姿态和奋斗恒心，践行"人民铁路为人民"宗旨，全力服务经济社会发展，为实现中华民族伟大复兴而不懈奋斗。

惟奋斗者进，惟奋斗者强，惟奋斗者胜。大秦铁路是靠艰苦奋斗奠基创业的，也是靠艰苦奋斗发展壮大、创造辉煌的。无论是铁路建设时期，还是开通运营以来，大秦人和新时代太铁人不待扬鞭自奋蹄，始终把奋斗作为干事创业、攻坚克难的精神动力，面对成绩，从来没有自我满足、裹足不前；面对困难，从来没有低头气馁、怨天尤人，坚持走前人没有走过的路、吃别人没有吃过的苦，咬定目标、直面问题、久久为功，为太原局集团公司货运大局、重载强局、收入大局、效益大局、贡献大局的地位奠定了坚实基础。

奋斗，是中华民族 5000 多年文明传承的优秀基因，是大秦人艰苦创业、实干奋斗的精神特质，也是新时代太铁人干事创业的最美姿态。从全路共产党员先进性教育示范基地——王家湾线路车间的干部职工在燕山深处几十年如一日的坚守奉献，到扎根大秦末梢的女子钢轨"探伤班"；从"会开车只是技术，开好车才是艺术"的重载司机景生启，到兢兢业业钻研重载车辆新装备、拥有170多项技改创新成果的"铁路工匠"刘书学……大秦铁路开通运营30多年来所创造的每一项纪录、实现的每一次突破，都凝聚着不懈奋斗、砥砺先行。回首激情燃烧的岁月，笑与泪、苦与乐，拼搏伴着奉献，创新和着超越，没有一代代大秦人和新时代太铁人的坚守奉献、接续奋斗，也就不可能有大秦铁路一次次举世瞩目的伟大成就、彪炳史册的世界奇迹。征途漫漫，惟有奋斗。迈入新时代新征程，续写大秦铁路辉煌历史，奋斗的激情不能降、奋斗的姿态不能变、奋斗的恒心不能丢，仍要发扬永久奋斗的光荣传统，以奋斗的自觉和行动，勇担交通强国铁路先行历史使命，在贯彻"弘扬大秦精神、实施强局工程、创建模范路局、建设一流企业"总体发展思路中，再立新功、再创辉煌，交出高质量发展的精彩答卷。

媒体链接

扫一扫

大讲堂:《铁路红色基因》之"大秦重载精神"

第三节　大秦铁路精神的时代价值

历史川流不息，精神代代相传。大秦铁路精神跨越时空、继往开来，在新时代新征程必将继续指引和激励着太铁人负重争先、勇于超越，把大秦线作为太原局集团公司的政治线、安全线、示范线、效益线和幸福线，不忘初心、牢记使命，踔厉奋发、笃行不怠，为推动中国铁路重载事业高质量发展提供强劲动力。

★ 把握"政治线"定位，在服务国家战略中负重争先、勇于超越

习近平总书记指出："国有企业是中国特色社会主义的重要物质基础和政治基础，是我们党执政兴国的重要支柱和依靠力量。"大秦铁路作为国家重要交通基础设施和重大民生工程，30多年来，始终牵动着党中央、国务院的心，始终受到社会各界的高度关注。在改革开放的大潮中，在交通强国的建设中，一代代大秦人和新时代太铁人心怀"国之大者"，听党话、跟党走，舍小家、为大家，在关系党和国家重大战略决策部署上负重争先、勇于超越，以实际行动诠释"中央有号召，铁路有行动"的铮铮誓言。

把服从国家战略放在第一位。大秦铁路是国家"七五计划"重点项目，为了早日建成以疏解电厂缺煤、城市缺电的严峻形

势，抢进度、保开通成为铁路当时的重大政治任务。1985 年 1 月 1 日，太行山上寒风刺骨，燕山深处冰天雪地，7 万多名铁路建设者集结上阵，以冲天的斗志、火热的干劲，拉开建设大秦铁路的序幕。他们坚持为党和国家分忧尽责，肩负重托、吃苦奉献，逢山开路、遇水架桥，不怕流血牺牲、无惧艰难险阻，历经 4 个寒暑，跨越 189 条河流，穿越 39 座主峰，架起 313 座桥梁，打通 45 座隧道……用战天斗地、勇毅前行的钢铁意志铺就了新中国第一条双线电气化煤运重载铁路专线，也铸就了一代代大秦人讲大局、讲奉献的精神品质，自觉担当货运增量排头兵。改革开放持续深化，国民经济快速发展，火力发电一度成为不断增长的能源供给主力军，煤炭也成了炙手可热的刚需。这一时期，大秦铁路以服务国计民生为己任，重载运输持续扩能上量，历经三次大的扩能改造，年运量从一期投产 5000 万吨，到实现设计能力 1 亿吨，再一路攀升至 2 亿吨、3 亿吨、4 亿吨，直到创纪录的 4.5 亿吨。一串串脉动的数字，折射着国民经济飞速发展的"风向标""晴雨表"，背后传递出的是一代代大秦人和新时代太铁人"人民铁路为人民"的火热温度和"听党话、跟党走"的家国情怀。

在推动绿色低碳运输中当先行。党的十八大以来，习近平总书记在不同场合多次强调，"绿水青山就是金山银山"，"要继续打好污染防治攻坚战"，"坚决打赢蓝天保卫战是重中之重"，"要把碳达峰、碳中和纳入生态文明建设整体布局"。太原局集团公司坚决贯彻中央调整运输结构、增加铁路运输量的决策部署，发挥铁路运量大、能耗低、排放少、污染小的比较优势，加大货运供给侧结构性改革力度，推进实施"公转铁"举措，大力推广抑尘降噪新技术，优化货运大通道能力，在绿色低碳的发展之路上一路先行。2021年大秦铁路货运量达到4.21亿吨，占全社会货运量的比重由2016年的0.8%提高到1.1%，整个"十三五"时期，大秦铁路货运量累计达到20.66亿吨，与公路完成同样运量相比，相当于减少二氧化碳排放约1.82亿吨，为推进生态文明建设，打赢污染防治攻坚战和蓝天保卫战贡献了大秦力量。

★ 2万吨重载列车行驶在曹妃甸纳潮河跨海大桥上

　　新时代弘扬和践行大秦铁路精神，就是要找准大秦铁路的"政治线"定位，坚决拥护"两个确立"，做到"两个维护"，提高政治站位，认真贯彻落实国铁企业"两个一以贯之"要求，在立足新发展阶段、贯彻新发展理念、构建新发展格局、推动高质量发展中，以大秦铁路为依托，强化目标引领，拉高工作标杆，走前列、当模范、创一流，扩大货运市场份额，持续提升竞争力和全国影响力，为更好地实现碳达峰、碳中和目标，助力美丽中国建设，展示太原局集团公司应有的担当作为。

★铸牢"安全线"基础，在确保运输畅通中负重争先、勇于超越

习近平总书记强调："安全生产必须警钟长鸣、常抓不懈，丝毫放松不得，否则就会给国家和人民带来不可挽回的损失。"铁路安全是国家安全、公共安全的重要领域，事关人民群众切身利益、事关党和国家工作大局，事关铁路自身形象和健康发展。一代代大秦人和新时代太铁人把确保重载运输安全作为永恒主题，在推动大秦铁路重载运输安全发展上负重争先、勇于超越，持续深化安全认识、安全理念、安全实践，强化底线思维和风险意识，不断推动"安全管理"向"安全治理"转化，"安全制度"向"保障体系"演进，"要我安全"向"我要安全"内化，有力确保重载运输安全畅通。

确保安全是大秦铁路的社会责任。大秦铁路是"西煤东运""北煤南运""晋煤外运"的运输主通道，担负着为26个省、自治区、直辖市及全国6大电网、5大发电公司、10大钢铁公司、380多家主要电厂和6000多家工矿企业生产用煤的能源战略运输重任，牵动着上下游产业、关系着千万家灯火。开通运营30多年来，大秦铁路累计完成煤炭运量超过75亿吨。按每立方米2吨测算，75亿吨煤体积相当于364个西湖大小，用这些煤来发电，以2020年用电量测算，足够全国使用3年，单供生活用电，全国人民可以使用21年。安全作为铁路运输最重要的指标，如果发生问题，必将打乱

正常运输秩序，降低运输效率，直接影响到经济社会持续健康发展和人民群众的生活水平质量提升，甚至影响到党和国家的公共安全。

确保安全是大秦铁路的发展基石。安全是铁路运输的生命线，没有安全稳定这个大局，其他工作就无从谈起。大秦铁路起点是"煤海"，终点是"大海"，一头连接煤田海港，一头系着国计民生。从大秦铁路诞生之日起，一代代大秦人和新时代太铁人就把确保大秦铁路安全当作"天大的事"，像保护自己的眼睛一样保护安全，像守卫自己的健康一样守卫安全。没有现成的管理经验"套用"就大胆探索，没有成熟的管理模式"移植"就致力创新，从最初的人管人、人盯人执行"铁的纪律"，

5 大发电公司

6 大电网

380 多家
主要电厂

职责任务

26 个
省、自治区、直辖市

10 大钢铁公司

6000 多家
工矿企业

★大秦铁路担当服务保障国计民生的重任

到联劳协作自控、互控、他控，实行"严管厚爱"，从安全问题结果溯源到安全风险隐患超前研判，安全关口不断前移，管理重心持续下沉，安全管理理念持续深化，安全管理模式重塑优化，推动重载安全管理逐步由经验型传统管理向预防型综合治理转化。正是因为有了安全这个基础，大秦铁路才有三次扩能改造和持续技术升级的脱胎换骨，可以说，保证安全才成就了大秦铁路今天的辉煌。

确保安全是大秦铁路的使命要求。大秦铁路运输不舍昼夜，日运量常态化保持在 130 万吨以上，安全出了问题，轻则运输受阻、经济受损，重则伤及国计、涉及民生，容不得有丝毫闪失，不能出、出不得、也出不起。30 多年来，一代代大秦人和新时代太铁人把确保重载安全万无一失作为首要职责，坚持高一格、严一挡、紧一扣，建立健全重载铁路安全治理体系，持续深化强基达标、从严务实、综合治理的安全工作思路，运用源头治理、超前防范、主动避险、专项整治的安全工作方法，以《中华人民共和国安全生产法》为依据，在安全生产实践中不断积累，形成了一整套包括安全生产责任制、基础管理、双重预防机制、应急管理等 10 个子体系为支撑的重载铁路安全治理体系，构建起人防、物防、技防"三位一体"的重载安全保障体系，筑牢重载安全堤坝，推动重载运输安全全过程受控。

新时代弘扬和践行大秦铁路精神，就是要统筹发展和安全，准确把握"安全是发展的前提，发展是安全的保障"这一辩证关系，始终保持对重载安全的高度敬畏，树立底线思维，增强忧患意识，实施安全强基工程和重载示范工程，下好先手棋，打好主动仗，树牢"设备安全为运输畅通服务"的理念，以"耽误一分钟损失十万元"来算清确保大秦线运输畅通的安全账、效率账、综合账，珍惜安全成果、把握安全形势、构筑安全环境，以"大概率"思维应对"小概率"事件，坚持不懈强基达标，严格管控安全风险，始终以确保高铁和旅客列车安全万无一失的标准和要求，扎实推进大秦线强基达标三年工程落实落地，确保大秦线运输安全万无一失。

★打造"示范线"标杆，在扛起重载旗帜中负重争先、勇于超越

习近平总书记指出，"改革开放铸就的伟大改革开放精神，极大丰富了民族精神内涵，成为当代中国人民最鲜明的精神标识！""重大科技创新成果是国之重器、国之利器，必须牢牢掌握在自己手上，必须依靠自力更生、自主创新"。铁路是"国之重器"。大秦铁路与改革开放"同呼吸、共命运"，是改革开放40多年来中国铁路取得的重大成果之一，是改革开放辉煌成就在铁路行业的缩影。大秦铁路的建设发展史，也是一部大秦人和新时代太铁人矢志改革创新的奋斗史，刻画了中国重载铁路从无到有、由弱到强、从追赶到领跑的辉煌历程。

跑出引领重载铁路发展的"大秦速度"。大秦铁路孕育筹建

于改革开放初期，1988年12月28日，大秦铁路一期工程竣工通车，具备了年运量5000万吨的能力。1992年12月21日，大秦铁路二期工程建成通车，635公里的大秦铁路全线开通，设计能力达到年运量1亿吨。为满足日益增长的煤炭能源需求，进一步缓解供不应求的紧张局面，大秦铁路先后三次实施扩能改造，在引进、消化、吸收、再创新的基础上，不断抢占重载技术制高点，以科技进步推动重载安全技术迭代，以重载装备持续升级保障重载运输安全畅通的可靠，以动态优化重载运输组织模式适应持续货运增量的变化，一大批科技工作者投身铁路、建设大秦，坚持自主研发、自主创新，在世人的疑问和惊叹中迅疾跨入了引领世界的重载时代，大秦铁路作为中国铁路科技创新的重大成果，被载入了中国重载铁路的发展史册。

形成中国重载铁路发展的"大秦模式"。关键核心技术是要不来、买不来、讨不来的。如何解决好列车牵引同步操纵技术，是破解制约和困扰重载铁路发展这一世界性难题的关键。大秦铁路开通运营以来，创新的脚步从未停歇，成立重载铁路技术研究中心，完善重载技术规章体系，改进升级重载调度指挥系统，深化重载装备运用，推进重载技术升级，连通教学研综合平台、沟通世界产供需枢纽，举办中国重载技术交流论坛，打造重载运输成套技术平台和大功率机车成套技术平台，以勇攀高峰的科学精神，先后攻克1万吨、1.5万吨、2万吨重载列车开行难关，成功试验开行3万吨重载组合列车，不断刷新重载列车密度、干线年运量、运输效率等多项重载铁路纪录，为中国重载铁路发展提供了成功典范，为世界重载铁路发展贡献了宝贵经验。

打造中国重载铁路发展的"大秦样板"。提升铁路科技自立

图说

历史的交会

2021年8月30日，中国铁路太原局集团有限公司所辖大秦铁路与京张高铁、京张铁路在河北省张家口市怀来县沙城镇交会。

这是智慧与力量的凝聚，这是绿色与创新的融合，这是历史与未来交汇。一次穿越百年的激情拥抱，见证了中国铁路的沧桑巨变。

自强能力不仅是建设科技强国、交通强国的政治担当，也是推动铁路高质量发展的内在要求。大秦铁路自开通以来，始终以其标志性、示范性引领重载发展，吸引着世人的目光，创造着铁路重载运输的一个又一个奇迹。一代代大秦人和新时代太铁人坚定不移扛起中国铁路重载旗帜，负重争先、勇于超越，重载系统集成、重载机车车辆、重载线路工程、重载通信信号和重载运输组织等技术构成了重载铁路成套技术体系，中国重载运输迈入了世界领先行列，"大秦方案"先后成功移植到瓦日、唐呼、浩吉等重载铁路新线建设运营中，塞北高原、渤海海滨、中原腹地、北国边陲，重载铁路的延伸线条拉动了全路货物列车牵引重量的快速提升。

新时代弘扬和践行大秦铁路精神，就是要更加珍视"中国重载第一路"这一闪亮的"名片"，聚焦新一轮科技革命和产业变革的深入发展，顺应新一代信息和智能技术与铁路技术融合发展的趋势，立足重载技术的创新试验场，进一步增强使命感和责任感，走好科技创新这步先手棋。实施重载示范工程，提升重载集成创新能力，持续推进重载关键技术领域基础性、前瞻性、创新性课题研究，倾力打造大秦重载技术示范线、样板线，当好重载技术的创新者、实践者、推动者，使可复制可借鉴的"大秦重载方案"更加稳健成熟，让大秦铁路更安全、更高效、更经济、更绿色，努力成为重载运输世界领先的模范，为推动中国重载技术水平和应用能力持续走在世界前列作出应有的贡献。

★提升"效益线"品质，在做强做优做大中负重争先、勇于超越

习近平总书记指出："要坚持有利于国有资产保值增值、有利于提高国有经济竞争力、有利于放大国有资本功能的方针，推动国有企业深化改革，提高经营管理水平，加强国有资产监管，坚定不移把国有企业做强做优做大。"一代代大秦人和新时代太铁人大力继承发扬国铁企业的光荣传统，铸牢国铁企业的"根"和"魂"，不断壮大国铁企业的独特优势，推进实现政治效益、经济效益、社会效益最大化。

持续凸显政治效益。国铁企业姓党、姓国。在党的领导下，团结一致修铁路、建大秦，提前抢通运营，建起了服务经济社会健康发展的能源运输大通道；在党的领导下，同心同德搞扩能、争一流，勇当全路货运排头兵，建成了持续保障国家能源安全的钢铁大动脉；在党的领导下，敢为人先搞科研、攀高峰，不断抢占重载技术制高点，开启并推进了新中国成立以来从无到有、从弱到强的重载铁路事业；在党的领导下，认真贯彻落实国有企业"两个一以贯之"要求，加强党的全面领导，充分发挥党委把方向、管大局、促落实的领导作用。深入推进"六个变革"，提升重载铁路治理体系与治理能力现代化建设，巩固和拓展了全路货运大局、重载强局、收入大局、效益大局、贡献大局的地位和优势，充分体现大秦责任、大秦担当、大秦精神、大秦情怀和大秦自信。

大秦铁路历年货运量统计图

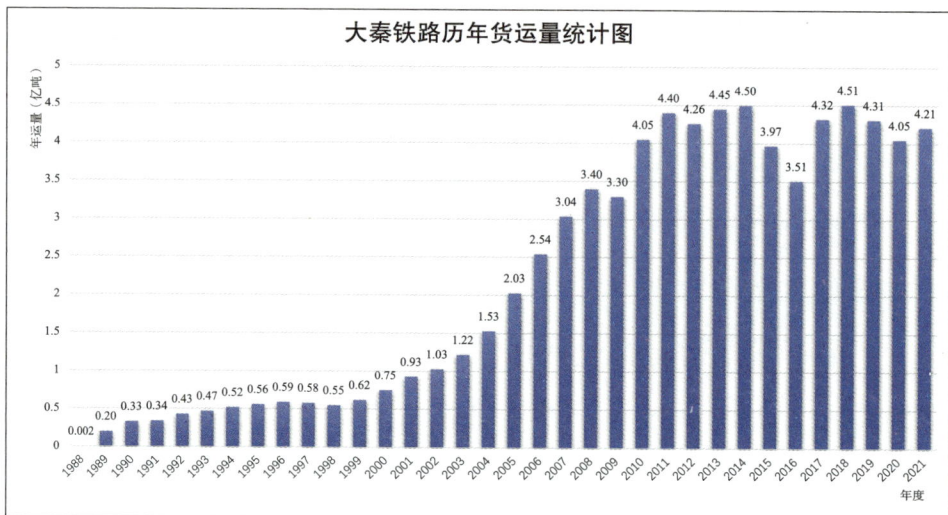

持续凸显经济效益。国有企业的重要任务就是创造更多的经济效益，让党执政兴国的重要支柱更牢、依靠力量更强。大秦铁路经营创效不仅对太原局集团公司，而且在全路都具有战略支撑作用。经过 30 多年的负重前行，从原设计煤运量每年 1 亿吨到突破 4.5 亿吨，创下年增运 5000 万吨的世界奇迹，超越单条铁路年运量不超 2 亿吨的理论极限。在增运任务逐年递增的形势下，太原局集团公司充分发挥大秦线"压舱石""突击队"作用，大打"以货补客"攻坚战，推动运输经营任务目标高标准兑现，不断开创集团公司高质量发展新局面。特别是 2021 年，全局 53 天补齐最多 1284 万吨、13.9 亿元亏欠，日装车、日运量等指标屡创新高，全年货物发送量创造 7.77 亿吨新纪录、同比增加 2651 万吨，超过全路排名第 2、3 位的铁路局集团公司之和，货物发送量、货物周转量、货运收入继续保持全路第一。

其中，大秦线运量长达 24 天保持在 130 万吨以上。可以说功在头筹、功不可没，大秦兴则太铁兴，大秦强则太铁强。

持续凸显社会效益。作为铁路运输企业，始终坚持"以人民为中心"的发展思想和"人民铁路为人民"的宗旨，积极实施股份制改造探索实践，试水资本市场。2004 年 10 月，大秦铁路股份有限公司宣布成立；2006 年 8 月在上海证券交易所上市，成为中国第一家以路网核心主干线为公司主体的股份公司；2010 年 10 月，成功收购控股股东运输主业相关资产及朔黄铁路发展有限责任公司股权，实现集团公司运输主业整体上市；

2020年6月18日

大秦铁路 当日运量完成 **138.42** 万吨

创大秦铁路建线以来
单日运量历史新纪录

★大秦铁路日运量再创历史新高

2020 年，大秦铁路股份有限公司完成可转债发行上市，依托优质路网资产和货物运输优势，通过资本运作实现外延式发展，助推全社会降低物流成本，提升了社会影响力，创造了社会价值，实现了社会效益最大化。上市以来，通过实施高比例现金分红，为广大股东带来丰厚的投资回报，截至 2020 年底，已累计分红派现 775.7 亿元。

新时代弘扬和践行大秦铁路精神，就是要倍加珍惜作为全路唯一运输主业整体改制上市的金字招牌，持续培育和充分体现国铁企业员工的职业精神、职业素养，加快构建现代企业治理体系，着力向市场要效益，向管理要效益，向改革要效益，深入推进运输供给侧结构性改革，不断优化运力资源配置，加大内部挖潜力度，持续提质降本增效，充分用好"大秦铁路"的品牌溢出效应，促进政治效益、社会效益、经济效益整体提升。

★守望"幸福线"家园，在激发队伍活力中负重争先、勇于超越

习近平总书记强调，"大国之大，也有大国之重。千头万绪的事，说到底是千家万户的事"，"幸福不是毛毛雨，幸福不是免费午餐，幸福不会从天而降。人世间的一切成就、一切幸福都源于劳动和创造"，"要大力弘扬劳模精神、劳动精神、工匠精神，实现好、维护好、发展好广大普通劳动者根本利益"。人民群众是历史的创造者。改革开放 40 多年，大秦重载 30 余载，一代代大秦人和新时代太铁人薪火相传、守望相助，持续推动

企业与职工同向同行、命运与共，在创造一项项重载奇迹的同时也充分体现价值、赢得荣光，有力增强了职工的幸福感、获得感和安全感。

倾力培育职工成长成才。从抱着"扎根山区、奉献大秦"的信念开始，一代代大秦人和新时代太铁人在党的领导下，以负重争先之志、勇于超越之念，传承红色基因，赓续奋斗血脉，形成了"一切为大局、全力保畅通、齐心干事业"的生动局面，磨砺出一代代特别能吃苦、特别能奉献、特别能战斗的重载"铁军"，一大批重载人才在大秦"熔炉"中锻造成型、淬炼而出、成就事业、实现价值。20 余人荣获全国技术能手、享受政府特殊津贴，30 多人获得詹天佑铁道科学技术奖、茅以升科学技术奖，130 余人荣获省部级技术能手称号，3100 多人取得技师和高级技师资格，以景生启、薛胜利等最美铁路人暨新时代铁路榜样为代表的太铁人用智慧和汗水书写了报国志向、兴国梦想、家国情怀，汇聚成新时代太铁人昂扬奋进的洪流。

着力改善职工生活质量。充分尊重职工主人翁地位，始终坚持发展为了职工、发展依靠职工、发展成果更多惠及职工，持续改善生产生活条件，让职工不断享受企业发展红利。"十三五"时期，太原局集团公司投入 6 亿多元改善生产生活条件，竣工住房和拆迁棚户区 2 万多户，帮扶救助、送温暖达 4.1 亿元，2020 年全局职工人均收入较 2010 年增长了 124%。这当中，大秦线的贡献占据半壁江山：职工生产生活条件改善投入，大秦线占到 53.5%；关心关爱职工投入，大秦线占到 53%；全局月均工资总额，大秦线占到 49%，也就是说，我们每发 1 元钱的工资，就有 4 角 9 分钱来自大秦线……这一组组数据，生动诠释了大秦线是连通太原局集团公司干部职工福祉的幸福线，和每一名干部职工"唇齿相依、荣辱与共、命运相连"，其重要性不言而喻。

有力保障职工身心健康。依托大秦线等优质资产收益，太原局集团公司不断优化完善职工健康体检项目，丰富健康休养模式，开展心理健康疏导咨询活动，补齐沿线生产生活设施短

★构建企业与职工命运共同体

板，持续提升职工身心健康保障水平。近 5 年来，集团公司健康休养达 6.8 万人次，健康体检达 48.8 万人次，每年职工健康体检完成率达到 95% 以上。创建沿线站区优美整洁的生活环境、积极向上的文化环境、健康文明的卫生环境，深入大秦、瓦日等线组织开展巡回医疗服务，落实作业场所劳动安全保护措施，维护好职工安全和健康权益，企业与职工命运共同体建设不断深化，职工群众的获得感、幸福感、满意度不断提升。以党史学习教育为契机，"提高体检标准""升级改造文体设施"等 2143 件职工的烦心事、急难事纳入办实事项目，122 个"亲情屋"相继建成到位，158 个食堂（伙食团）完成提质改造，2110 个沿线班组用上了净水设备，职工总体满意度达到 99.3%。大河涨水小河满，没有大秦线提供的物质基础，就不可能推出如此多的保障举措。

新时代弘扬和践行大秦铁路精神，就是要深入推动民生幸福工程，教育引导干部职工充分认识到"幸福是奋斗出来的"，"劳动是财富的源泉，也是幸福的源泉"，地域不分南北，职工不分新老，每一名大秦人都是太铁的一分子，只有大秦好，太铁才能发展好，我们每一个人生活才会更美好，大秦线就是幸福的源泉，是荣誉感、归属感、成就感的保障，从而进一步坚定太铁文化自信。深刻体会到太原局集团公司因大秦而兴，也必将因大秦而强，只有勠力同心，确保大秦线运输畅通，才会有每一名干部职工的安心工作、成长进步；只有步调一致推动大秦线增运增收，才会有每一个职工家庭的幸福生活、美好愿景。

📖 媒体链接

视频：中国重载第一路

扫一扫

🎓 学习与思考

1. 谈谈您对大秦铁路精神的认识。

2. 怎样理解大秦铁路精神的内涵和时代价值？

3. 如何认识改革开放与大秦铁路的关系？

链接

大秦铁路沿线红色故事

中共大同铁路工人支部：从 1914 年京绥铁路通车，大同第一批产业工人登上历史舞台，无产阶级政党的阶级基础逐步发展壮大，到 1921 年秋天，中共早期党员何孟雄来大同创办夜校、组织工会，1922 年发展第一批党员，1925 年，由杨凤楼任书记的大同地区第一个党支部——中共大同铁路工人支部诞生，时有党员 7 名，隶属中共张家口特别支部领导，特支书记为王振翼。这里也是大同早期铁路工会成立地。

遵化红色精神：遵化是一座孕育伟大精神的城市。特别是诞生于 20 世纪 40、50、60 年代的鲁家峪抗战精神、王国藩合作社"穷棒子"精神、沙石峪"当代愚公"精神，是遵化人民战天斗地、艰苦奋斗的精神结晶，是激励一代又一代遵化人砥砺奋进、再创辉煌的宝贵财富，更是新时代凝聚遵化人民团结奋进、共谋发展的强大精神动力，而王国藩合作社"穷棒子"精神和沙石峪"当代愚公"精神更是成为被习近平总书记赞誉的"唐山五种人文精神"之二。

"抗日英雄"杨十三：河北省迁安市杨团堡人，原名杨彦伦，投身抗战后曾改名杨裕民，因堂兄弟中排行十三，故名杨十三。1938 年 7 月 9 日，杨十三和洪麟阁一起，率领所属冀东抗日联军部队 1000 余人，积极配合挺进冀东的八路军宋时轮、邓华四纵队对敌作战，发动冀东起义，7月12日一举攻克玉田县城，伪县长宣布投降。杨十三主持召开各界人士大会，号召他们团结抗日，第三路军很快发展到近5000人，编成四个总队。随后，联军所到之处，势如破竹，很快收复了丰润、玉田等县的沙流河、鸦鸿桥、亮甲店等重镇，一度攻克了丰润等县城。

冀东抗日大暴动：1937年7月全民族抗战开始后，中央决定在冀热边区（今河北省东北部）组建游击队，开展游击战争，创建抗日根据地。次年7月初，在中共冀热边特委的领导下，冀东人民举行抗日武装暴动。武装暴动在滦县港北村、丰润县岩口镇爆发，并迅速席卷到冀东广大地区，除各地农民外，有开滦各矿工人7000多人参加。到8月中旬，参加暴动的人数达20余万，组成7万余人的武装部队，先后攻克了6座县城，占领了不少大的集镇，控制了广大乡村，基本上摧毁了敌伪对冀东广大农村的统治。

第二章
大秦铁路精神的孕育产生

　　世界铁路看中国，中国重载看大秦。蹚过岁月的长河，循着中国铁路发展的历史坐标一路回眸，大秦铁路伴着改革开放浩荡洪流，从解困国家能源危机的论证中孕育，在国家"八五"计划的实践中落地，一路披荆斩棘，一路凯歌高奏。"车轮滚滚，风笛声声，万吨重载，一路飞腾。负重争先，打造宏伟工程，勇于超越，开创美好前景。"一首广为传唱的《腾飞吧，大秦铁路》颂歌，记录下大秦铁路的发展巨变。在一次次使命担当中，在一项项纪录突破中，在一个个奇迹创造中，大秦铁路像一位奔跑的巨人，始终踏着"负重争先、勇于超越"的步调奋勇向前。

第一节　应煤而生

★革命年代煤炭能源保卫战

日本侵略者觊觎大同煤炭

山西大同素有"煤都"的美称。煤炭开采不仅历史悠久，而且储藏量大，更因其煤质好，被誉为世界动力煤中的"细粮"。早在明清时期，大同就出现了专门从事赶驮贩煤的营生，发展到后来这一行当越来越红火，许多城镇都出现了"煤店"，山西的煤炭经"车推舟载"远销陕西、河南等地区。大同的"口泉大块"在当时赫赫有名，是中国煤炭最早的品牌，北京、天津一带的煤商都用"口泉大块"作为招徕顾客的商标。时至

★ 20 世纪 30 年代的大同火车站

今日，大同的老人们说起"口泉大块"依然津津乐道。

日本领土面积小，国内自然资源极端贫乏。日本侵略者早就觊觎中国蕴藏丰富的自然资源。1937年七七事变之后，日本发动了全面侵华战争，大同的煤炭资源成为他们首要掠夺目标。旧中国的交通落后，铁路尚处于探索发展阶段，马车依旧是人们常用的运输工具。日本侵略军为了大肆攫取晋西北的煤炭资源，开始萌生了采用效率更高的铁路运输煤炭的念头。

"同塘铁路"的诞生

1937年12月，日本侵略军组织所谓"南满洲铁道株式会社"通州事务所开始着手设计修建一条山西煤炭外运的铁路，并把铁路名称定为"大同煤炭运输线"。

为了修建这条铁路，1939年4月日本成立所谓"华北交通株式会社"，负责勘测、设计和修建该铁路事宜。同年8月15日，日本技术特务立花次郎完成了调查报告，提出了"大同—北京""天津—同塘"的铁路修建计划。这条"大同煤炭运输线"东自塘沽新港起，傍京山线北侧至丰台，跨京汉、京门两线到三家店，沿着永定河谷进入怀来盆地，到达京包线的沙城东站，再向西穿越桑干河到大同，与口泉支线衔接，全长417.6公里，简称"同塘线"。

同塘铁路计划分两期进行修建，第一期为丰台至沙城段，第二期为塘沽至丰台段和沙城至大同段。第一期工程于1940年9月开工，计划铺设线路107.2公里，建设桥涵146座，开凿隧道72座，填筑土石方533.9万立方米，设车站13个，计划于 1943 年竣工。

为了尽快修建铁路，日本侵略军从沿线疯狂抓捕中国老百姓充当劳工。由于当时建设铁路的设备比较落后，永定河边的隧道全靠人工站在陡峭的悬崖边，用钢钎和铁锤一钎一锤开凿而成，稍有不慎就会掉入水流湍急的永定河内。在日本人的奴役下，工人们苦不堪言。

同塘铁路战略地位十分重要，整条线路自京西沿永定河岸北上，蜿蜒穿行于高山深谷之中，依山傍水，迂回曲折，隧道密集，桥梁众多。一期工程地处平（北平）西地区，当时平西地区包括宛平（今北京市丰台区）、房山、涞水三个县大部，昌平、延庆、良乡（今北京市房山区）、涿鹿（今河北省涿州市）、涿县、蔚县、宣化、怀来等县一部，东南以平汉铁路为界，毗邻冀中地区，西北以平绥铁路为界，是晋察冀抗日根据地的最前沿。决不能让日本侵略者建铁路抢资源的阴谋得逞！煤炭能源保卫战就此打响。

"破坏敌人修铁道"

1937 年 8 月，中共中央政治局召开洛川会议通过《抗日救国十大纲领》，明确提出发动游击战争、建立敌后抗日根据地。按照"巩固平西、坚持冀东、开辟平北"的方针，1938 年 2 月，为牵制敌人、巩固边区，八路军晋察冀军区命第三大队进军平西，收编伪军、肃清土匪，以百花山为中心创建了平西抗日根据地。这是八路军在北平郊区开辟的第一个抗日根据地，也是八路军向平北、冀东发展的前进基地。同年 7 月 6 日，在中共冀热边特委领导下，冀东人民举行抗日武装大起义，人民爱国热情高涨，纷纷参加革命，到 8 月中旬，各县参加起义者达到 20 余万人。1939 年初，平西部队合编，成立八路军冀热察挺进军，萧克任司令员。

面对日本帝国主义的侵略，平西抗日根据地的军民在中国共产党的领导下，也开始对侵略者进行阻击和反抗。由党员和群众骨干编成工作组，分赴各个地区村庄发动群众，建立武装，展开了大规模的宣传战。

在北京市档案馆馆藏中保存着一份珍贵档案，是一份抗日战争时期挺进军政治部散发的传单，名为《破坏敌人修铁道》。其中的"铁道"指的就是"同塘铁路"。传单中这样写道：

> 永定河水浪滔滔，两岸平原庄稼好。
>
> 羊儿肥呀核桃大，谷穗金黄棒子高！
>
> 东洋强盗太猖狂，奸淫抢掠烧村庄！
>
> 无理炮轰宛平城，卢沟桥边起灾殃！
>
> 中日战争自此起，永定河边拼枪刀！
>
> 全国团结齐抗日，统一战线结得牢！
>
> 八路英勇真善战，坚持敌后逞英豪！
>
> 至今抗战整三年，永定河边仍属咱！
>
> 今天鬼子又做梦，同塘铁路想修成！
>
> 平西军民要认清，这条铁路像毒虫！

> 企图分割我平西，障碍平北的交通！
>
> 便利他开采煤矿，奸淫烧杀和抢粮！
>
> 鬼子虽小阴谋大，平西军民怎能让！
>
> 日夜扰乱和破坏，不让敌人修同塘！
>
> 决心已下主意定，拿起刀枪干一场！

挺进军政治部的传单迅速传递到根据地的各个角落，冀东人民看完深受鼓舞，坚定了抗战必胜的决心和信念，纷纷拿起武器反抗侵略者。同塘铁路成为大家抗争的焦点，日本人一边修铁路，八路军带领老百姓一边搞破坏，在被迫修建铁路的中国劳工帮助下，通过在铁道路基沿线挖沟、破坏公路交通设施、袭击交通运输线、拦截军用物资等方式阻止敌人修建铁路，使得同塘铁路的修建进度非常缓慢。

1944 年 4 月后，日本军国主义再也无力发动大规模进攻，中国战场逐步转入战略反攻阶段，国内民众的抗战热情空前高涨。平西抗日根据地的军民开始进行大反攻，加之日本在太平洋战场失利的共同影响下，1944 年 9 月 15 日，正在施工的同塘线沙城至沿河城段被迫停工。1945 年 8 月 15 日，日本宣布无条件投降，这条命运多舛的铁路终于半途而废。在全国军民的共同努力下，晋西北的煤炭资源得以保护下来，为新中国经济的恢复和发展奠定了坚实基础。

同塘铁路的修建始末彻底暴露了日本侵略者极力掠夺山西乃至中国丰富资源、扩大侵华战争、奴役中国人民的狼子野心；

充分展现了中华儿女在民族危急存亡的关键时刻，不屈不挠奋起反抗的斗争精神。也由此，在同塘铁路沿线人民心中种下的"听党话、跟党走"的红色基因，为后来全面打倒日本侵略者、推翻蒋家王朝独裁统治、解放全中国奠定了群众基础。

值得一提的是，改革开放初期，为助力国民经济的快速发展，当年同塘铁路的修建路线，还为晋煤外运铁路运输方式设计起到了一定的参考和借鉴作用。

★大同煤炭成为全国的新焦点

能源项目建设占据了突出地位

1978年12月18日至22日，党的十一届三中全会在北京胜利召开。以此为标志，中国正式拉开了改革开放的大幕。乘着改革开放的东风，我国的社会生产力得到前所未有的解放和发展，国内经济迎来了百花齐放的繁荣景象。能源是人民群众生产生活的基本动力，经济的发展自然也离不开能源，一句话，要发展靠能源，但当时国内的能源开发和运输流通还处于较低水平，无法满足经济发展的需要。

加强能源建设问题，迅速成为国家关注的焦点。时任全国人大常委会委员长的叶剑英在1979年10月1日庆祝中华人民共和国成立30周年大会上就一针见血地指出："要坚决缩短基本建设战线，集中力量加快农业、轻纺工业和燃料动力、交通运输等薄弱环节的生产建设。"

在之后的三年中，国内的农业和轻纺工业得到相当程度的发展。但是，燃料能源和交通运输等薄弱环节，仍然没有得到改善，而且供需矛盾愈发突显。

1982 年，在党的第十二次全国代表大会上时任中共中央总书记的胡耀邦再次鲜明提出："如果国家的重点建设得不到保证，能源、交通等基础设施上不去，国民经济的全局就活不了，各个局部的发展就必然受到很大的限制。"

正是从这一年开始，国家下大力气加大能源建设的投入，从每年在建的农业、能源、交通、通信以及教科文卫等与人民物质文化生活紧密相关的项目中，选择一批重点项目优先攻关，解决全国能源短缺的窘境。之后的 9 年中，先后安排了 340 多个重点项目，投资总额占到同期全国基建投资的三分之一，其中能源项目的建设成为重中之重。

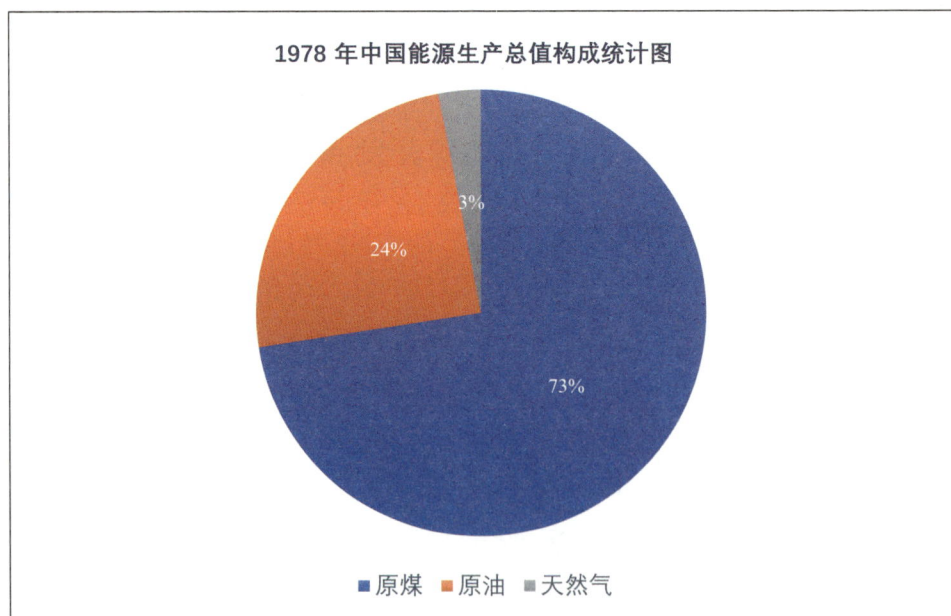

1978 年中国能源生产总值构成统计图

- 3%
- 24%
- 73%

■ 原煤　■ 原油　■ 天然气

煤炭再次登上历史舞台

我国地域辽阔，能源资源蕴藏丰富。以当今世界最抢手的石油资源为例，中国先后开发建设了大庆油田、大港油田、胜利油田、长庆油田、中原油田等项目，这些油田生产的石油，足够满足当时中国燃料动力的需要。

但是，由于当时摆在党和国家面前最重要的问题是解决人民群众的衣食住行等生活问题，所有农业、轻纺业、日用消费品等所急需的基础设施建设，必须要有大量的外汇投入。而当时我国建设"四个现代化"所需要的先进技术和先进设备，甚至包括开采石油本身的设备，都要用石油换取外汇来实现。我国虽然石油产量丰富，但维持国内经济发展却难以兼顾，用煤炭替代石油解决民生问题提上了议事日程。

1983年10月8日，国务院专门向国家计划委员会、国家经济委员会、国家经济体制改革委员会、山西能源基地规划办公室，以及铁道部、煤炭部、交通部、冶金部、化工部等部门提出要求：国内要坚决烧煤！烧油的要抓紧改过来，挤出石油出口！除几家特许的电站外，不再调给油！千万不要因为电不够，又来烧油！

从这时起，煤炭正式登上推动国民经济发展的历史舞台，也为逐步成为中国能源的支柱和核心奠定了基础。

大同煤炭的力量

列宁曾经说过："没有煤炭工业，任何现代化工业和任何工厂都是不可设想的。煤是工业的真正粮食，没有这种粮食，工业就会陷于瘫痪，各国的大工业就会崩溃、瓦解，就会退到原始状态。"

山西省大同市素有"煤都"之称。"大同煤田"地理位置为东经113°7′左右，北纬约40°4′，地跨大同、右玉、平鲁、左云、朔州等市县，大致为一个长方形，走向由东北至西南，总面积达1828平方公里，其煤炭总储量多达718亿吨。

"大同煤田"有两个煤系，即侏罗纪煤系与石炭二叠纪煤系。这些煤系共有可采煤层18层，总厚度为26米左右，相当于一座7层大楼的高度。"大同煤田"不仅储存量大，而且煤质好，目前开采面正从侏罗纪煤系向石炭二叠纪煤系过渡。其中，侏罗纪煤系是最好的动力用煤，被誉为"世界动力煤细粮"。它火力强、杂质少、硬度高，而且灰分低、硫分低、磷分低，发热量高。据有关资料表明，一般的煤每公斤发热量只有20929～25115千焦，而大同侏罗纪煤每公斤发热量却达约33487千焦。

★ 20世纪80年代，国内经济快速发展，能源需求骤增，呈现"一煤难求"态势

大同煤田的煤层离地表很近，开凿井筒一般只

要凿下 60 米至 100 米就能见煤，最深的部分也不超过 400 米，因此，建井快、投资少。此外，大同煤田煤层倾斜度小，便于机械开采；瓦斯量少，地下水少，排水设备功率小，开采环境也较为安全。

早在 1500 年前的北魏时期，地理学家兼散文家郦道元便在其所著的《水经注》十卷中记载了大同的煤藏情况。唐宋时期，大同所产的"炭"已成为商品流通市场。到了明清时期，更是煤窑林立，颇具规模了。

大同煤业产品历史悠久，以至于形成后来的"大友""大沫""口泉"和"大有"等四大煤炭产品品牌，驰名国内外，市场占有率较高，有较强的市场竞争优势。

20 世纪 80 年代，站在大同的街头上可以亲临矿区"不夜城"的奇观，一辆接着一辆汽车呼啸着在通往大同矿区的公路上奔驰着，这些汽车由外地空车开来，从矿区装满煤炭满载而归。公路上从白天到黑夜拉煤的汽车络绎不绝，一到晚上，天地一片黑暗，远处矿山的灯火便显得格外壮观，那些灯组成一条蜿蜒的火龙，就像天上的星河一样无边无际，成为大同一道特殊的风景。

拉满煤的汽车飞驰过后，路上掠起缕缕粉末，日久天长，公路两边堆满散落的黑色煤粉。这些散落的煤粉成为当地一些老百姓的"宝贝"，他们定期去"清理"。有当地人说："这全是好煤，把它们扫成堆，搬回家，往炉子里一丢，准保烧得炉膛通红。"

据当时统计数据显示，作为优质动力煤，大同煤支持着全国 6 大电网中 39 个较大火力发电厂中的 33 个电厂的发电，保障着全国 11 个大型钢铁公司的运转，驱动着全国四分之一的火车头，燃烧着全国十分之一的工业锅炉，供应着 26 个省、自治区、直辖市 6000 多家骨干企业……还为国家航空航天需要的特殊煤炭提供着支持。可以说，大同煤辐射到全国的各行各业，造福着每一个中华儿女。

以中国 20 世纪 80 年代工业水平来计算，一吨煤平均发电 3000 千瓦时，炼钢 3 吨，制合成氨 600 千克，牵引客车 60 公里，产水泥 5 吨，染布 3000 米，烧砖 2 万块……据国家统计局统计，如果大同煤多提供 1000 万吨，就可以增加工业产值 200 亿元！

大同的煤炭还远销日本、韩国、泰国等国家，为国家的发展赚取外汇。仅以 1990 年为例，大同的煤炭出口达 1200 多万吨，占全国出口煤炭的 87%，如果按当时欧洲煤炭的平均价格每吨煤 49 美元计算，仅此一项，大同就为国家赚取了 5 亿多美元。与此同时，国际上许多国家都在努力扩大原煤生产，国际市场的原煤价格也涨势迅猛，这就意味着煤炭的出口将为国家带来更多的外汇资源。

这是多么强大的力量！透过这一串串数字，我们看到了大同煤炭的力量。国家的发展需要大同的煤炭，工业的生产需要大同的煤炭，人民的生活也需要大同的煤炭。

煤炭成为国家战略能源物资呼之欲出。从 1981 年开始，之后的 10 年间，中央领导同志几乎每年都要前往山西大同视察工作，省部各级领导尤其是铁道部领导更是频繁视察大同。

然而，如何将大同的煤炭又快又多地运出去呢？找寻一条晋煤外运有效途径的问题摆在了大家面前，也为后续的铁路运输和管道运输之争埋下了伏笔。

★ 谁来解困国家的能源危机

"倒煤"分局的由来

你听说过"倒煤"分局吗？"倒煤"分局，就是 20 世纪八九十年代铁道部领导对当时的大同铁路分局一个形象的比喻。山西作为当时国家煤炭资源的中心，需要为国家经济发展源源不断提供能源动力，煤炭运输这个重担自然而然就落在了大同铁路分局肩上。

大同铁路分局因煤而兴，被寄予厚望。当时人数不足两万的大同铁路分局，在全国 56 个分局之中规模虽然不大，但承担的煤炭运输职责在全路各分局中却最重，完成的运输任务始终遥遥领先。以 1985 年为例，比较全国第一批 13 个"较大地市"铁路全年货运量，大同完成 5631 万吨，重庆完成了 1385 万吨，无锡只有 133 万吨（不到大同的四十分之一）。

党的十一届三中全会后，大同铁路分局煤炭年运量直线上升：1979 年完成 3224 万吨，1980 年完成 3487 万吨……1988 年完成 6992 万吨。10 年间，煤炭的铁路年运量整整翻了一番。这

★原大同铁路分局"快牛"雕像

期间，在运力已经接近饱和的情况下，铁路部门深入挖掘潜能，干部职工千方百计施策，全力确保运量持续增加。

改革开放的一声号角吹响，国内工业快速发展。随着经济发展速度越来越快，工业需要煤，民用需要煤，各行各业都需要煤。

这一切预示着，"倒煤"分局将史无前例地承担起为保障国计民生而运输煤炭的重任。这是历史的必然选择。

一煤难求

在20世纪80年代初、中期，全国各大企业，特别是那些用煤大户，都多出了一个前所未有的新工种，叫"跑煤员"或"催煤员"，其工作职责就是常驻"煤城"大同，对接大同铁路分局，催办车皮、发运煤炭。老崔就是来自浙江的"催煤员"。

1985 年春节前夕，眼瞅着就要过年了，他顾不得妻儿老小，仍然住在大同催煤，因为厂里发电报说，存量煤仅能维持一周的生产，再不发煤，停产在所难免。这天，老崔又来到了货运接待室，把已经讲烂了的话又讲了一遍。讲着讲着，老泪纵横；讲着讲着，膝盖发软。接待人员急忙扶起他，把回烂了的话又回了一遍："运能太紧，无法安排……"四下无人，老崔拿出一摞钞票："我代表全厂职工，求您了。"他把"全厂职工"四个字说得格外凝重。接待人员把硬要塞过来的钱推回去："能否解决问题真不在这上面，您收好。"

于是，老崔只得继续等下去。那个年，老崔是在大同度过的，春节期间，大同市内的大小饭馆都停业休息，街上连吃饭的地方都难找。那个年，老崔过得很是不堪。

据了解，当时像老崔这样常驻大同的催煤员至少有 2000 人。

进入 1988 年，来自全国各地要煤的信件、催煤的电报就像雪片一样飞向大同矿务局和大同铁路分局，一间间办公室里坐满了等着要煤的人。各地均陷入了缺煤的困境。

江苏：1988 年 8 月，因发电用煤不足，少发电 180 万千瓦，减少工业产值 30 亿元，减少利税 5 亿元；

四川：全省六大电厂库存煤仅有 13.5 万吨，只够维持 4 天，在规定的 7 天"警戒线"之下；

厦门：库存煤降到历史最低点，部分工厂停产；

辽宁：鞍钢因缺煤，眼看就要瘫痪；

吉林：由于缺煤，供电不足，造成大批企业停产，8万职工正常收入无法保证；

上海：发电厂常常等待着煤船进港再组织发电，一季度工业生产竟出现负增长。

首都北京以往用电一向是"一路绿灯"，但由于煤炭供应紧缺，虽然离大同只有380公里，情况也极不乐观，从元月初就开始限电，每天拉闸限电突破了1115路次大关。

全国各地都不同程度陷入缺煤的困境。

情况正如香港《亚洲华尔街日报》所说：燃料危机正影响着中国。

同时，"求"煤的信和电报也飞向了煤炭部、铁道部，以及山西省，最后竟直接飞到了国务院。

"倒煤"分局真的"倒霉"起来

那么自然有人会问："煤呢？大同不是盛产煤吗？"

大同确实有煤，而且煤堆像一座座小山在大量积压，由于长时间堆放，它们自身便会聚集热量，加之高温天气，热量达到一定程度，煤就开始自燃！而且，大同的煤质比一般的煤更容易自燃，往往一燃起来就是一大片。

据统计，在1984年至1988年间，大同大小煤矿积压的煤炭一直在百万吨上下波动，因煤炭大量积压而发生自燃的现象屡见不鲜，每天被烧掉的煤炭就达数百吨。

每一克煤都是国家的资源，都是无数矿工用血汗甚至是生命开采出来的，看着这一块块乌金在大火中烧为灰烬，人们不禁落泪。一位中央领导同志在大同煤矿视察时，望着自燃的煤炭痛心疾首、老泪纵横。

还有一个事实摆在人们面前：煤炭绝不是像许多人想象的那样取之不尽、用之不竭。它是由于地壳运动变化，植物遗体被埋藏地下数百万年，经受地下缺氧、高温高压及煤化作用才形成的，是不可再生的资源。现实告诫人们，现在消耗的每一克煤都尤为珍贵，必须充分利用，丝毫不能浪费！

一边是十万火急催煤炭，一边是积压煤炭白白自燃，运不出去。于是担当晋煤外运主要任务的大同铁路分局成了众矢之的。"倒煤"分局也就"倒霉"起来：

"干的拉煤的营生不拉煤，干什么吃的？"有人谩骂。

"大同铁路分局的局长该撤！"有人诅咒。

"把煤拉哪儿啦？怎么见不着？"有人抱怨。

"看着国家受损失不心疼，不像话。"有人愤懑。

…………

陷入困境的"倒煤"分局如何解困

在社会此起彼伏的舆论声中，"倒煤"分局并没有停止前进的脚步，他们全力以赴抢运煤炭。

1985 年前后，为了缓和煤炭需求和运输能力的尖锐矛盾，大同铁路分局在大张铁路实行了边运营、边改造，使大张铁路的年通过能力由 3900 万吨提高到 6000 万吨，这个增长幅度在当时条件下已经相当可观了。

为了让煤炭多装一点，再多装一点，大同铁路分局使出了浑身解数。"点上集装，线上增载，增加密度，发展直达"，这些是大同铁路分局挖潜扩能的中心内容。这些内容的实施，出现了中国铁路运输中的一大奇观：线路行车计划每天是 74 对，而实际每天却突破 100 对大关，平均每 10 多分钟就开一趟车，有时间隔仅 5 分钟。站在离铁路较远的地方看，一列接一列。外行看着蔚为壮观，内行看着直冒冷汗。

干部职工们费尽了心思，大胆地将一般列车组合成超重超长

★ 20 世纪 80 年代的大同口泉煤矿

列车，每列车牵引定数由原 3000 吨上升到 6000 吨甚至 7000 吨。京包线上大同至张家口区段的上行电力机车单机牵引原来只有 3500 吨，他们想尽办法提高到 4000 吨，仅此一项，全年就多运煤 487 万吨。宁（武）岢（岚）支线的牵引定数由 1200 吨提高到 1500 吨，宁（武）朔（州）线由 1400 吨提高到 2500 吨。为了多接快接空车装煤，他们对京包线大张段的下行列车，采取在管内中间站中途摘机车，再返回张家口去拉空车的办法，抓紧每一分每一秒。同样，为了减少列车中途分解，加快到达，他们努力组织直达运输列车，比重逐步增加到了 70%。

同时，国家不断加大铁路建设改造力度。北同蒲线太原以北复线电气化改造工程被列入国家重点项目破土动工。朔州以北单线铁路凡不能满足需要的一律增建双线。云岗支线由于上下行线路平面交叉，影响列车通过能力，煤炭部和铁道部立即联合拨款建设下行立交桥和双线引入。凡大同站区需要扩建的，铁道部马上投资；线路需要延长的，施工队伍马上开进。

伴随着改革开放的深入，国民经济迅速发展，为了多运快运，铁路部门几乎将能够使用的手段全用上了，纵使这样还是不行，催煤的电报不见少，各方的疾呼不见弱，停产、停电、停业……仍旧让上上下下焦虑不安。

这一切，时刻困扰着党和政府，困扰着各级决策机关，困扰着全国数千家企业，困扰着许许多多的国人。

"倒煤"的出路在哪里？如何解困陷入困境的大同铁路分局，拯救国家能源危机？

★一个大胆的构想

5条运煤管道与1条运煤铁道

1982年9月，在一个秋高气爽的日子里，燕山脚下树叶开始微微泛黄，天空宛如一池倒映的湖水那样湛蓝而又通透，这时一辆开往北京方向的列车正在飞驰。

刚刚视察完京秦铁路开通运行以及秦皇岛港口建设的国务院主要领导与相关单位陪同人员正乘坐这趟列车返程。国家计划委员会交通局、铁道部基建总局、北京铁路局和交通部基建局的四位负责同志陪同视察工作。尽管窗外风景怡人，车厢内却悄无声息，大家都陷入深深的忧思之中。

这时国务院领导的一句话打破了沉寂的氛围："你们都是搞运输的专家，我想听听你们的意见，晋煤外运采取什么形式好？"

四位交通部门的负责人都没有急于阐述他们自己的观点，而是试探着问道："不知国务院目前对此有哪些设想或思考呢？"

其实国家当时对晋煤外运问题的解决办法一直在探索，当时主要有两种可选方案：一种是修管道运煤，另一种是修铁路专用线。最初国务院从利弊权衡来看，对修运煤管道的建议是初步赞同的。

管道运煤当时已不是新鲜事物，早在 1891 年西方国家就已经开始运用管道输送煤炭。管道输煤系统由制浆厂、管道与泵站、终端脱水厂三个主要部分构成，同时还包括供水、供电、通信和自动控制等有关配套设施。首先在原煤厂内，通过初步分选和破碎矿石，在泵驳机中将煤块加工成粒度状，再注入水将其制成煤水混合浆体（其中煤与水比例为 1∶1），然后采用多级泵站，把煤浆压入管道，并选择一定的流速，以稳流输送方式输送到输出口，最后利用专门的脱水设备，把煤浆制成含水 15% 左右的粉煤供电厂使用。

管道运输有许多天然的优势。首先，它由发送地输送到目的地基本不需要人来照顾，节约了大量劳动力；其次，管道埋于地下，受自然气候条件和自然灾害的影响很小；还有最重要一点是，它在运输之前已经加工为"完成品"，可以保证不再产生运输废料。毫无疑问，管道运输的建议对于当时的中国充满吸引力。

相关部门对晋煤通过管道运输这个提案进行了规划和预算，一条管道煤炭年运量可达 1000 万吨，至少要修建 5 条管道才能保障当时国内经济需求和人民生活所需，然而修建一条从大同到秦皇岛这么远距离的管道成本大约需要 10 亿元。也就是说，国家需要投入 50 亿元，每年可以增加 5000 万吨煤炭的年运量。投资如此之大的一项工程，在当时的中国也是屈指可数。于是，国务院领导开始征求各位专家的意见。

随后，四人相继发言，但他们对管道运输都提出了反对的意见。他们认为：一是年运输量 5000 万吨，不能满足晋煤外运的需要，与其年年为此焦虑，不如找出一条更彻底的解决办法。二是管道运输最需要的是水，并且用水量与运输量成正比，恰恰大同也是一个缺水的城市。不仅如此，煤浆运到秦皇岛后还需脱水处理，根据我国当时的技术手段，黑色废水的污染问题极难解决。三是管道运输在载运能力上不机动。管径确定了，输送能力也就相应确定，这就无法应对迅速变化的各种情况。

大家接着又提出：而与管道运输相比，铁道运输的优越之处在于，它在各种运量水平上都能经济地运营。正常通路中断时，它可以绕行其他线路，铁道的灵活程度比管道具有明显优势，它的投资与管道相差无几，能力却远远地高于管道。

大家的这些意见受到了国务院领导的高度重视，很快被各级部门反复权衡，反复比较，并最终得到国务院领导的认可。

尽快建设一条新的运煤线

1982 年 9 月谈话过后不久，国务院领导及有关部委领导就亲赴山西视察，指出对晋北地区煤炭外运问题，要充分利用海运，加强东西线铁路建设，在山西、河北北部考虑建设一条新的运煤线。

从山西视察回来，领导们顾不上路途劳顿，返京的当晚，便紧急召集时任中国交通运输协会会长郭洪涛和当时铁道部负责基建的副部长李轩等人，向他们布置一项重要的任务，要求他们调查研究一下，怎么样尽快建设一条新的运煤线。这条线非常重要，要下决心集中力量建设好，别的线也要修，但有了这条线，大半个中国就活了！

从 1980 年开始，整个"六五""七五"期间的能源消费已经押宝在煤炭上。1982 年 12 月，在全国人大五届五次会议正式批准的"六五"计划中，针对提高晋煤外运和出关铁路的运输能力进行了重点规划：完成几条重要干线的电气化工程和复线工程的建设，到 1985 年，山西、内蒙古西部以及宁夏的煤炭外运能力由 1980 年的 7200 万吨增加到 1.2 亿吨；通往东北的出关运煤能力由 1980 年的 1400 万吨提高到 2900 万吨，可以与晋煤的外运量大体相适应。

修建一条新的"晋煤外运"铁路专线已经迫在眉睫。

郭洪涛的大胆构想

提起修建运煤专用铁路，不得不提及一个人——郭洪涛。他是一名优秀的共产党员，早在解放战争时期，就致力于铁路建设事业的发展，为新民主主义革命的胜利作出了重大贡献。新中国成立后，他始终着眼于中国交通事业的发展，多次向中央提出自己对发展铁路运输的建设性看法和建议，成为新中国交通事业的开创人之一。

1977 年，郭洪涛曾向中央提出关于中国铁路实行现代化的一系列技术政策问题的意见。

在这份意见中，他从铁路机车车辆的发展趋势、提高线路的载重量和行车速度等方面提出了自己的想法。当时，他就提出了在铁路上应用电子计算机、建立行车调度控制系统，以及编组站的调车作业自动化、运营管理自动化等大胆设想。

1980 年，郭洪涛作为中国交通运输代表团团长，曾带队赴美考察。他们先后访问了美国的运输部、能源部、商业部，以及诸多的煤炭、矿石码头和铁路运输公司。

大家发现，美国国土面积和中国差不多，但却有铁路 32 万公里，为当时中国的 6 倍。而且，这 32 万公里的铁路并不是美国交通运输的全部，它是与密如蛛网的公路、高速公路以及空中运输同时存在的。

在考察过程中他们了解到，20 世纪 60 年代以前，美国还在用普通铁路货车拉煤，不仅运量小、成本高，而且满足不了需要。从 60 年代起，美国开始对铁路运输技术进行了一系列的改革：首先是采用长大列车，每列连接 100 多甚至 200 多辆车，并且对车辆设备也同步改造，使一辆车的载重量高达百吨。他们开出的一趟列车竟然能运煤 2 万多吨，而且他们的列车是固定车辆，循环运行，中途不摘钩、不编解。

考察团还意识到，美国和中国的铁路运输有许多相似之处：两国的煤炭产量都比较多，煤炭运量都占铁路货运量的三分之一以上，运输距离都比较长。

对照国内煤炭运输的现状，考察团成员都看在眼里，急在心上，作为团长的郭洪涛更是焦急万分：我们国家可不可以效仿美国采用长大列车运输煤炭呢？随之，一个大胆的构想开始

✎ **延伸阅读**

重载列车的分类

单元式重载列车： 使用大功率机车双机或多机与一定数量的同型大型专用货车固定编组，组成一个长、大、重的运输单元，固定列车编组（包括编组辆数和机车车辆的编挂位置），固定列车到发地点，固定货物品名，固定发送量，固定装卸、运行时刻和运行线的列车。

组合式重载列车： 把两列或两列以上的开往同方向的普通货物列车首尾联在一起，占用一条运行线运行的列车。

整列式重载列车： 机车集中编挂于列车头部的超长超重列车。

浮现在他的脑海里。

1980 年 4 月 15 日，郭洪涛在全国政协常委会讨论发展国民经济的长远规划时提出：铁路牵引动力要积极发展电气化，货车要向大型化、标准化、专业化发展。要加快改造老线、建设新线、积极组织长大列车等一系列措施，以解决运输生产的燃眉之急。

同年 4 月 22 日，郭洪涛在撰写考察团赴美考察总结报告中，正式向中央提出：为了解决煤炭能源的运输问题，建议采用美国的长大列车运输方式，并相应地进行一系列配套改造建设。

1981 年 7 月 3 日，郭洪涛在国家科学技术委员会召开的交通运输技术政策研究课题计划会议上，直接提出了这个大胆的构想：选择适宜线路，如大同和秦皇岛港，进行调查研究，以便总结经验，为发展现代化的铁路运输方式做准备。

这一大胆构想得到了出席会议的国务院领导的认可。

郭洪涛回到国家计划委员会后，便将会议精神传达给时任国家经济委员会副主任岳志坚，岳志坚默默地听郭洪涛讲完，深思了片刻后，便对郭洪涛说："总体设想你已经全有了，具体工作就交给我吧，你年纪大了，再跑来跑去的不方便。"

于是郭洪涛将这个重担交给了岳志坚，事实也证明了他这个决定是对的。

纸上得来终觉浅，绝知此事要躬行。第二天，岳志坚就组织一个调研团队动身去了现场。最初他们计划在丰沙大铁路原有的线路上再铺加一条线路，既省力又省钱，这是很划算的。但是伴随着他们一路实地考察，发现原有的选址无法保证列车安全运行，于是他们不得不改变计划。

1982 年 8 月，专业设计院按铁道部下达的"82 年勘测设计计划"提报了"北京—大同铁路方案研究报告"。原铁道部第三设计院前后两次进行全线踏勘调查，提出了几个比选方案，其中沿桑干河谷走海运的路线，与岳志坚团队备选方案不谋而合，经过各部门反复地商量与研讨，这条路线得到了绝大多数人的支持。

蛰伏的"巨龙"

思路有了，这条线到底怎么建设？按什么标准建设呢？于是又一个大胆的构想被提出来：年运量 1 亿吨。

单条线路实现年运量 1 亿吨，这对于当时中国铁路的货运量来说简直就是个天文数字。这么大胆的想法是谁提出来的？此人正是时任煤炭部计划处处长张虎。他听闻国家计划修建大秦线，而铁道部规划院提出设计年运量只有 2900 万吨，他认为这远远不够，山西的煤炭产量也不可能满足于这个数字，至少应该达到年运量 1 亿吨的标准。

1 亿吨这个数字非常诱人，但是山西到底有没有这么多煤可运呢？于是岳志坚的团队马不停蹄前往山西煤矿去考察，他们不听一些煤炭业主的夸夸其谈，亲自走访每一处矿点，从大同的云岗矿开始一直向前走，走到太原附近的西山矿还不甘心，一直向南走去……三晋大地凡是有煤矿的地方几乎都走遍了。

一个多月的时间，岳志坚对山西各地煤炭储量和产量情况进行详细了解，充分验证了张虎的设想：晋北矿区包括大同矿务局、平朔露天煤矿和地方十一县一市矿，预计到 1990 年煤炭总产量可突破 1 亿吨，考虑内蒙古西部、陕西、宁夏煤炭的东运，煤炭的产量远远超过现有线路的承载力。

1982 年 10 月，国家计划委员会召开审查会议，国家计划委员会、国家经济委员会、铁道部、煤炭部和交通部的主要负责同志参加了这次会议，大家讨论并一致通过：沿桑干河谷建设、设计年运量 1 亿吨的方案，并计划组织一支赴美国、澳大利亚等地学习交流的考察团，为大秦线的建设做准备。

同年 11 月 23 日，由国家计划委员会、国家经济委员会和铁道部联合拟定的《关于大同至秦皇岛运煤专用铁路建设问题

平朔露天煤矿

山西省朔州市平朔露天煤矿是大秦铁路主要的货源装车基地之一，包括安太堡、安家岭等露天矿区。安太堡露天矿区位于朔州市平鲁区，总面积达 376 平方公里，地质储量约为 126 亿吨，自1987 年正式投产，是当年邓小平同志亲切关怀诞生的"中国改革开放试验田"，创造了日产 7.9 万吨的最高纪录，成为我国规模最大、现代化程度最高的煤炭生产基地之一。安家岭矿区由我国自主设计施工建设，2003 年正式投产，开采的原煤都是侏罗纪时代产生的，主要作动力用煤和生活用煤。矿区运煤车由国外进口和国产两种车型，每台可载重 170～300 吨，由产重 1033 吨的电铲车装载。平朔露天煤矿装车点采用定量漏斗、双环、双筒仓装车，每年完成煤炭运量达 5500 万吨，通过大秦线源源不断运往秦皇岛、曹妃甸西等港口，为沿海 6 大电网提供电煤保障。

的报告》正式签发并上报国务院。三天之后，国务院就批准了这个报告。

从此，大秦铁路这条蛰伏已久的巨龙即将进入人们的视线。

★中国重载单元列车考察团的越洋之行

如何建设这条重载铁路？

大秦线 1 亿吨，既然已经有了这个大胆的构想，那么必须努力去实现它。

重载单元列车是 20 世纪 60 年代首先在美国出现，是在各种运输方式激烈竞争中产生的。随之在全世界引起强烈反响，加拿大、澳大利亚、巴西、苏联，甚至南非等国家，都争相效仿。

顾名思义，重载列车就是相对于普通列车而言，牵引重量比较大的列车。当时我国普通列车的牵引重量一般在 3000~4000 吨，重载列车可以是它的 2~3 倍，甚至是 5~6 倍。单元列车，一般是在始发地环形装车线上用大型装车设备迅速装上某种大宗货物，按时刻表运行，中途不解体不编组，列车到达目的地后，在环形线上迅速卸车，然后返回始发站，开始另一轮循环作业。总的来说就是，拉得多、跑得快、装卸便捷，可以最大限度扩大铁路运输能力，降低运输成本。

于是，在 1982 年 10 月国家计划委员会召开的审查会议上，有人便提出组建考察团赴澳、美考察学习的想法，这个建议迅速得到与会人员的支持。

紧接着，铁路重载列车运输考察团正式组建，由中国交通运输协会组织国家经济委员会、国家计划委员会、铁道部、交通部、煤炭部的负责干部及技术专家等 13 人组成。时任国家经济委员会副主任的岳志坚再次挑起重担，担任考察团团长，时任铁道部副部长的李轩任副团长，成员中除一名翻译外，其余全部是各专业的技术中坚。1983 年 3 月 11 日，他们从首都机场出发，开启了对澳大利亚和美国的考察之行。

大秦线的总设计师——吴松禧

飞机冲破云霄，划过天际，窗外天空湛蓝，云彩变幻多端。考察团一行人中，有一位个子偏高、身材魁梧的中年人格外引人注意，一路上大家都闲适地欣赏窗外的美景，只有这个人心事重重，他就是当时铁道部第三勘测设计院的高级工程师吴松禧，他还有另外一个重量级身份——大秦线的总设计师。

一说起大秦线，吴松禧就有聊不完的话题，因为他作为勘测设计方面的专家，承担了大秦线的勘测任务。他们跋山涉水历时三个多月，一步一个脚印丈量了大秦线的线路，对沿线所有的地形地貌、水文气象都心中有数，随便聊起一个地方他都能如数家珍。而如今，这么重要的担子交付与他，他自然也轻松不起来。吴松禧安静地坐在飞机里，脑海里"重载单元列车"这 6 个字却抑制不住地转动，他对这个"巨无霸"充满期待，对中国重载事业也充满信心。

没过多久，飞机在香港降落了，代表团必须在香港等待一段时间。

吴松禧几次想给在香港的姑妈打个电话联系一下，但他思虑再三，还是犹豫不决。年少时，他曾迫于生计前往香港打工，投奔远在香港的姑妈，无儿无女的姑妈一直拿他当亲生儿子，后来种种原因，他回到了内地，从事了热爱的铁路事业。现在，他再次站在香港的土地上，与姑妈近在咫尺，多么想见她老人家一面啊！但是，使命在身的吴松禧最终还是咬牙下定决心：

不打电话，不去看望了。

考察之旅正式开始

飞机从中国香港起飞了，目的地是澳大利亚，他们即将开始正式的考察之旅。

到达澳大利亚的第一天，他们没有流连于当地的风土人情，放下行李便立刻投入紧张的工作之中。

澳大利亚面积 700 多万平方公里，西部为高原，东部为山地，生产出来的东西几乎全是初级产品，主要靠出口资源。由于大量开矿，澳大利亚对铁路运输十分重视。

考察团第一眼见到重载单元列车是在澳大利亚的新南威尔士州，一个与大同环境非常相似的地方。

"呜呜呜"，一阵响亮的火车鸣笛响起，声音从山涧深处渐渐传来。不一会儿，一列满载煤炭的列车从大山深处驶出。这趟列车车体内外粉刷着油漆，有四分之一的颜色区别于其他颜色显得格外夺目。车身连绵不断地从山涧内驶出，在铁道上仿佛一条巨龙蜿蜒曲折，驶向远方。现场考察团的成员都目不转睛地盯着这条"巨龙"，吴松禧聚精会神，默默地数着车厢，粗略一算，这列车至少有两公里长。

考察团的行程安排非常紧凑，没有预留片刻的休闲时间。他们从东南沿岸的悉尼开始考察，一路向西推进，最后到达西南部的珀斯港，每个人都收获颇丰。结束澳大利亚的考察之旅后，他们立即奔赴机场转道新加坡直奔美国华盛顿。在一个多月的时间里，他们竟乘坐飞机有 38 次之多。

他们着重考察了煤炭和铁矿的铁路、河流、海港运输，访问了 4 个铁路公司，2 个港务局，参观了 12 个港口、4 个矿山、3 家电厂、11 家工厂和 3 所铁路试验中心，接触了 30 多家企业，咨询了多家贸易公司。这些企业有一个共同的特点，都是通过组织单元列车来发展重载运输。

大家参观完这些企业后，发现这并不是多么了不得的高难项目。重载单元列车在美国和澳大利亚已经使用 20 年了，也不是新兴高端科技。但对中国而言，要想拥有重载运输技术，不在于技术如何先进，而关键在于要有思维和观念上的转变，要努力打破原来铁路运输模式。

同时，另外一个明显的问题逐渐显现：在美国考察时发现，美国人很务实，他们的目标很明确，修铁路就是为了运煤，只要不影响列车运煤安全，即使道心长草也没事。美国司机的交接班也极为简便，在预定好的区间，车开得慢些，接班的司机已经按时等候在这里，两个人上来，两个人下去，上来的继续把列车往前开，下去的开着汽车就回家了。在我国，过去明明是为了运煤才修建的铁路，也要七八公里就设一个车站，设的车站越多，越限制通过能力。这样运煤的效率会大大降低。这道理人人都懂，但就是不突破这个框框，也不敢突破。

一个共识在大家的脑海中不约而同地形成了：大秦线的建设一定要以务实为基调，在不影响运煤的条件下，站舍距离要增加，提高运煤效率，所有设计都是为运煤服务的。

大秦线建设初步意见确定

从悉尼到珀斯，从华盛顿到纽约，无论在哪里，大家考察完之后的唯一任务就是关起门来，反反复复进行讨论。大家都非常珍惜这次来之不易的机会，每一秒都不希望白白浪费掉。

考察的最后一站是旧金山，也是大家印象最深的一站。

旧金山是华侨和美籍华人聚集最多的海港城市，金门大桥是这座城市的主要象征，它不仅是大型索桥工程中的领头羊，也是所有大工程建造和运营管理的一个标杆。

考察团一行人来到了金门大桥边，位于大桥一畔安放着这座桥的设计师约瑟夫·施特劳斯的铜像，这是当地人为了纪念他对美国作出的贡献而建造的。李轩看了很久，说道："将来的大秦铁路也要成为重载运输的标杆！"

从那一刻起，一定要为中国发展修好重载铁路、建好大秦线的决心和信念，在每一名考察团成员的心中暗暗扎根，大秦线也注定要为世界重载运输史上留下浓墨重彩的一笔。

考察结束，一行人返程时，每个人的行李箱都装满了各种技术资料。资料实在太多了，为了将这些珍贵的资源悉数带回国内，他们又找来一些纸箱子装，足足装了七八箱。箱子太多太重，飞机不给办理托运，只好通过海路运回中国。

考察团返程后，就针对大秦线的建设提出了初步意见：引进先进技术和设备；把组织发展重载单元列车作为一条方针纳

★美国旧金山金门大桥旁的设计师约翰夫·施特劳斯铜像

入晋煤外运规划中；组织重载单元列车运输必须装、运、卸三位一体；结合我国煤炭生产中小矿多的特点，要借鉴国外用汽车集运组织单元列车的经验；组织重载单元列车运输在我国是一个新课题，是相当复杂艰巨的工作，铁路一个部门不可能全办到，必须组织煤炭、电力、冶金、交通等部门共同努力完成。

媒体链接

扫一扫

专题：共和国发展成就巡礼之"大秦铁路：西煤东运　重载奔跑"

第二节 初露峥嵘

★国家成立大秦铁路建设领导小组

国家坚定的决心

1983 年 9 月，国务院召开常务会议，宣布了一条振奋人心的决定：修建大秦铁路，并决定开行重载列车，年运输能力达到 1 亿吨。

在中国铁路建设史上，大秦铁路称得上是一个幸运儿，它具有得天独厚的优势，被国家列为"重中之重"的头等工程。其所含的装、运、卸系统，同步建设推进，总投资达 70 多亿元。对于当时资金紧缺的中国来说，这是一件非同小可的事。为此，党中央和国务院在决策前，邀请专业技术人员组成大秦铁路调查组再次进行论证。

1983 年 10 月，中央财政经济领导小组听取关于加快山西能源基地铁路建设的汇报。会上，时任铁道部部长陈璞如为建设大秦铁路打了一针强心剂："项目定后，就干！大秦线我算一算，晃了 7 个月，人心不定。搞煤、电，首先要考虑铁路，建议计划上把关。"

国务院领导当机立断："有些事议到了一定程度，就要冻结，不要再议来议去，不要变了。事先酝酿必须有，不要仓促定。定了以后，不要再考虑来考虑去。任何事总有两面，总有侧面。"

同时，国务院领导再次强调：大秦铁路这一条线非常重要，要下定决心集中力量，有了这条线，大半个中国就活了。

1983年10月，国家计划委员会正式向国务院呈送《关于审批大同至秦皇岛铁路设计任务书的请示报告》。报告中，对这条铁路的意义、性质、要求、投资状况、技术设备的引进、配套工程的建设以及远期延伸出关等问题，都做了详细说明，要求各有关部门和地方主动配合、大力协作，相关问题由国家计划委员会及时进行协调，重大问题必要时报国务院决定。由铁道部、交通部、煤炭部、水电部、山西省、河北省、北京市和天津市组成大秦线建设领导小组，由铁道部主要负责人任组长，成员名单报国务院批准。有关省、市、地、县都要指定一名同志负责"支铁"工作，从勘察设计开始，对大秦线的建设负责到底。各部门、各地方各司其职，谁误事，谁负责。部里误事，由部长负责；地方误事，由省长或市长负责！

国务院很快便批准了报告，同年11月国家计委向铁道部致"关于大同至秦皇岛铁路设计任务书的复函"，并附上了国务院批准的请示报告。

组建硬核班子

1984年元旦刚过，气候还十分寒冷，但位于北京的铁道部招待所一间普通的会议厅里却宾客满座，热闹非凡，这里即将举行一场特别的"战前"会议。

铁道部、国家计划委员会、国家经济委员会、交通部、煤炭部、机械工业部、水电部、电子工业部以及北京市、天津市、山西省和河北省等省部委主要负责同志被邀参加，就在这一天他们成为决定大秦铁路命运的人。

大家先后到达会议室，见面后都互相问候、谈笑风生。而

图说

大秦铁路建设过程中的组织领导

为及时解决大秦铁路建设过程中出现的问题，加强统筹兼顾，协调关系，国务院在 1983 年成立了由有关部、委、省、市领导参加的重大技术装备大秦线重载列车成套设备领导小组，1984 年成立了大秦铁路建设领导小组，具体承担铁路、煤炭储装、港口、供电项目建设的铁道、煤炭、交通、电力四部，也建立了各自的建设指挥机构。铁道部成立的大秦铁路建设办公室，还负责国务院两个领导小组的日常工作。

在大秦铁路建设的过程中，国务院两个领导小组在建设的关键时刻，通过召开会议、研究讨论、方案论证、现场调研、检查指导等多种形式，有力保证了系统工程建设的顺利进行，积累了庞大系统工程建设的有益经验。

作为东道主的铁道部部长陈璞如却高兴不起来，一副心事重重的样子。

陈璞如从抗战时期就投身革命，曾多次担任重要领导职务，为新民主主义革命的胜利和经济恢复发展作出了重大贡献。直至1982年4月，他才调任铁道部。俗话说"干一行爱一行"，陈璞如就是这样一个人，任职铁道部后，他积极推进铁路改革，加快铁路发展。在铁路建设、铁路运输安全、铁路对外开放交流等方面都往前推进了一大步。他对待工作极其负责、待人亲和，任职不到两年，几乎走遍了全国各条铁路的重要路段，结识了许多优秀的干部职工，深受铁路职工的爱戴。

建设大秦铁路这场没有硝烟的"战役"就要打响了，由于年龄问题，也许这将是他人生中最后一次拼搏和冲刺了，所以他感到前所未有的压力。正在他焦灼时，时任国务院副总理的李鹏径直地走进了会议室。

顿时，喧闹的会议室安静了下来。

会议正式开始。首先，李鹏同志代表国务院发表讲话，并对国务院作出的重大决定进行宣布。大秦铁路建设领导小组正式成立，由陈璞如任领导小组组长。

这项任命大家并不惊奇，大秦铁路涉及面广，需要路、港、矿、电通力合作，需要两省两市协助征地拆迁工作，这项工作自然而然就落在了这位铁道部部长的身上。

其他成员由会场内的国家计划委员会、国家经济委员会、煤炭部、铁道部、水电部、机械部各部委以及山西、河北、北京、天津等省市领导组成。由如此之多的部门、省市领导共同参与，在中国的工程建设史上堪称一个传奇。

随后，李鹏同志语重心长地讲道：国务院对修建大秦铁路十分重视，是经过多次讨论才定下来的。希望把这条铁路建设成一条质量好、进度快、投资省、效益高、少设车站的运煤专用铁路，成为我国铁路现代化的缩影。这条铁路建成后，千万吨煤炭就可以输送到秦皇岛，再输送到东南沿海地区。我国的能源形势就会发生很大的变化，全国经济发展这盘棋就活了。

会议结束后，各部门、各省市的领导积极响应国务院号召，亲自披挂上阵，迅速开始了推进工作。

1984 年 1 月，铁道部随即成立了大秦铁路建设领导小组办公室（后文简称"大秦办"），副部长李轩担任主任，成员也分别由相关单位主要负责人担任，全力做好大秦铁路建设的各项工作。

同日，北京市副市长韩伯平、张百发，召开北京市支援大秦铁路建设工作会议。

河北省副省长郭志、山西省副省长阎武宏也相继主持召开专项工作会议，研究切实可行的方案，为大秦铁路建设工作推波助澜。

··········

从中央到地方，从大同到秦皇岛，自那个冬天开始，一股"大秦热"的火焰以燎原之势迅速点燃华夏大地，这条老百姓期盼许久的经济生命线正式拉开了建设序幕。

★ 建设时期的"大秦精神"

大秦铁路一期工程全面开工

1985年1月1日，雁北大地寒风刺骨，桑干河畔冰天雪地，来自12个工程部门的数万筑路大军云集大秦，在荒山野岭中安营扎寨，各路英豪厉兵秣马、蓄势待发，在全国人民庆祝元旦的爆竹声中，大秦铁路一期工程全面开工的战斗正式打响。

党中央和国务院对修建大秦铁路极为重视，先后列为国家"六五"计划、"七五"计划、"八五"计划期间的重点项目。国家"七五"计划明确提出"加强能源建设，完善运输网络，逐步缓和能源、交通紧张状况"，并要求"加强由西向东的运输通道建设"。当时的铁道部响应国家号召，把大秦线和衡广复线列为"七五"期间铁路建设的重中之重，提出"北战大秦，南攻衡广"的铁路大动脉建设战略。大秦线是铁路在"七五"计划期间打好提高综合运输能力翻身仗的关键工程。

大秦铁路一期工程西起大同枢纽，在北同蒲线韩家岭站接轨，经山西省大同市云岗区、云州区，河北省张家口市阳原县、宣化区、涿鹿县，进入北京市延庆区，至河北省廊坊市三河市大石庄站，正线全长410.8公里。再经联络线引入京秦铁路，在秦皇岛站外吴庄出岔，经柳村到达秦皇岛三期煤港码头。

冰天雪地的寒冷，丝毫掩盖不住筑路大军的建设热情，"我为祖国建大秦"的使命感、责任感扎根在每个人的心中，焕发出无尽的力量。

为了更好、更快地建设这条线，大秦铁路采取了边勘测、边设计、边施工、边科研、边鉴定、边生产的超前建设模式，各施工单位精心组织、统一指挥、团结协作，大秦线建设就这样如火如荼地展开了。

勘测：吃苦奉献，争创一流

设计是灵魂，设计的优劣直接关系到工程质量的好坏和造价的高低。1984年大秦铁路建设领导小组组建后，铁道部第三勘测设计院（简称"铁三院"）作为开路先锋，承担了大秦线的勘测设计任务。

对于铁三院人们并不陌生，大秦铁路的初步勘察任务就是由他们完成的，大秦线的地形地貌他们再熟悉不过了，总体设计自然又落在他们身上，前述提到吴松禧是大秦铁路的总设计师。

早在重载列车考察团赴美的时候，俄勒冈州的伯灵顿北方圣太菲铁路公司便对中国显示出极大的热情。他们用高规格接待了中国考察团，甚至为了方便他们交通，专门将公司总裁的飞机拨出来供考察使用。随后，他们也多次派人来大同进行考察，对参与大秦铁路建设非常感兴趣，他们向当时的铁道部提出派专家协助修建大秦铁路的建议。

　　吴松禧算了一笔账，美国人员光劳务费就每小时 72 美元，请他们根本不划算，于是很干脆地回绝了。他相信，除了设备还有些差距外，中国人自己有能力修建这条铁路。之后的行动印证了这个想法。

　　铁三院率先开始了勘测任务，他们动员全院 70% 的力量投入定测工作。6 个勘测队、2 个地质队、1 个航测专业队，纷纷奔赴一线。

　　在地质勘测的领域中，大家经常会说："上山到顶，下沟到底。"左肩背着地质包，右肩挎着军用壶，这就是他们的形象，渴了喝口凉水，饿了啃口冷馒头，用自己的脚步反复丈量着每一寸土地，他们深知如果不深入地将地质问题搞明白，未来一旦出现问题甚至发生事故，将为国家造成不可估量的损失。

　　铁三院集中主要技术力量，精心勘测设计，积极采用新技术，重视方案比选，选择最佳线路走向，把工程造价尽量控制在最低限度。

　　为了把大秦线勘测好、勘测准、勘测精，他们叫响了"吃苦奉献、争创一流"的口号。

　　1983 年春节前，全院 2000 多名技术人员，放弃春节假期，奋战在勘测的第一现场，在方家沟至狼山段长约 70 公里的定测选线中，他们根据实际情况，比选出一条线路最短、占地最少的最佳方案，比原定的方案缩短近 9 公里，节省了 7000 多万元投资，少占 1000 多亩耕地，当时每年就可节省运营费 110 多万元。

他们对一期工程的路基、轨道、站场设备等方案进行改善，减少投资 2000 多万元。

为了不断提高设计质量，他们还组织专业队伍对沿线施工单位进行回访，积极对所提出的意见和建议进行解决，确保工程高质量、高效率推进。

在"吃苦奉献、争创一流"的精神激励下，铁三院设计者们你追我赶冲锋在前，大秦铁路的设计方案平稳有序地向前推进。

建设：比奉献、创一流、争效益

自 1985 年元旦，大秦线一期建设工程全面开工的战斗打响，

★科研人员对大秦铁路沿线地形、地貌等进行野外勘探

从桑干河峡谷到燕山峻岭，在这 410 公里的战线上，各路精锐部队纷纷各显神通、奋勇争先。他们发扬愚公移山精神，冒着严寒，在桑干河上破冰架桥；顶着狂风，在悬崖边开山凿路。

一期工程要穿越 39 座山峰、189 条河流，设计开挖隧道 45 座，架设桥梁 313 座。沿线的地形险峻，重峦叠嶂，沟壑纵横，给施工增加了很大难度。建设者们全力以赴，一心扑在工地上，许多人推迟了婚期、放弃了假期，甚至有些人连过年都坚持奋战在建设第一线，以苦为乐、以队为家。仅 1985 年正式开工一年时间，一期工程就按计划完成了线下工程的 40%。

"北战大秦，南攻衡广"。1986 年，大秦线一期工程建设进入关键时期，任务艰巨、责任重大，"比奉献、创一流、争效益"在南北两支铁路建设大军间展开了竞赛。劳动竞赛很快激发了大家的劳动热情，在各级党组织的领导下，大秦线上各工程局、各处室、各工程队间，也广泛开展施工劳动竞赛，赛进度、赛质量、赛安全、赛效益，不断刷新纪录，不断创造奇迹。

第十七工程局施工的御河特大桥，是大秦线西大门的第一个咽喉工程，被誉为"大秦线上的第一桥"。该桥总长 2004 双线米、62 个墩台，修建这座庞然大物，需要挖土方 14 万立方米，修筑围堰 3 万平方米。他们精心组织、科学施工，尤其在打钻孔桩时，采用"人工筑岛"方式，干部职工跳进冰冻的河水里码草袋，制服了流沙和涌水，为国家挽回了经济损失。大桥只用半年就完成了主体工程，比预定工期提前了 7 个月，工程质

图说

大秦铁路的桥涵

大秦铁路共有大中桥 254 座，其中特大桥 28 座，大桥 92 座，中桥 134 座。桥梁全长 98.62 公里，占正线全长的 15.1%。全线有各种涵渠 2187 座，共长 53052 横延米。

量达到了全优标准。

第一工程局施工的延庆车站，站线长 2.2 公里，需要处理土方量 45 万立方米，通过组织机械化施工，不到半年就建设完成，被铁道部誉为质量信得过的免验工程。

第十八工程局施工的白家湾隧道，全长 5058 双线米，是大秦线上第二长隧道。建设者们战胜上千次塌方，在进口液压台车没到货时，他们自制简易钻孔台车，在全线创造了第一个隧道"百米成洞"的纪录。进口液压台车到位后，他们很快掌握机械的使用、保养和维修方法，采用机械化"一条龙"施工作业，连续创造了单口月掘进 211 双线米、单口月成洞 316.8 双线米的全国纪录，隧道提前 5 个月顺利贯通。

…………

"高水平高效益把军都山建好，保工期保质量让党中央放心。"这是雕刻在大秦线上军都山隧道出口处的一副对联，从对联中不难看出，当时大秦铁路建设者们栉风沐雨、顽强奋战的决心和意志。

军都山隧道是当时仅次于大瑶山隧道的全国第二长隧道，全长8460米，由于受到燕山山脉造山运动的影响，隧道地质情况极为复杂，黄土、沙层、断层占将近一半，隧道每昼夜涌水量达13000吨，集中地段高达5000吨，施工难度在隧道史上是极其罕见的。

铁道部隧道局二处承担这座隧道的施工任务，3000多名筑路人员迅速集结，在军都山安营扎寨，要凿通这座大秦线上最长的隧道。

隧道局二处拥有当时基建较为先进的技术装备，但是面对军都山恶劣的地质条件，那些设备根本派不上用场。这时，传统的风枪、洋镐和铁锹再次成为施工

★大秦铁路建设者清除危石，消除施工隐患，确保施工安全

现场的"主力军"。开挖不久，便遇到黄土层，进口凿岩台车毫无办法，大家没有放弃，先用风枪打眼放炮，再用铁锹把石碴和泥土装入小推车，运送至洞外。

人力开凿和机械开凿相比毕竟有很大的差距，但是没有一人退缩，放眼望去阴暗潮湿的隧道内都是飞舞的铁锹和飞驰的小车，建设者们踩着泥浆，顶着飞落的乱石，汗水湿透了衣衫，模糊了双眼。在军都山隧道黄土段开挖时，他们平均月成洞14.9米，最高时达到25米。据资料记载，同等条件下日本的最高纪录为15米，我们丝毫不落后于发达国家，让世界见证了中国速度。

军都山隧道出口端有70米长的土夹石堆积体，软弱围岩比例占一半，面对大面积软弱围岩，建设者们稳扎稳打，成功地采用"新奥法"施工技术，完成最困难的600米黄土地段，出口端单口独面奇迹般地实现了月成洞241米，打破了当时的全国纪录。

1986年4月，时任国务院副总理李鹏在视察军都山隧道时，被建设者们的劳动热情所感动，用遒劲有力的笔锋写下"开拓前进"四个大字。

在"开拓前进"嘱托的鼓舞下、在"吃苦奉献、争创一流""比奉献、创一流、争效益"的精神驱动下，筑路勇士们战塌方、克难关，昼夜奋战在施工最前沿，努力把大秦铁路建成速度快、质量高、效益好的铁路，奋力将一期工程快速向前推进。

赢得了沿线居民的热情支援

大秦铁路一期工程涉及山西、河北、北京和天津等四省市地区，7万筑路大军分散在沿线各个地方。为了支持国家铁路建设，许多耕地被征用，沿线广大群众顾大局、保重点，没有丝毫怨言。大秦铁路的建设者们十分珍惜土地、节约耕地，通过长时间的相处，他们与当地群众建立了深厚的友谊。

俗话说得好，吃水不忘挖井人。建设者们在完成建设任务的同时不忘回馈百姓、为民造福，赢得了沿线居民的热情支援。

第一工程局承建大秦线延庆地区的建设任务，主要在郊区县境内。施工中，他们结合乡村道路规划为当地百姓修便道，取土时尽可能少占良田，放炮时选择远离乡村房舍的地点。雨

图说

大秦铁路永远的丰碑

广大建设者们大力发扬不怕吃苦、不怕牺牲的大无畏精神，为早日建成大秦铁路献出青春年华甚至宝贵的生命。每逢清明时节，青年职工都会祭奠长眠在大秦铁路崇山峻岭的建设者们。

季来临时，由于桥涵没有做好，他们又特意把路基推出 12 道口子，保证 10 公里长的沿线耕地不被水淹，切实保障当地群众的利益。沿线群众也投桃报李，主动热情帮助施工队看守露天堆放的大型施工机械、设备和材料，不求回报。

第十七工程局在施工中十分珍惜土地资源，做到边修路边造地。他们在定点设营过程中，尽量占荒地不占耕地，确实需要占用耕地时，一般使用帐篷式的活动房屋，方便在任务结束时拆房腾地。在桥涵施工中，每当"主体"建成后，便开始造地工程。由于工程进度问题，施工结束已经到了初冬时节，大家经常会顶风冒雪，机铲人刨开垦荒地，赶在第二年春播前将耕地归还给当地群众。工程建设的两年间，共平整出 1600 多亩施工取土用地，全部归还当地群众。建设者们的行动受到当地政府和人民群众的称赞。

良好的群众基础，为大秦线建设提供了强有力的保障。大秦铁路建设者懂感恩、有担当，主动服务群众、造福群众，为大秦铁路的发展壮大奠定了坚实的群众基础。7 万筑路大军始终听党话、跟党走，树雄心、立壮志，用自己的智慧和汗水，筑造着这条宏伟的铁路工程，他们以能吃苦敢拼搏的奉献精神、讲科学争一流的创新意识、少投入多产出的效益观念，投身于大秦铁路一期工程建设，这个时期也为大秦铁路精神的孕育提供了肥沃的土壤。

大秦铁路的隧道

大秦铁路共有隧道54座，总长68113米，占正线长度10.4%，其中除三线隧道1座、单线隧道2座（均位于大同枢纽内云冈支线上）外，均为双线隧道。双线隧道共长67036米，超过了当时我国铁路已有双线隧道长度的总和。隧道大多集中分布在桑干河峡谷及军都山越岭区段，桑干河峡谷区段共有13座，长26090米，占该段线路长度的65.2%，军都山越岭区段共有28座，长28190米，占该段线路长度的58.7%。其中军都山隧道是当时仅次于大瑶山隧道的全国第二长隧道，全长8460米。

★ 大秦铁路一期工程建成通车

建设工地捷报频传

走进大秦铁路一期工程的建设工地，经常会听到和看到这样的标语口号："保重点、攻难关""自己多吃苦、造福十亿人"。这正是大秦建设者们的真实写照，他们不怕吃苦、甘于奉献，用实际行动不断书写"大秦纪录"，确保大秦线顺利开通。

1987年12月下旬，大秦铁路建设热情高涨，一些难点工程相继被攻克，不少项目的主体工程陆续完工，一封封捷报不断传到大秦办：12月26日，军都山隧道顺利贯通；12月30日，第十六工程局、十七工程局与十八工程局的西段铺轨大军在河北宣化王家湾站胜利会师；第三工程局线桥总队、第十六工程局和第一工程局的茶（茶坞）石（大石庄）段铺轨大军在平谷车站胜利会师。截至 1987 年底，一期工程除军都山隧道外，已全部完成了铺轨任务。

1988 年到了一期工程竣工的决战时刻，所有的重点工程和配套工程井然有序地开展着，建设者们都在和时间赛跑：9 月 19 日下午 4 时，军都山隧道在一片欢呼声中铺下最后一节钢轨，标志着一期工程全线铺通，提前 6 天完成任务；10 月，大秦线的指挥中心——调度中心大楼投入使用；11 月 5 日，大秦线湖东地区各单位第一批人员开始进驻；15 日，一期工程所有人员全

★ 1987 年 12 月 30 日，大秦铁路一期工程双线胜利铺通

部按规定进点到岗；12 月 20 日，在电气化工程局抽调精兵强将、精心组织作业下，一期工程的电气化工程全部顺利完成；12 月 23 日零点，一期工程开始正式送电，已经具备开通运煤的条件……

建成了！终于建成了！大秦铁路一期工程在短短的 4 年多时间里，边勘测、边设计、边施工、边科研、边鉴定、边生产，7 万筑路大军争分夺秒，终于基本配套建成。

大秦铁路公司成立

1988 年 9 月 1 日，大秦铁路一期工程呼之欲出，为了更好地运营和管理大秦线，体现先行先试、具有现代企业特征的大秦铁路公司正式成立了，这也是如今上市的大秦铁路股份有限公司的前身。

公司经理由时任大同铁路分局局长兼任，公司设常务副经理、总工程师、总经济师、总调度长，分别负责运输生产、技术管理和经营管理工作。公司设四部一室的职能机构：运输生产部、技术管理部、经营管理部、党委工作部和办公室。各部主任由副总经理、总工程师、总经济师和总调度长兼任。分别在湖东、茶坞地区设立办事处，负责地区性工作的协调。

全公司有 6000 多名职工，大秦线平均每公里配置 15 人左右，不到大秦线开通前大同铁路分局每公里配置人数的五分之一，达到世界先进水平。15 人是什么概念？当时只有苏联一条铁路的管理人员达到这个指标。事实证明了大秦铁路不仅"硬件设备"达到世界一流水平，而且在每公里的管理人数方面也已经走在了世界的前列。

大秦公司对大秦线各部门采取了"少生优育"的方法，抛开一切原始的管理模式，致力于优化和强化管理人员。行政工作人员和党群工作人员的比例也普遍低于现行标准，分别为10%和1%。基层各单位设置也本着改革的精神，不拘于原有的模式。人员的节约，可以大大提升生产效率和发展能力，体现了大秦公司紧跟时代潮流、改革创新的特点。

运营公司为相对独立的经济实体，本着承包包干的原则，实行"统一指挥、临管运营、计划单列、独立核算、以收抵支、自负盈亏"的经营管理方式。通俗地说就是挣多少花多少，挣得越多职工的收入自然就会增加，极大地激发大家的工作热情。

机制一变，管理就活。大秦公司的成立为大秦线的开通运营创造了良好的条件。这把火会越烧越旺，为中国经济发展带来希望的火种。

一期工程建成通车

1988 年 12 月 28 日，大秦铁路一期工程建成通车，通车典礼在北京市怀柔区的茶坞站举行。时任国务院总理李鹏在铁道部、山西省、河北省、北京市、天津市及国务院有关部门领导，以及北京铁路局、大同铁路分局负责同志的陪同下来到茶坞站，为大秦铁路第一列满载 4000 吨晋煤的 0711 号、2712 号双机牵引的运煤专列剪彩，向 7 万筑路大军表示祝贺。

下午 3 时，伴随着雄壮的国歌，通车典礼正式开始。时任

★ 1988年12月29日《人民日报》头版

铁道部大秦办主任毛文礼主持典礼，铁道部副部长孙永福汇报了大秦一期工程的建设情况，国务院、铁道部分别对一期工程建成通车发出贺电。

李鹏总理在典礼仪式上代表党中央、国务院向参加建设的全体工程技术人员、工人和干部表示热烈祝贺和亲切慰问。

李鹏特别强调铁路职工要坚持"安全生产"的方针，他说，铁路是我国的大动脉。它具有"高""大""半"的特点，"高"就是高度集中，"大"就是"大连动机"，"半"就是半军事化。所以，组织铁路生产必须适应这个特点，加强管理，严格规章制度，切实保证安全运输，圆满完成春运任务和明年运输计划。

李鹏殷切希望加快大秦铁路二期工程和整个配套工程建设，尽快达到大秦铁路设计运输能力。

一期工程胜利竣工通车，与每一名大秦建设者的努力密不可分，建设者们在勘测中"吃苦奉献、争创一流"，在建设中"比奉献、创一流、争效益"，这股坚韧斗志激励着建设者们始终不屈不挠，升华为一种负重争先的必胜信念，这股磅礴之力引领着建设者们一路披荆斩棘，向着目标奋勇前进！

一期工程顺利通过国家验收

1990 年 11 月，大秦铁路一期工程通过国家验收，签字仪式在北京燕丰饭店举行。北京市副市长张百发主持签字仪式，国家计委副主任、国家验收委员会主任叶青宣读验收证书，铁道部、河北省和其他有关部委的领导、专家，以及原北京铁路局相关负责同志参加了签字仪式。

国家验收委员会由 35 名专家组成，他们对大秦线一期工程进行了现场考察和技术论证，对一期工程的选线和总体布局都认为合理，各项设备、系统、技术等都处于先进水平，设计和施工具有创新性。专家们认为该工程的综合技术水平和运输能力已经达到了 20 世纪 80 年代国际水平。

大秦铁路一期工程的建成运营，标志着我国铁路重载技术和运输组织向现代化迈出了重要一步。经国家工程建设质量奖审定委员会批准，该工程荣获 1991 年度国家优质工程金质奖。

大秦线的建设是我国铁路现代化建设的一

★ 1991 年 10 月，大秦铁路一期工程荣获国家优质工程金质奖

次重大尝试。它是我国第一条开行重载单元列车的现代化铁路，是我国第一条土建工程与电气化工程同步建成的铁路，也是我国第一条新建铁路不经过临管运营直接交付运营的铁路，它以其惊人的快速度和高质量载入了铁路建设史册。这条铁路的建设为我国铁路现代化发展提供了新经验，蹚出了新路子。

★ 自主研发新技术新设备"落户"大秦线

大秦铁路重载列车成套设备研制攻关获特等奖

大秦铁路一期工程除了地质复杂、桥隧相连、工程艰巨外，还有什么"亮点"呢？那就是应用成套的现代化新技术、新装备。

1983年9月，按照《国务院关于抓紧研制重大技术装备的决定》要求，经国务院领导同意，由铁道部、交通部、国家经委、煤炭部、冶金部、机械工业部、电子工业部、船舶总公司组成大秦铁路重载列车成套设备领导小组，共同负责成套设备的研制、引进与国产化工作。从组成部门不难看出，大秦铁路与国家各行各业息息相关。次年，为了使技术装备的工作进一步得到落实和统一管理，"大秦线成套设备领导小组办公室"也应运而生。

1984年3月，领导小组召开扩大会议，宣布大秦线装、运、卸系统工程成套设备的研制、引进和国产化工作，被列为国家12套重大技术装备之一。同年11月，国务院批准了大秦线铁路重载列车成套设备（铁路运输部分）研制可行性研究报告，提升大秦铁路技术装备水平的"战役"也全面打响。

伴随着一期工程的顺利推进和落地，大秦线也随之进入了数字化时代。大秦铁路在机车、车辆、通信、信号、工务、铁道供电、运营管理等方面，大量采用了以微型计算机控制为基础的先进技术及设备，据统计共有91项之多，均处于当时的国际先进水平。其中，51项由国内技术部门攻关研制，5项为既有项目在大秦线推广应用，其他35项由国外引进而来。引进项目采用国际招标方式，通过货比三家、技贸结合，择优签订购货合同，分别向日本、英国、芬兰、瑞典、法国、德国等6个国家、14家厂商采购设备。许多成交项目都谈判达成技术转让或合营的效果，既节省了大量外汇，又促进了我国工业发展，提高了国产化配套能力。

1991年3月，国务院重大技术装备领导小组在北京召开了

图说

大秦铁路全线采用 AT 供电方式

大秦铁路电力与电气化在运营管理上首次实现"四个二合一"（即：电力配电所与牵引变电所合建；自闭、贯通电力线路与接触网杆合架；电力段与供电段合并；电力调度与电化调度运动装置合并），为重载铁路电化区段运营管理创造了新的模式。

第二次国家重大技术装备表彰及经验交流会，大秦铁路重载列车成套设备获特等奖。

在这科技新成果的背后，就有许多我们值得追寻的故事。

大秦线国产运煤专用车辆——"C63 运煤专用敞车"

车辆相当于列车的身体，所有的货物都需要车厢来承载。我国原有的车型无法适应单元重载列车的要求，必须研制一种全新的车型。经过商议，大家决定将新型车辆称为"C63 运煤专用敞车"，一场大秦线车辆的专属定制任务火热开启。

铁道部"大秦办"面向全世界开始了车辆的招标工作，由于完成时间过紧和技术要求过高，当时投标的单位并不多，不少厂家从总体看没有什么问题，但是到某些具体性能上，又不敢打保票。齐齐哈尔车辆厂一听说大秦线要研制开发新车型，本能就想把这项任务"抢"到手，于是，标书在《人民日报》一公布出来，他们二话不说便揭了榜。

齐齐哈尔车辆厂敢揭榜自然有它的自信之处。当时，他们生产过国内各种车型、各种吨位的车辆，他们制造的车辆驰骋在全国所有重要干线上，部分车辆还多次出口到国外，每年都生产几千辆。

C63 运煤专用敞车的设计并没有大家想象的那样简单。这种车型需要组成固定车组循环运转，其中需要解决三大关键难题：一是车体备有可旋转的车钩，二是必须配置大容量的缓冲器，三是装配全新的制动系统。后面两大难题分配给其他专业的研究所和车辆厂联合研制，只有这项旋转车钩的难题留给了齐齐哈尔车辆厂。

当时，重载单元列车对于国人来说是一个陌生词汇，齐齐哈尔车辆厂的专业人员同样也从来没有接触过。首先需要解决的是车钩的图纸问题，设计人员只能摸索着前进。

图纸的设计并不是一帆风顺的，在设计过程中大家经常会被一些疑难问题搞得晕头转向，为了解决一个个技术难点，通宵工作成为了设计人员的家常便饭。整个设计期间，大家除了吃饭和睡觉，几乎所有时间都用在工作上。他们先后测定了 3 套车钩尺寸、浇铸 5 次车钩模型，才将车钩的设计图纸完成。

我国普通货车的车钩拉力为 2255.53 千牛，而重载列车的车

★ 1990 年，齐齐哈尔车辆厂为大秦线设计生产的 C63A 型国产运煤车辆

钩拉力必须达到 350 吨才能保证安全，于是选用钢材成为首要问题。进口的车钩使用的是 E 级钢材，当时我国还没有，于是戚墅堰机车车辆工艺研究所承担了 E 级钢的攻关任务。双方通力合作，举全厂之力夜以继日地工作，确保了国产车钩在规定的期限内顺利出炉。

至此，任务只算完成了一半，大家还没有任何松懈的理由，国产的车钩能否达到实际预期效果，还需要进行试验。

1989 年 10 月，技术人员将国产的 12 套车钩与进口的 6 套车钩同时拿到铁道部四方车辆研究所进行静强度破坏实验。试验结果令大家信心大涨：进口车钩断了 3 根，其中最高拉力 408 吨，最低拉力 370 吨；我们国产车钩也恰好断了 3 根，其中最高拉力 408 吨，最低拉力 369 吨，两者基本达到同一水平。

随后，技术人员星夜赶往大同，在大同机车厂和湖东车辆段的协助下，将已投入大秦线一期工程运煤的 5 辆重载车辆的进口车钩换装成国产车钩，随后他们又急忙赶往秦皇岛。经过焦急的等待，换装国产车钩的列车顺利到达秦皇岛。

接下来剩下最后一项测试挑战——翻车机的试验。技术人员来到隶属于秦皇岛港务局的翻车房。说明来意后，翻车机房师傅们开始对他们的成果并不认可，通过他们反复介绍和与有关部门沟通，试验才得以进行。最终的试验结果同样鼓舞人心：国产车钩完全合格！

1990 年 5 月到 6 月间，大秦线集中进行了 10 多次试验。万吨重载单元列车运行试验是其中最重要的一项，万吨重载单元列车共编组 129 辆，其中 C63 型煤运敞车编入了 123 辆、总长度 1.7 公里、总重达到 10570 吨。

汽笛一声长鸣，列车缓缓启动。车体稳稳地移动着，随后速度越来越快，车内放在茶几上的茶杯始终没有倒，成功了！大秦线有了自己生产的运煤专用车辆了！

自主研制车辆轴温红外线跟踪检测系统

大秦铁路平均每 12 分钟就会开出一趟重载列车，创下了世界单条铁路重载列车密度最高的纪录。按理说，重载列车如此大密度地行驶，发生安全隐患的概率要比普通列车高得多。然而事实并非如此，大秦线的事故发生率却相对较少，如何保障这一辆辆钢铁巨龙安全行驶呢？这主要是车辆轴温红外线跟踪检测系统的功劳。

火车运行就必然产生热量。由于列车运行速度快、负荷重，所以会产生大量热量。为了使热量散发，每节车辆的轮轴上都安置了特殊的轴承保护装置，列车运行时产生的热量会被不断散发，形成一种安全的恒温。但是一旦这些装置发生故障，列车和高压滚动使轴温迅速升高，碗口粗的轴承很快就被烧得通红，在短短 30 公里运行中，就会扭曲变形，直至烧断，这种现象也称为"切轴"。限于当时的技术水平，车辆切轴事故是铁路安全的一大隐患。

20 世纪 80 年代，国外已经有了车辆轴温红外线跟踪检测系统。它反应极快，车轮疾驰而过，它立刻就能捕捉住每一点稍纵即逝的信息，准确地报出每一根车轴的温度。大秦线急需它！

哈尔滨铁路局哈尔滨科学技术研究所从 20 世纪 70 年代就开始了红外轴温监测系统的研制，但是由于当时技术条件的局限，研制出的第一代产品还存在很大短板。于是出现了两种意见：一种是引进美国的红外线轴温监测系统；另一种是自力更生，改进第一代产品，研制满足大秦线需要的第二代产品。

1986 年初，铁道部组织召开关于红外轴温监测系统的研制工作会议。哈尔滨铁路局哈尔滨科学技术研究所毛遂自荐，主动申请研制新一代红外轴温监测系统，并立下军令状。

很快由铁道部牵头成立了一个攻关研制小组，把最强的

★大秦铁路第一代车辆轴温红外检测系统

力量、最好的条件分派给红外系统的研制人员，研制工作正式启动。

为了搜集数据，他们每天推着几百斤重的模拟小车在铁道上飞跑，并在小车上安装模拟轴箱，里面灌上热水，来测试红外探头对温度的感知能力。有人粗略计算过，如果把他们模拟测试的路程加起来，足以从哈尔滨跑到北京。

在大秦线安装调试设备时，正值冬季，沿线都是荒山野岭，试验人员住处四周缺水，他们只好刨冰吃，吃到春天冰雪消融时，他们才发现自己吃的冰都来自臭水沟。

研制人员正是延续着大秦一期筑路大军不怕吃苦、不畏困难的优良品质，靠着拼搏奉献的劲头，终于顺利啃下了第二代系统研制任务这个硬骨头。该系统具有信息存储自动转发和人机对话功能，预报准确率高达 99.99%，兑现率也非常高，区间站可以达到 95%，停车站也至少能达到 80%，滚滑动轴承判别准确率达到 99%，可以适用于时速 5~120 公里的列车。而且，它在区间检测的信息可以通过光通信通道传至调度中心，车辆红外热轴检测显示器输出打印，随时显示有车次号跟踪的列车车辆热轴跟踪及其热轴状态。如果发现异常情况，调度中心可以及时扣停列车，安排人员进行处理，对车辆进行实时监控。

1987 年 11 月，铁道部组织专家学者，对大秦线的红外监测系统进行了技术鉴定，大家都认为这套系统主要技术性能达到国际先进水平，这套设备顺利通过了国家验收。

为国家节省 360 多万美元的光缆数字通信系统

大秦线的光缆数字通信系统是中国第一条长距离单模光纤数字通信系统。该系统包括光缆数字传输、电报传输及低速数据传输、集中监视等四方面内容，由日本、芬兰、德国、英国等国家的 5 个公司建设。它的建成使中国由电通信全面跨入了光通信的时代。

20 世纪 80 年代初期，世界上通信技术正面临着一场深刻的革命，光缆通信悄无声息地诞生了。它是用玻璃纤维来代替铜，与传统的铜线传输相比，它的中继距离长，传输能力大，输送消耗小，还有最重要一点是它能够抵抗高压电磁的干扰。

1984 年初，铁道部科学院通信信号研究所和铁道部通信信号公司开始论证：大秦线究竟采用什么样的通信设施为宜？

大秦线的建设者们不保守，许多专家经过激烈论证最后认为：大秦线使用光缆通信。当时光缆通信已经在全世界范围内兴起，中国迟早要迎接这项挑战，既然如此，就应该尽早迈出这一步。这个观点也得到国务院领导的肯定。退路没有了，只有冲锋向前。大秦办迅速集结了一批业内专家来研究这个项目。

1986 年 6 月，中国仪器进口总公司受铁道部物资局委托，向欧美、日本等国的 16 家厂商正式发出大秦线西段光缆数字系统设备采购询价书。同年 8 月，有 19 家国外厂商陆续寄来报价与建议书。

随后，大秦办组织科研、设计、工厂、施工、运用等单位的技术专家，组成 5 个技术谈判组，与 19 个厂家进行谈判。谈判组综合考虑了各厂家设备的先进性、经济性、成熟性、可靠性和技贸结合等因素后，最终完成项目招标任务。该项目原总标价为 1054.6 万美元，最终签约价为 691.9 万美元，为国家节省外汇 360 多万美元。

光缆数字通信系统的应用为大秦线带来了颠覆性的变化：

——大秦线全线采用日本古河公司生产的 1.3 微米单模光纤。这是当时世界上光通信系统中技术先进而且经济合理的传输方式。

——大秦线的程控交换机为芬兰诺基亚公司 DX200 系列，与当时原有的机电式交换机相比，具有体积小、耗电低、功能

★技术人员对大秦铁路光缆数字通信系统指标进行精心测试

多、模块积木式结构、扩容方便等优势，并且通过软件开发，可以增加新业务和新功能。它的接转速度快，平均接续一次只需 4.5 微秒。它具有自动故障检测和诊断程序，查找故障更加便捷。

——大秦线的电报、数据交换机引进英国的 SASE 公司，它可以充分利用数字通道的特点，同一时刻既可以通话，又可以进行电报、数据传输，互不干扰。

——大秦线设计了有线传输设备的集中监视网络和程控交换机集中监测网络。集中监视网络在大同通信枢纽设立监视主中心，在茶坞通信站设立分中心，程控电话交换网只在大同通信站程控室设集中监视设备。该系统可以对一期工程全线的传输设备和程控交换机的工作状态实施监控，还可以对沿线机械室的温度、火警等进行监视报警，能够自动诊断出各种设备故障的地点和性质，为设备管理提供了便捷条件。

⋯⋯⋯⋯⋯

大秦铁路一期工程重载列车成套设备的研制与配套，为我国交通运输快速崛起作出了贡献。之后的 6 年间，光缆通信技术不仅在全国铁路得到普及，而且在其他行业领域也都广泛应用。大秦线建线时一些新技术、新设备还一直沿用至今。

科技人员在当时技术较为落后的条件下，没有自暴自弃、没有等待观望，而是迎难而上，大力发扬科技攻关、勇争一流的创新精神，既坚持自主创新，又积极学习引进国外先进技术和理念，不断突破技术封锁和瓶颈制约，为中国科技事业发展和大秦铁路建设运营作出了巨大的贡献。

★走，到大秦去！

第一代大秦人勇担挑战

寒来暑往，经过 7 万筑路大军 3 年多时间的奋战，大秦铁路一期工程终于快要竣工了。在竣工前夕，一个严峻的问题又摆在了决策者们的面前：把这条新线的运营任务交给谁来承担？开通前人员能否按期顺利到达指定岗位？

1988 年 3 月，大秦铁路运营筹备领导小组第二次会议在北京召开。这次会议主要内容，将确定筹备大秦铁路这副担子由谁来挑。

"把大秦铁路一期工程开通运营的筹备工作交给大同铁路分局，行不行？"领导开门见山地问道。

如此重要的铁路线运营筹备任务交给一个分局来完成也实属罕见。然而大同铁路分局的负责同志却没有半点迟疑，果断地接下了这个任务，他相信凭着分局干部职工这些年来形成的负重争先精神，一定能够完成这个重任。从 1988 年 3 月下旬起，大秦线运营筹备工作全面展开。

大秦线运营筹备最大的难点是：大秦铁路一期工程需要抽调 4000 多名干部职工到最艰苦的大秦线工作，而当时的大同铁路分局全员不足 3 万人。这样大面积的人员流动，在分局历史上还是第一次，会不会影响当时的生产秩序？抽调的人员能不能到新线按时进点上岗？

同年 4 月 29 日，大同铁路分局召开了大秦线筹备干部会议，负责同志进一步做了动员工作，并对如何搞好筹备工作提出了要求，会上宣布了一条纪律：凡是下令搞筹备工作的必须去，一个也不能变，下令三日后到新单位报到。下午，分局领导与筹备干部一一谈话，亲手将人事令交给本人。5 月 3 日，50 名筹备干部全部到新单位报到，没有一个不去的，没有一个找领导提困难的，都主动进入新的岗位，并迅速开始了筹备工作。

为使抽调的人员能按时进点上岗，确保开通试运营，分局和各单位从实际出发，搞好教育，广泛开展积极、强有力的思想政治工作。在筹备前夕，分局党委就面向职工广泛开展了"了解大秦，热爱大秦，上大秦作贡献"的宣传教育，并响亮地提出："服务大秦，保大秦，爱大秦，建大秦"的口号！

一时间，标语、口号、宣传单、板报、墙报、请战书、决心书以及各种会议，围绕着"上大秦"这一主题铺天盖地而来。家家户户在谈，街头巷尾在议，成为大家茶余饭后的热点话题。

一万二千多名职工主动申请上大秦

在 1988 年 6 月至 7 月间，大同铁路分局干部职工亢奋了。

"报了吗？"职工与职工、职工与干部、干部与干部见面，首先心照不宣地问。于是"报了吗"一时成了大家见面相互问候的口头禅，这种情况一直持续到大秦线开通。

一时间，各基层单位的人事部门变得熙来攘往，门前竟然

★ 1988 年 12 月，大秦铁路第一批车辆系统职工合影留念

奇迹般地排起了报名的长队。说它是奇迹，绝非夸大其词、哗众取宠，因为在这里报名奔赴的地方，不是机关闹市，不是旅游胜地，也没有田园牧歌和小桥流水般的闲逸和潇洒。但凡新线开通，总要经历千种难、万般苦。众所周知，大家要奔赴的大秦铁路新线，一切都是未知数，一切都是新的开始，更是一场严峻的考验。

但是报名者络绎不绝，大秦铁路一期工程开通需要定员6000 名，全分局有 12100 多名职工主动申请去大秦，超过大秦线定员的一倍。

项永富是原大同车辆段西一场列检所的值班员，对于他来说，"值班员"这个职务是来之不易的。1980 年从铁路学校毕业，他便成为铁路上最辛苦工种之一的列检员，每天手提检车锤，迎着朝霞、走向夜幕，这样的工作岗位他连续走过了将近 10 个年头。1988 年初，幸运降临在这个老实的小伙子身上，项永富作为技术标兵、先进生产者，被任命为班组值班员。

时隔半年，还在为当上值班员而欣喜的他，便赶上了大秦线人员筹备，车间党支部传达了关于报名上大秦的文件，有一句话他记得格外清楚："共产党员要带头。"听完后他陷入了人生重大抉择时刻：上大秦还是继续干值班员？上大秦就无法照顾年事已高的母亲、无法抚养出生不久的孩子、无法继续当值班员，需要从检车员干起，如果继续当值班员这一切都可以解决，但是面对艰苦的工作生活环境，大家都在犹豫，自己是一名共产党员，需要带这个头。项永富的心乱哄哄的，在去与不去之间徘徊不定。

在回家的路上，他遇到和他同样是下夜班的车间党支部书记李栓良。两人交谈中，项永富了解到车间书记要去报名上大秦，项永富知道他是山西省、铁道部劳模，全国铁路新长征突击手，而且还有大专文凭，年富力强，可以说是前程似锦。书记的行为坚定了他的想法，于是便一起去报了名。

就这样，半年之后他去了湖东车辆段，成了一名列检员。自从项永富上大秦后，他的妻子为了照顾家庭，主动牺牲自己陶瓷厂的工作，长期休假在家接送孩子，没有太多的怨言。

有一位叫王胜江的师傅格外引人注目，他报名时竟然背着一个书包，书包里面装满了他沉甸甸的荣誉，包括学生时代的三好生奖状、优秀学生干部奖状，工作后获得的段、分局、路局先进生产者、优秀共产党员、优秀共青团员、优秀工会积极分子等证书、奖状，并一一罗列于人事干部桌前，以表明自己完全符合要求，唯恐不被录用。

还有一位名叫张征的共产党员，1987年他才从内蒙古调回大同，结束夫妻两地分居十年的生活。在妻子为他庆祝调回大同一周年的当天，他艰难地告诉妻子已经报名上大秦的决定。早年，他在铁路学校就是学桥隧专业，但是调到大同后，由于种种原因他改做基建工作，大秦线上桥隧多，他希望自己能在大秦线一展拳脚。饭桌上他说道："咱是党员，得带头！"渐渐地妻子也理解了他。半年之后，张征奔赴大秦线。在开赴大秦线那一天，举家送行，他那已9岁的女儿，紧紧地抱着张征的胳膊："爸爸，我不让你走……"

★ 1988年12月，大秦铁路一期工程开通运营，湖东电力机务段挂牌成立

　　像项永富、李栓良、王胜江、张征这样的大秦人还有很多很多，作为大秦人的一个缩影，他们为了铁路梦想、为了家国情怀，牺牲小家，建设大秦，毫无怨言，同时也要感谢在他们背后包容理解、默默付出的家人。

第一批奔赴大秦的人们

　　1988 年 11 月 5 日，大秦人永远不会忘记这一天。就在这一天，大秦线的第一批 12 个单位 300 多名干部职工就要奔赴大秦线了，大同铁路分局举行了 2000 多人参加的隆重欢送仪式，分局和各站段党政工团领导都到车站为他们戴光荣花送行。

　　那是一个寒冷而清冽的早晨，数千名铁路职工，整齐地按单位排列在车站广场。虽说塞北已是冰封大地的时节，但他们仍然佩戴大檐帽，身着春秋铁路服，喜气洋洋地站在那里。他们胸前的大红花和被激情点燃的面颊交相辉映，平添几分热烈的气息。从他们身上看不出一点严冬里的寒栗和走向艰苦卓绝的畏惧。天真可爱、朝气蓬勃的少先队员击鼓奏乐，欢送他们，也把无限的崇敬献给他们。

　　上午 8 点，第一批大秦人开始登上开赴大秦线的列车。一时间，大同站的气氛达到高潮。鼓乐齐鸣，爆竹声声，父母送子女，妻子送丈夫，夫送妻，子送父……场面感人。

　　一位送儿子的父亲很严肃："去了要好好干。"

　　"知道。"

　　"要听领导的话。"

"知道。"

"要听师博的话。"

"知道"。

"要遵守劳动纪律和作业纪律。"

父亲突然笑了:"对,这个送给你。"父亲掏出一个红布包,里面是一枚 20 世纪 50 年代的奖章。这是对儿子的激励,希望这项荣誉可以传承下去。

一位满头白发的爷爷在送孙子上大秦,他对年轻人不放心,絮絮叨叨嘱咐着,孙子听得有些不耐烦:"回吧爷爷,我懂,回的时候小心点,路滑。"说着孙子已上了车,爷爷张着嘴,也不知道说了些啥。

············

★干部职工投身大秦、扎根大秦、奉献大秦、建功大秦

列车开动了，于是站台上呼喊着各种称谓的再见声响成一片。

列车在雄壮的乐曲声中徐徐启动，它满载着创业者的志向，带着亲人们的祝愿，驶向前方，驶向大秦。它的速度越来越快，渐渐地消失在人们的视线当中，驶向那充满希望的铁路线上。

站台上的人们伸着头远眺，久久不愿离开。他们也许不曾想到，一个中国重载事业的新纪元，在他们满载希望和期待的列车中悄然开启了。他们也许不曾想到，若干年后，这条新中国成立以来建设的第一条重载运煤专线，将在他们亲人的手里铸就成"中国重载第一路"！

人员筹备工作非常顺利，到开通试运营前，大秦线一期工程所需的 4726 名职工没有一个不服从分配的，没有一个临阵脱逃的，全部按时进点上岗。原单位的生产秩序丝毫没有受到影响，新单位的人员进点后马上投入准备试运营的工作中。

大秦人用自己独特的精神鼓舞着自己和他人。他们没有被简陋的生活条件吓倒，没有条件自己创造条件，在艰苦的环境中永葆奋斗的激情，勇敢地迎接新的挑战。

媒体链接

扫一扫

通讯：大秦线开通往事

第三节　举世瞩目

★ "好事多磨" 的大秦铁路二期工程

大秦铁路二期工程按复线修建

大秦铁路二期工程，是一期工程的继续和延伸，1988 年工程陆续开工，1989 年工程全面开工，起自河北省三河市大石庄站，途经天津市蓟县、河北省玉田县、遵化市、迁西县、迁安市、卢龙县、抚宁区，最后到达秦皇岛吴庄，与秦皇岛三期煤码头相连，全长 242.2 公里。共设营业站 7 个，分别是翠屏山、玉田北、遵化北、迁西、迁安北、卢龙北、抚宁北；非营业站

★ 1991 年 11 月 14 日，大秦铁路二期工程提前 42 天胜利铺轨接通

4个，分别是蓟县西、平安城、罗家屯、西张庄；会让点8个，分别是刘吉素、石岭口、夏庄子、梗子峪、大桃、大崔庄、燕河营、冯庄。建成开通后，重载列车不再绕道京秦铁路，而是直接从大同经大秦铁路本线到达秦皇岛。当初，线路设计年运量近期为5500万吨，远期为1亿吨左右，计划1991年建成。

1988年7月底，铁道部、大秦铁路建设领导小组有关领导，率领铁道部有关业务局、大秦办、北京铁路局等部门领导一行，深入大秦铁路沿线现场办公，解决施工前期问题。

大秦铁路二期工程实际上是一场比质量、比速度、比效益的攻坚战。大秦铁路建设领导小组在会议上对各施工单位传达了"二期要比一期好"的指示，反复强调建设大秦铁路对国家经济建设的重要意义。各施工单位也坚持把施工质量作为头等

★技术人员对大秦铁路二期工程设计方案进行研究优化

大事来抓，从施工组织、施工方法、管理制度、材料检验、质量控制、质量监督、技术革新等方面制定了具体质量保证措施，使二期工程平稳有序地推进。

大秦铁路二期工程最初设计是单线，同时预留双线的位置，希望充分利用京秦线富余能力。但是京秦线只能分流2500万吨，这与国民经济发展对煤炭的需求量有很大差距。1989年3月，大同铁路分局对煤炭的产能进行重新统计后发现，该线除原定雁同地区6000万吨外，尚未考虑神（木）朔（州）线2000万吨北流、包（头）神（木）线1000万吨东流、内蒙古准格尔2000万吨经大秦线东运，以及已列入国家"七五"计划新建的蓟县电厂和辽西电厂的能耗，其总和已超过1亿吨，单线建设的二期工程将无法满足运能的需要。为此，分局建议将大秦铁路二期工程改按双线修建，经铁道部研究、审定后批复大秦铁路二期工程改按复线修建。

是否接轨京秦线起争议

当时修建大秦线，大同到北京这一段线路没有任何人提出疑问，因为运量饱和状态是人们都了解的。但从北京到秦皇岛是否有必要修就看法不一了。仅从京秦线来看，它质量很好，往东北及其他方向去的线路纵横交错、互为弥补，运输能力不仅没有饱和，而且还有富余。于是有工程技术人员提出，只修前一段，一直修到北京附近的大石庄，从那里接轨汇入京秦线。他们提出建议的理由是，可以少修200多公里，可为国家节省

20 多亿元的资金。

针对是否接轨汇入京秦线这个具有争议的问题，当时铁三院主管业务的副院长李英起到了决定性作用。他首先明确表示反对，认为京秦线运输能力的富余只是暂时的表面现象，对京秦线的能力状况必须从路网的角度去综合分析。

李英认为，当前北京到山海关的京山线能力已经饱和，将很快压向京秦线，除此之外，随着晋煤外运量的飞速增长，京秦线本身又将承载越来越大的压力。因此，短期内大秦线修到大石庄、汇入京秦线是可行的。但从长远来看，必须下专线专修的决心，否则，一半现代一半旧制，不仅京秦线腾不出力量，就算全部腾空，也照样不适应。在这个问题上，犹豫不决只会使这条最有生命力的铁路进退两难、毫无生气。当时，河北冀县有一个热电厂正在上马。按原定计划，这个电厂应从大秦线取煤，但中途热电厂领导担心大秦线无法同步建成，会影响生产，所以申请将专用线汇接到京秦线上。北京铁路局也积极支持热电厂的建议，而李英却强烈反对这个建议。他当时正在天津养病，得知这个消息确切以后，抱病给当时的铁道部领导打电话。李英说："大秦线是运煤专线，它配套了那么多先进的设备，有那么强大的能力，弃而不用，岂不可惜？大秦线上的列车只能自来自去、往返循环，不能用作他用。既然如此，所有能够向它靠拢的热电厂都应该毫不犹豫地向它靠拢，所有运煤任务都首先应当往它身上压，把它压满。"他还说，"千万不要盯着京秦线上现有的那一点富余能力，京秦线与大秦线本质上的区别就在于，京秦线是铁路大网中一条四通八达的活路，它的运输能力富余可以直接减轻其他线路的压力。如果把京秦线挤满而把大秦线腾空，那无异于为了眼前的、局部的一点利益，而无视和干扰整个战略大局。"

灯越拨越亮，理越辩越明。大秦铁路建设领导小组最终接受了李英的观点。

大秦线经过北京时，北京市相关部门提出线路在怀柔和平谷两地尽量靠山走，不要占用耕地良田。但工程技术人员却想坚持原有方案，那样可以缩短线路。他们认为，这个方案其实占地并不多，应该下决心"割爱"，同时设计中要尽一切努力使被占耕田减少到最低限度。于是，李英去找北京市有关负责领导汇报情况，最后北京市相关部门同意了该方案。

大秦线在天津绕了个弯儿

天津市有座于桥水库，这是引滦入津的枢纽，是天津的水源。而大秦线却偏偏须从这里走。其实，并非要搬迁于桥水库，也不是要破坏或改造它的基础设施，只是从它坝下几百米处通过。但天津市对"水"的问题特别敏感，因为天津市历经艰辛才建成引滦入津工程。经过反复研究，天津市有关部门提出：不同意大秦铁路从水库坝下走，首先，列车日夜不息地在坝下奔驰，难免会对大坝构成威胁；其次，煤尘起落飞扬，会污染水源。因此，建议大秦铁路绕行。

铁路部门慎重研究了天津市相关部门的建议，他们觉得由于线路距水源有数百米远，所以污染极小，不会对人民群众的健康造成损害。设计人员有充分的科学根据，证明铁路对水库大坝不会构成任何威胁。至于绕行方案，会延长线路9公里，这将损失巨大，商请天津再商议一下。

就这样，你来我往，双方都力图说服对方，但谁都说服不了谁。最后，铁道部负责同志，外加李英等一批"重量级"工程技术专家，会同天津市领导一起商议。天津市领导表示，如果线路改从南边走，天津就大开绿灯；如果从于桥水库走，就坚决不同意，没有再商量的余地。铁道部领导们相互对视了一下，知道再说下去也不会有结果。双方各有各的理，如果再说下去，那将会长期拖下去，而大秦线是拖不起的。于是，大秦线就在天津这里绕了个弯儿。

★号外，大秦线全线开通

来自党和国家领导人的关怀

每当拉开动人的帷幕，绚丽纷呈的历史背景总会令人遐想和快慰。

翻开世界百余年的铁路史，没有哪一条铁路，能像大秦铁路一样，在担负起服务保障国家能源安全、振兴国民经济社会发展的历史重任中起到如此重大的作用！它是一条充满传奇色彩的铁路，是我国第一条双线电气化开通重载单元列车的运煤专用铁路，也是中国铁路重载运输的一面标志性旗帜，在改革开放的伟大实践中，以为国分忧的担当和为民服务的初心，在祖国大地上构筑起了一道流动的煤河，为国家经济社会发展和人民生活水平提高提供了坚实的能源保障。

在大秦铁路的创业发展进程中，党和国家领导人给予了无限关注和亲切关怀。这些关注和关怀，鼓舞了士气，振奋了精神，带给大秦人无限的自豪和无比的激动，成为引领一代代大秦人负重争先、勇于超越的精神动力，汇聚起不负重托、勇于担当，砥砺先行、接续奋斗，勇争一流、开拓创新的磅礴力量。

1988年12月28日，时任国务院总理李鹏参加大秦铁路一期工程通车仪式，并为大秦铁路一期工程通车剪彩。

1990年1月19日，时任中共中央总书记江泽民来到大同铁路分局看望慰问大秦线干部职工。得知大秦铁路已完成2000万吨运煤任务后，江泽民十分高兴，来到大秦铁路调度中心，详细了解了设备运行情况后，指出，往后建铁路，就要建这样的铁路。

1990年4月26日，时任国务委员兼国家计委主任邹家华为大秦铁路配套重点工程落里湾煤炭集运站开通典礼剪彩。并于4月28日，前往大同铁路分局视察晋煤外运情况，亲切慰问干部职工。

1992年6月11日，时任国务院副总理朱镕基视察大秦铁路，与当班干部职工合影留念。

1992年12月19日，时任全国人大常委会委员长万里、国务院副总理田纪云视察大秦铁路，亲切慰问干部职工。

1995 年 6 月，时任中央政治局委员、中央书记处书记、中宣部部长丁关根视察大秦铁路，并参加大同铁路分局"七一"群众歌咏比赛大会。

2004 年 7 月 29 日，时任国务院总理温家宝视察大秦铁路，在茶坞站亲切慰问奋战在抢运电煤一线的干部职工。

2005 年 4 月 7 日到 8 日，时任国务院副总理黄菊在河北考察时，视察大秦铁路，在柳村南站与当班职工亲切交谈。

2008 年 1 月 31 日，时任中共中央总书记胡锦涛视察大秦铁路，来到湖东编组站亲切慰问奋战在抢运电煤一线的干部职工，与先进典型代表一一握手，向取得成绩的大秦人表示祝贺，勉励大家要再接再厉，继续努力。

…………

每一次党和国家领导人对大秦线的莅临视察，都是对大秦铁路干部职工一次巨大的鼓舞。每一次党和国家领导人对大秦人的亲切慰问，都是对大秦铁路干部职工一次深情的重托。干部职工坚定不移听党话、始终不渝跟党走，以一种负重爬坡的坚韧品格和不待扬鞭自奋蹄的争先精神，在历史前进的轨迹上创造着引以为豪的耀眼光环，这体现着他们对这份关怀与厚爱深藏于怀的珍视感和不负重托的使命感。

大秦铁路二期工程正式开通

1992 年 12 月 11 日，国家验收委员会主持的大秦铁路二期工程国家验收交接仪式在北京举行。时任北京铁路局局长王纯善郑重地从国家计委副主任郭树言手中接过验收证书，这标志着大秦铁路二期工程正式交付北京铁路局运营，这也意味着中国当时现代化程度最高、开行重载单元列车的双线电气化运煤通道，正式具备运营条件。大秦铁路二期的开通，进一步为我国现代化铁路建设、加快铁路改革步伐创造了更加有利的条件，为建设中国特色现代化铁路提供了更为宝贵的经验。

1992 年 12 月 21 日上午，大秦铁路二期工程开通典礼在充满节日气氛的秦皇岛北站隆重举行。

当天，出席庆典的党和国家领导人及铁道部领导有时任全国人大常委会委员长万里、国务院副总理田纪云、国务院副秘

★ 1992 年 12 月 21 日上午，大秦铁路二期工程开通典礼在秦皇岛北站隆重举行

书长王书明、铁道部部长韩杼滨、铁道部副部长孙永福等。北京铁路局领导国林、万玲、王纯善、冯振九、傅宗良等也出席了典礼。尽管雪后寒风凛冽，台下仍挤满了大秦铁路一期、二期工程苦战8年的建设、设计、施工、运营单位的职工代表。一台披红挂彩的SS1型机车牵引着一列长长的运煤专列停在站内。机车两侧挂着两条横幅，上面写着"坚持艰苦创业，管好大秦铁路""发挥大秦优势，多运快运晋煤"。

典礼由孙永福主持。王书明首先宣读了时任国务院总理李鹏签发的国务院贺电。流露喜悦之情的韩杼滨在讲话中指出，希望北京铁路局管好用好大秦线，充分发挥它的效益和作用，创出新的管理经验，在全线建成开通的基础上，积极加强路、矿、港各方的协作配合，抓紧配套工程建设，争取早日实现年运煤1亿吨的目标。

田纪云代表党中央、国务院向铁路职工表示热烈祝贺，他称大秦铁路是铁路现代化建设进程中的一个里程碑，党中央和国务院把加速交通运输发展列为基础建设的第一位，希望大家抓住这一历史机遇，进一步加快铁路建设，为国民经济再上新台阶作出新贡献。

9点55分，万里手执剪刀，缓缓走向那精心编结成花团的彩绸，"咔嚓"一声，彩绸应声飘落，万里向参加典礼的干部职工挥手致意。

一瞬间，锣鼓喧天，万众欢腾。掌声、鞭炮声再一次响彻天空。

随着一声汽笛长鸣，运煤"巨龙"缓缓启动，满载着铁路职工的期望和全国人民的重托奔向远方。

次日，《人民日报》头版配图刊发了《大秦铁路全线开通》的消息。全国各大媒体也纷纷报道了这个历史性的时刻，从此，大秦铁路正式开始了它不断超越自我、创造奇迹的重载运输生涯。

大秦铁路二期工程及全线开通的重大意义

大秦铁路二期工程及全线的开通运营，为铁路重载事业的发展提供了一个出色的样板。

一方面，大大缓解了当时全国能源供应的紧张状况。山西能源基地（后拓展到内蒙古、陕西北部、宁夏）是我国最大的能源基地。当时，在全国已探明的煤炭资源中，这个基地的煤炭储量占60%以上，相当于8个世界著名的德国鲁尔矿区的储量；产煤量占全国的三分之一，每年调出的商品煤占全国商品煤总产量的85%，在全国能源的生产和供应中占有举足轻重的地位。国家用于分配各地的煤炭近四分之三取自山西能源基地；出口的煤炭中，近一半来自这个基地。但是由于铁路运能紧张，生产的煤炭不能及时运出，

★ 1992年12月22日《人民日报》头版

117

各大煤矿仍然采取"以运定产"的方针，限制煤炭生产。

大秦铁路二期的开通运营，加速了山西能源的开发，有力带动了山西经济的腾飞，使山西能源基地"以运定产"的局面大大改变，不仅每年为国家增加工业产值 2000 亿元，利税420 亿元，而且有利于山西积累资金，加快山西的改革步伐和经济发展。

重载单元运煤专列从装车到卸车，全部采用现代化装卸设备，运输中均无编解作业，不换挂机车，实行全循环、远距离运输，年运量逐年攀升，使东北、华东、华北区域都活了起来，有力地促进了我国国民经济的发展。同时，对沿线各县市的政治、经济、文化的发展，也有很大的促进作用。

★ 1996 年 10 月，大秦铁路二期工程荣获中国建筑工程鲁班奖（国家优质工程）

另一方面，为我国铁路现代化建设提供了宝贵经验。大秦铁路是国家为适应国民经济发展需要而修建的，是我国第一条双线电气化重载单元的现代化铁路。当时，修建这样高技术、高水平、大运量的铁路在我国尚属首次。它的建成运营，既代表了当时我国科学技术发展的最高水平，也为我国铁路赶超世界先进水平奠定了基础。作为国家优质工程，大秦铁路二期工程荣获 1996 年度中国建筑工程鲁班奖。

1998 年 3 月，由北京铁路局与铁道科学研究院等科研院校合作，历时 4 年共同完成了"大秦线开行重载列车运输组织及部分设备配套"研究成果，总结出了一套适合我国既有技术条件下开行重载列车的技术装备及管理方式。这项研究填补了我国铁路重载运输的空白，同时也向世人证明了中国铁路在机务、车辆、电务、工务、供电等相关配套技术上，均已处于国内领先水平，特别是在重载运输组织方面达到了国际先进水平。

科技是第一生产力，创新是引领发展的第一动力。大秦人深知，走科技创新之路，犹如逆水行舟，不进则退。在攀登重载铁路科技高峰的征程上，他们一刻也没有停止过向前奔跑的脚步……

★大秦铁路首次开行万吨列车

大秦线万吨列车试验成功

大秦人书写大秦线历史，大秦线点滴记录重载事业的每一次进步。1990 年 6 月 10 日是一个值得永远铭记的日子。这一天，一列牵引 10000 吨的长大列车在大秦线湖东至茶坞段试验成功。这也意味着在不久的将来，大秦铁路常态化开行万吨大列将成为现实；意味着我国正式步入具备重载铁路列车开行技术的国家，缩短了与美国、澳大利亚等拥有现代化重载铁路国家的距离。

回想大秦线的建设，此时距离郭洪涛提出修建大秦铁路的构想整整过去了 9 年，距离中国重载单元列车考察团的越洋之行已经过去了 7 年，距离大秦铁路一期工程全面开工也已过去了 5 年半，距离大秦铁路一期工程正式开通也有 1 年半的时间了。为了这一天，凝聚了太多致力于修建大秦铁路、发展大秦铁路人的心血和期盼。

为了此次试验，从 1990 年 5 月 17 日开始，国务院、铁道部、铁道科学研究院以及北京铁路局、大同铁路分局便每隔四天试验一列，这一次已是第五次试验。项目包括 12‰ 下坡道紧急制动、平常用制动、上坡道启动、速度缓解、坡道限速等十几项技术指标。试验开行万吨列车，制动是最为突出和紧要的问题，各级领导多次添乘掌握第一手资料，与试验人员共同探索研究制动后尽快给列车充风的办法。

这趟万吨列车是由我国自产的 SS₃ 型机车双机牵引，使用 C63 型货车，列车全长 1.6 公里，共 128 吨。大同 6 月的天气风和日丽，天空湛蓝，暖风轻拂。上午，湖东站迎来了一波又一波的技术骨干和参加此次试验的有关人员，由于试验关系重大，每个人都既充满着期待又略显紧张。10 点整，车站发出指令，列车正点从湖东站发车。

坡道停车起步是此次试验考察的主要任务之一。在最大 12‰ 的上坡道上作停车起步试验，是这次试验的关键。因此，当列车行驶到 27.4 公里 4‰ 的坡道上时，车上所有人神情凝重，都在为试验能不能成功捏着一把汗。随后，列车做最大上坡道停车启动试验。当启动试验各项数据合格、任务取得圆满成功后，大家紧张的心情才放松下来，神情慢慢舒展开来。接下来，列车还在湖东、大同县、涿鹿站作了停车启动试验，运行途中还做了两次调速试验。试验结果表明，列车运行平稳，坡道启动、制动性能良好。

为了确保万吨列车的试验稳定可靠，在之后的日子里，万吨列车试验又组织了 5 次，为后续正式开行做好万全准备。

首列万吨重载列车在大秦铁路试运行

开行万吨列车是大秦线设计的初衷，只有尽快常态化开行万吨列车才能大大加快晋煤外运速度，缓解运能紧张局面。

2003 年 9 月 1 日 4 时 45 分，这是一个历史性时刻。东方天际晨曦微露，在与秦皇岛站毗邻的柳村南站，大秦铁路迎来了首列万吨重载列车，这也标志着大秦铁路万吨重载列车正式开始试运行。

2003 年 8 月 31 日下午，在湖东电力机务段检修库举行了大秦线单司机值乘万吨列车首发仪式。铁道部、北京铁路局有关领导出席仪式，并为首趟牵引万吨列车的新型 DJ1 型电力机车出库剪彩，叮嘱万吨列车乘务员要牢记自己肩负的重任，确保万吨重载列车安全运行，为把大秦线建成我国第一条具有国际先进水平的重载铁路作出贡献。

当日 18 时 16 分，该次列车从大秦线西端的湖东编组站开出。新型 DJ1 型电力机车双机牵引的万吨列车由 120 辆 C63 型车辆组成，由 1 名乘务员驾驶。列车总长超过 1.4 公里，牵引总重 10000 吨。万吨重载列车 9 月为试运行月，这期间每日开行 5 对。至此，万吨重载列车正式编入大秦铁路运行图，这昭示着大秦线年内实现运量 1.2 亿吨目标取得了阶段性成果。

同年，为贯彻落实铁道部党组提出的"到 2005 年大秦线实现煤运量 2 亿吨和具备开行 2 万吨重载列车条件"的指示精神，大同铁路分局在铁道部、北京铁路局的大力支持下，从 6 月 9 日至 8 月 15 日进行了 8 次万吨重载列车试验。万吨重载列车分别在安太堡和燕子山煤矿进行了整列试装车，由湖东站编组始发直达柳村南站。对装车、车站作业、机车牵引、制动、车辆运用状况、供电能力、卸车、列车静止、区间运行、列尾等技术

★ 2003 年 8 月 31 日，重载列车司机在万吨列车首发前合影留念

内容进行了全流程运行试验。经过试验，在列尾装置添加了中继器，进一步增大了万吨列车运行的安全系数。

大同铁路分局专门组织人员研究制定了《大秦线试开行万吨重载列车暂行办法》，对《铁路技术管理规程》和《铁路机车操作规则》进行了修订，确保万吨列车成功试运行；对机车乘务员实行公开招聘，经考试后竞争上岗。为克服机车数量不足，把机车交路由"肩回式运转"改为"半循环运转"，创造了乘务员单程操纵最长距离的纪录。为保证机车质量，确保机车的正常运用，机务部门与机车厂家及运管、电务等部门签订了质量互保协议，从各方面对万吨重载列车开行提供保障。

第一位驾驶万吨列车的司机

今天的大秦重载铁路，2万吨重载列车已经实现每日昼夜不停、常态化开行，然而，这其中却不能忘记一个人，一位必将写入重载铁路发展史的人，他就是程利甫，是第一位驾驶万吨列车的司机，是大秦铁路的功臣，也是曾受到党和国家领导人接见的全国劳动模范。

2003年8月31日，是中国铁路具有历史意义的日子。

当日悬挂着"万吨首发列车"大红横幅的DJ1型01号和03号电力机车，在震天的锣鼓声和人们充满期望的目光中，从湖东二场缓缓驶出，平稳地驶入通往渤海之滨的大秦铁路。

2003年5月，程利甫信心十足地登上DJ1型机车，密密麻麻的英文字母把他弄懵了。凭自己仅有的中级技师的底子，学

★ 2003 年 8 月 31 日，程利甫代表第一批万吨首发值乘司机发言

懂弄通谈何容易！但他还是暗暗下定决心："既上马就不能轻易落马，脱皮掉肉也要啃下这块硬骨头！"从此，他不浪费一分一秒，上机车、下地沟、问专家、求老师，一个单词一个单词地学，一个部件一个部件地抠，一个模块一个模块地找，从每个操纵细节到故障现象的对比处理，都反复琢磨推敲。为了更深入地掌握机车特性，他还花了 2000 多元购买了快译通、《电子专业英语词典》等。白天进行静置试验和运行试验，晚上进行梳理复盘和分析总结，整整 40 多个日日夜夜，他终于写出"万吨列车突破规章的建议""万吨列车操纵安全提示卡"等十几万字的试验笔记，绘制出《大秦万吨列车运行提示卡和操纵示意

图》，为万吨列车开行提供了重要参考，自己也从"门外汉"变成了开行万吨列车的行家里手。他还向全段重载列车乘务员公布了自己的手机号码，建起了一条"故障110专线"，24小时开机，为每位求助者提供帮助。

纪录绝非单纯的数据，庄严的责任尽显其中。中国重载铁路发展至此掀开了崭新的一页！

承载重压，挑战极限，超越自我，在问号与叹号的交织中，大秦人独领风骚，创造出一个又一个的"中国奇迹"。

★ 大秦线首开 2.1 万吨重载列车

突破 2 万吨核心技术难题

2002 年大秦铁路煤炭运量完成了 1 亿吨，首次达到了设计年运量，这也是设计年运量的极限值。但随着国民经济快速发展，国家能源消耗持续增长，对电煤的需求也越来越大。年运量 1 亿吨已经满足不了国民经济发展的需要。2003 年下半年的电煤吃紧，就是最好的例证。而要想解决这一问题，适应国民经济发展对煤炭运输的需求，必须尽快地探索出一条挖掘运输潜力的新途径。

2003 年 10 月 2 日，铁道部组织专题调研组赴大秦铁路调研。调研结果和科学论证表明，开行 2 万吨重载组合列车，提高列车牵引重量，是大幅度提高运输能力的最优选择。2 万吨重载组合列车净载重 16800 吨，如每天开行 24.5 对列车，即可达到年运量 1.5 亿吨；每天开行 49 对列车，可实现年运量 3 亿吨；每天开行 70 对列车，可实现年运量 4 亿吨。不仅全面提高了大秦线的运输能力，而且可提供充足的综合施工、维修天窗。当年年底，铁道部党组就作出了加快大秦线重载技术创新和扩能改造、快速提高大秦线运输能力的重大决策。

要扩能增运，离不开核心技术这个关键。任何一次技术的创新都是新领域的全新探索，对大秦线来说何尝不是一次极具风险的挑战。当时，不仅要面对大秦线坡道大、隧道多的困难，而且还要考虑列车速度、密度、重量实现兼顾，每一个环节都必须细之又细、慎之又慎。

经过铁道部前期组织的各种深度调研论证，决定依靠世界上先进的重载技术即机车无线同步操纵技术（LOCOTROL）开

★大秦铁路的重载司机正在模拟演练 LOCOTROL 分布式动力机车同步操纵系统

行 2 万吨重载组合列车，既要保证技术可行，还要经济合理、安全可控。这项技术的主要原理是，由机车无线同步操纵技术使第一台主控机车乘务员的每一个操纵动作成为一道指令，通过无线传输，只需 0.2 秒传给第二台机车，并自动完成同一动作。以此推进，从第一台机车发出指令到第四台机车完成同一动作，间隔不过 0.6 秒。这样就可以使 4 台 SS4 型电力机车牵引起 201 辆载重 80 吨的铝合金运煤专用敞车，实现 2 万吨运量的跨越。这项开行重载组合列车核心技术的应用，是实现大秦线 2005 年 2 亿吨运量目标的重要技术支撑。

2 万吨重载组合列车试验成功

随着核心技术的不断突破，大秦奇迹的创造拉开了大幕。

2004 年 12 月 12 日，又是一个注定载入中国铁路史册的日子。经过 9 小时 20 分不间断运行，大秦铁路 2 万吨重载组合列车（由 4 台 SS4 型机车牵引，采用 "1+2+1" 模式）安全平稳地停靠在秦皇岛柳村南站，首次试验一举成功。这一中国铁路史上不曾有过的 "重量"，承载着中国铁路历史的重任。

当日清晨，塞北大同寒风凛冽。4 时 30 分，直接参加列车试验的 198 名工作人员开始试验准备。6 时 45 分，机车的强烈灯光穿透黑暗，把车前的线路照得一片通明。6 时 55 分，由 4 组 5000 吨列车联挂组成、全长 2.6 公里的 2 万吨 "巨龙"，从朔州里八庄煤炭集运站平稳启动，列车加速、再加速。7 时 28 分，列车运行达到限定速度 80 公里 / 时。随后，列车进入平稳运行状态。12 时 14 分，列车以 80 公里／时的速度通过茶坞站。5 个小时的行程中，在机车驾驶室不足 3 平方米的狭小空间里，参加试验的专家讨论开行 2 万吨重载组合列车新技术的应用情况，探讨着解决牵引动力、供电、通信信号等方面存在技术问题的办法。16 时 15 分，当 2 万吨重载组合列车缓缓停靠在柳村南站的那一刻，宣告了这次试验的成功。

12 月份，是动态试验最集中的一个月，机车乘务组先后完成了 8 趟动态试验任务。2 万吨列车不仅试验成功了，而且收集了大量有力的数据，为常态化开行 2 万吨重载组合列车做好了准备。

这期间还发生了一件事，直到现在依然让大家记忆犹新、津津乐道。早在 12 月 8 日第一趟试验任务之前，主控机车司机李海龙妻子临产，当时身在里八庄的他何尝不想陪在妻子身边，但他好言安慰妻子之后，毅然踏上了 2 万吨列车试验征途。等他试验归来，儿子在母亲的怀抱中正冲着他笑，他流下了幸福的眼泪，并给孩子起了一个有纪念意义的名字——万成，寓意万吨重载列车试验圆满成功。铁道部领导得知这一消息后，非常感动，亲自为孩子买了一个长命锁，并祝孩子健康成长。

大秦线 2 万吨重载组合列车试验成功，标志着中国铁路重载成套技术装备取得质和量的突破，我国铁路重载运输跨入了世界先进行列；标志着大秦线作为铁路改革发展的重点工程和起步工程之一，在既有线扩能改造上走出了一条创新之路，为建设大能力货运通道和实现内涵扩大再生产起到了示范作用；标志着铁路现代化煤运重载专线建设取得了阶段性成果，可以以"先进、成熟、经济、实用、可靠"的技术和组织方式，为国家和人民对煤炭运输的需求提供强大的运力保证。

随着2万吨重载组合列车在大秦铁路的常态化开行，为来年大秦线实现年运量2亿吨目标打下了坚实的基础。

在中国，重载司机的稀缺程度堪比大熊猫

"大车"是业内对火车司机的亲切称呼，这个"大"包含着对火车司机能力大、责任大、贡献大的赞许。一名火车司机的职业历程，一般分为学员、副司机、司机3个阶段，但在湖东电力机务段，司机又被严格分为万吨、1.5万吨、2万吨主控司机。

他们一年365天，每天24小时昼夜不停、轮班作业，每时每刻都有1400余人在单兵作业，他们是"光能使者"，为了保障人民生活需要，把温暖和光明送到千家万户。而这其中的2万吨主控司机，全国只有500名。

"高兴技能大师工作室"带头人重载司机高兴说，对于选择重载司机，他无悔，他自豪，他骄傲。

从事乘务工作30多年的重载司机常存全说，保安全没有高招，就是责任心＋标准化。

············

在冬天驾驶重载列车，对每一名重载司机来说都是一场检验。塞外的凌晨，气温低至零下20多摄氏度，北风裹挟着严寒，

直扑露天作业的乘务员。黎明前夜色正浓，又一列近 3 公里长的 2 万吨重载列车，驶出了大秦铁路的起点——湖东站。在寒风中呼啸着驶向渤海之滨——秦皇岛。

在大秦铁路，这样的重载列车每 12 分钟就要开行一列，它全长 2.6 公里，绕着它走完一圈要一个小时左右。

每列车加上所载煤炭总价值达 3 个亿。重载列车以 70 至 80 公里的时速运行，通过一个车站就要十几分钟，驾驶这条钢铁巨龙的"大车"们，用千百次的磨炼和默默的奉献，换来大秦铁路重载列车操纵技术的一次又一次飞跃。

大秦铁路有隧道 52 座、桥梁 1072 座，超过 800 米的特大桥有 15 座，超过 12‰的连续长大坡道近百公里。

这种复杂路况下，2.6 公里长的钢铁巨龙，常常同时扭出七八个弯儿，想要最大限度节省运行时间、提高运输效率，"大车"们就要做到"贴线"运行，操纵起来更是难上加难。

列车运行中每遇一个信号，司机就要做一个"手比、眼看、口呼"的动作。这样的动作在 653 公里的单程运行中要做 600 多次。

外行看重载司机开车并不会觉得有什么特别，但在行家眼里，那简单自然的一招一式，却处处显露出重载司机深厚的操纵功底。

大秦线上风光无限，高峻的山岭，清清的河流，肥沃的田野，美丽的城市，还有红日、云霞、大海，但面对这些景色，

"大车"们也许值乘几十年都无暇欣赏。

像高兴、常存全这样的2万吨重载司机还有很多，他们默默奉献、履职尽责，用一颗丹心、把一方闸把，就这样寒来暑往，年复一年，把"让千家万户享受到温度和亮度"的誓言，融入一生追求当中，守护着大秦线这条"温暖线"和"幸福线"的安全畅通。他们用无数个日日夜夜，撑起了万家灯火！

★ 3万吨重载组合列车试验成功

2014年4月2日18时56分，伴随着一声汽笛长鸣，一辆满载着3万吨煤炭的55001次试验列车，安全驶入河北省秦皇岛市柳村南站，由当时中国铁路总公司（以下简称"总公司"）在大秦铁路组织实施的牵引重量3万吨重载列车运行试验取得了圆满成功。

3万吨重载列车是什么概念？列车总长3971米，由4台电力机车、1辆试验列车和315节货车组成，全列车总重达3.15万吨。

3万吨重载列车的科研攻关之路

2013年，为了在大秦铁路进一步挖掘运输潜力，提升中国重载的技术能力，总公司党组将"大秦线3万吨重载列车试验"提上日程。

2013年冬，总公司运输局会同科技部、太原铁路局、中国铁道科学研究院（以下简称"铁科院"）就试验进行专题论证。运输局组织司机等现场人员进行专题研讨交流，组织铁科院进行重载列车牵引试验仿真计算，一切都在紧锣密鼓又有条不紊地进行中。

从牵引 2 万吨到牵引 3 万吨，列车不仅增加 1 万吨的牵引重量，还增加 1300 多米的长度。在技术领域的未知，以及变化所带来安全风险，不是数量的简单累积和防控措施的叠加就能解决的，其复杂程度在于对系统配套难度的精准把控，需要对组织体系进行深入探索掌握。

接下来的日子，铁路科研人员废寝忘食、夜以继日，在选定的 5 种方案中反复计算、反复试验。他们充分借鉴大秦铁路历次重载试验的数据和经验，研判重点安全风险项点，通过精准、反复的仿真试验，科研人员最终提出 3 个单元万吨组合、4 台机车按 "1+1+1+1" 方式牵引的方案。

2014 年 2 月 10 日，"大秦线 3 万吨组合列车试验大纲评审会暨运输组织方案审查会" 在北京召开，与会专家经过认真研究、反复讨论，一致通过了铁科院编制的试验大纲和太原铁路局的运输组织方案。

2 月 18 日至 3 月 19 日，铁路科研团队进驻北同蒲铁路袁树林站。这段时间里，按照循序渐进、积极稳妥的原则，科研团队进行了 2.3 万吨、2.5 万吨和 3 万吨 3 种编组方式的静置试验。

太原铁路局集中优势力量，优化 GSM-R 网络，强化机车、车辆、通信、供电、工务设备整治，加强现场盯控，制订了应对试验过程中可能出现各类突发情况的 24 项应急预案。

2014 年春节前后，湖东电力机务段组织 110 余名精干人员，根据 3 万吨列车比 2 万吨列车更长、更重，在运行中所处的线路坡道、纵断面情况有很大不同的特点，重新制订了 20 项保障预案，并根据大秦线路的实际情况，对每一把闸的使用、每一个区间的操纵都制定了具体的操纵办法，提前预判大秦线可能

延伸阅读

GSM-R 网络

GSM-R 是 Global System for Mobile Communications -Railway 的英文缩写，指铁路综合数字移动通信系统。它是专门为铁路通信设计的综合专用数字移动通信系统，能满足铁路专用调度通信的要求。

GSM-R 网络可与铁路固定电话网连接，实现网络用户与铁路固定电话用户间的通信；与 FAS（固定接入交换机）网络连接，实现基于 GSM-R 网络的调度通信；同时，GSM-R 网络还可为其他系统如机车同步操控系统、CTC、电力远动系统等提供传输通道。

大秦铁路在世界上首次实现了 LOCOTROL 技术与 GSM-R 技术的结合，成功开行了 2 万吨重载组合列车，把 LOCOTROL 技术由过去的点到点通信传输，发展为系统网络通信传输，解决了机车间通信距离限制的关键问题，标志着中国铁路重载运输技术达到世界先进水平。

遇到的各种非正常情况，全力做到试验一次性成功。

3月21日，2.3万吨重载列车运行试验，机车、车辆脱轨系数、轮轴横向力、减载率和最大纵向力等，各项数据都在安全可靠范围内。

3月27日，2.9万吨重载列车运行试验成功，更是让大家信心倍增。

…………

一次次试验，一组组数据，一项项结果，极大鼓舞了士气。

3万吨重载列车试验正式开始

列车载重和编组长度的增加，对桥梁、铁路线路的承受能力、列车的牵引编组和同步操作方法，以及重载司机的操纵能力提出了全新的考验。

2014年初，为确保3万吨列车试验成功，保证重载列车操控同步、运行平稳，太原铁路局精心挑选经验丰富的8名重载司机组成试验乘务组。白天，搜集试验数据；晚上，优化操纵预案。他们把3万吨列车从起动至结束的整个操纵过程，优化成32个操纵模块，细化到值乘的每一环节，精确到操纵的每一把闸。特别是有20多年重载列车驾龄的主控司机景生启铆足干劲，经过40多天的攻关，将制动手柄的每一个细微动作都烂熟于心，为试验做足了准备。

4月2日4时，塞北的夜空一片静谧，在大秦线万吨编组站——袁树林站，近200名科技工作人员已经在紧张地做最后的调试准备，3 万吨重载列车的试验即将在这里启动。

景生启担当此次 3 万吨试验的主控司机，与配合他的同事们一样，内心既紧张又激动。

6 时 31 分，随着一声长笛，总重达 3.15 万吨的重载列车，从袁树林站缓缓驶出，奔向大秦铁路终点柳村南站。

列车进入大秦线 275 公里处，这里既是长达 8460 米的军都山隧道，又是 50 公里的 12‰下坡道。近 4 公里长的列车，头部机车与尾部机车会产生 40 多米的落差，近 14 层楼的高度。景生启凭借高超的驾驶经验，稳稳地推动手柄，通过空气制动调整速度，确保列车运行平稳。

"纵向压钩力为 966 千牛。"景生启听到从试验车传来的数据后，长长地舒了一口气。列车运行到此处的纵向压钩力较之前的 2.3 万吨、2.9 万吨试验减少了近 10%。

"能够在落差最大、制动难度最大的线路上开行 3 万吨重载列车，体现了我国重载技术的新突破。"在试验列车上密切关注着各类试验数据的铁科院常务副院长康熊说道。

列车进入大秦线 295 公里，这里有多个曲线，列车在这里被摆成 5 个"S"弯，一旦操纵失当，极易造成列车脱轨。沉着冷静的景生启按照心中牢记的操纵预案，加减载、升降速，始终保持列车平稳运行。

18 时 56 分，3 万吨重载试验列车顺利到达终点站柳村南站。试验表明，机车、货车动力学、制动及纵向力动力学等测试指标，均满足试验规定的安全限度值，列车运行品质良好，3万吨重载列车运行试验取得圆满成功。

中国铁路重载列车牵引重量的最高纪录由此诞生！大秦人以不负重托、勇于超越的意志品质，创造了载入中国重载铁路发展史册的又一个傲人成绩。

配套技术升级助力重载试验

从1万吨到2万吨再到3万吨，绝不是一个简单的数字累加，而是重载运输成套技术质的提升。

3万吨重载列车的试验成功，是国铁企业在党的领导下，对中国自主创新形成的重载成套技术、重载理论的一次实际验证

★ 2014年4月2日，3万吨重载组合列车在大秦铁路试验成功

和重大突破，为大秦铁路在既有基础设施条件下增量增运提供了技术储备，为后续工作的开展奠定了坚实基础。

3万吨重载列车的试验运行，是在充分利用既有设备条件下，首次采用机车同步操纵系统试验开行的，系统测试3万吨组合列车的综合性能、监测试验列车运行的安全性、评估列车运行品质，均达到了预期目标。

试验列车由3台和谐型机车和1台SS4型机车牵引，这样将多台交流和谐型机车和直流韶山型机车相匹配在国内尚属首次。利用这种方式，能够有效利用现有的机车资源，同时更好地利用现有供电资源。这是在大秦铁路开行2万吨重载列车经验的基础上，又一次技术创新和质的突破，把中国铁路掌握重载成套技术水平推向了新高度。

试验首次实现了在光缆传输下多测点、多断面、同步实时的测量。列车上200多个测点、地面7个测点，实时不间断地显示着监测数据，为试验的最终成功提供了强有力的技术保障。

习近平总书记强调，坚持把创新作为引领发展的第一动力。大秦铁路人始终听党话、永远跟党走，不断攻坚克难、改革创新，实现了列车牵引重量从2万吨到3万吨的突破，这是中国铁路重载运输创新发展史上新的里程碑，也使中国成为世界上仅有的几个掌握3万吨铁路重载技术的国家之一，同时，为更好地服务经济、造福民生提供了坚实的技术积累和储备。

★ 大秦铁路精彩亮相国际舞台

重载铁路是国际上公认的铁路运输尖端技术之一，因运量大、效率高、能耗低、效益好等优势，代表着一个国家铁路货物运输领域的先进生产力。20 世纪中叶，重载铁路在美国、南非、澳大利亚等一些国家已经开始发展。

世界铁路看中国，中国重载看大秦。大秦铁路是新中国成立以来第一条修建的双线电气化重载铁路。虽然它起步相对较晚，但是大秦人在"负重争先、勇于超越"的理念激励下，不断创造重载运输的奇迹，在国际重载舞台上绽放出耀眼的光芒。

大秦铁路亮相第五届国际重载运输大会

1993 年 6 月 7 日至 10 日，在国际重载运输协会、铁道科学研究院和北京铁路局的大力协助下，中国铁道学会在北京成功举办了第五届国际重载运输大会。这个节点距离大秦铁路全线开通才过去半年时间。

国际重载协会是一个非营利性质的非政府性科技组织。它的成员由国家铁路、地方铁路，以及私有铁路和铁路组织构成。它致力于追求铁路重载运输运营、维护和技术的最佳，追求卓越化，主张通过重载解决铁路运输能力问题，并推进国际铁路及其成员之间在重载技术上的合作和交流，是国际重载技术交流合作的主要平台。

本届大会与会代表有 240 余人，分别来自 24 个国家和地区的科研生产部门和各公司、院校的著名铁路专家学者以及高级

★ 1993 年 6 月 7 日至 10 日，第五届国际重载运输大会在北京举行

技术管理人员。中国代表团主要由铁科院、北京铁路局、西南交通大学和北方交通大学（现为北京交通大学）的相关科研技术人员组成。

　　大会围绕"铁路重载运输的安全与效益"主题，共征集论文 300 多篇。其间，北京铁路局总工程师傅宗良围绕大会主题，以中国第一条重载铁路——大秦铁路为对象，对中国发展重载铁路的意义、建设情况、运行模式等作了详细的论述。这是大秦铁路第一次走向国际舞台，特别是在随后的实地参观环节，大秦铁路给所有与会的国际重载铁路领域的专家和学者们留下了深刻的印象。

　　6 月 7 日上午，傅宗良用流利的英语宣读了题为《中国铁路

的重载运输》论文，围绕重载运输是中国铁路发展的必然趋势、发展历史以及亟待解决的若干问题等三个方面进行了系统论述。傅宗良说："与世界发达国家在能力富余的情况下开行重载列车、减少运营支出有所不同，我们开行重载列车是为了缓和运能与运量的矛盾，以适应国民经济高速发展的需要。"

他从中国重载运输主要通过两条途径（修建新的重载运输专线、改造旧线开行重载列车），经过两个发展阶段形成的三种模式进行了介绍，第一阶段从 1985 年至 1990 年，在没有增加列车对数的情况下，开行了 7900 吨组合列车，多运煤炭 1400 多万吨，取得了明显的经济和社会效益；第二阶段从 1990 年至 1992 年，建设完成大秦线西段，并开行重载单元列车（单机牵引 6000 吨，双机牵引 1 万吨），1992 年底，大秦线全部贯通，创造了我国在运煤专线开行重载单元列车的新模式，修建秦皇岛四期码头，进一步建成大容量的能源运输干线；第三阶段从 1992 年开始，在沿海繁忙干线，通过对京广、京沪的电气化及股道延长改造，在京广段、京沪段分别开行 5000 吨整列式重载列车。

为适应我国重载运输发展，傅宗良还就加快牵引动力改革，制造大功率内电机车；加快研制新型大型货车和专用货车，加大车辆每延米重量；尽快解决重载列车机车的同步操纵；加强线路强度，提高路基质量等若干问题作了详尽论述。

在分组报告和讨论期间，大家对有关重载运输的经营管理、通信信号、土木工程和电气机械方面等问题进行了广泛热烈的交流。

会议期间，与会各代表团的专家们专程前往大秦铁路进行实地考察，他们首站到达遵化北站，参观了大同铁路分局开行的万吨重载单元列车，对大秦铁路的发展速度表示惊讶和赞叹。随后，代表团来到大秦铁路的终点，参观了大秦铁路的配套工程——秦皇岛三期煤码头和自动卸煤机，给予了高度评价。

本次会议，展示了正在走进国际重载铁路大家庭的中国重载铁路的良好形象，促进了中国重载铁路事业的向前发展，特别是为刚刚起步的大秦铁路未来的发展，指明了方向、提供了参考。

大秦铁路成为第九届国际重载运输大会的"主角"

2009 年 6 月 22 日至 24 日，由铁道部和国际重载协会联合主办的第九届国际重载运输大会在上海隆重召开。来自中国、美国、俄罗斯、加拿大、澳大利亚、巴西、南非、瑞典、印度、荷兰等国家的铁路重载运营商、装备制造商、研究咨询机构以及重载线路设计施工和维护企业的代表共 500 多人出席了会议。

国际重载大会每四年召开一次。自第五届国际重载运输大会在北京召开，已经整整过去 16 年。这期间，中国重载铁路早已发生了翻天覆地的变化。大秦铁路 2007 年年运量突破了 3 亿吨大关，经过迎峰度夏、雨雪冰冻、金融危机等一次次洗礼，发挥国民经济"压舱石"的作用越来越突出，作为单条重载铁路屡次创造着重载列车密度最高、运输能力最大、增运幅度最快、运输效率最佳、运输效益最好的奇迹，令国际重载协会为之惊叹。在本次大会上，大秦铁路当然成为"主角"。

6月21日，国际重载协会理事会先行召开。与会理事充分肯定了中国铁路近年来在重载运输、技术装备等方面取得的丰硕成果，纷纷称赞以大秦铁路为代表的具有中国自主知识产权的重载运输技术体系，创造了世界铁路重载运输的奇迹，中国铁路重载运输技术已经达到世界先进水平。

6月22日开幕式上，铁道部总规划师郑健作了《中国铁路发展与展望》的报告，安全总监耿志修作了《大秦铁路重载运输的创新实践与发展》专题报告。

★ 2009年6月22日—24日，第九届国际重载运输大会在上海召开随后，大会以"重载运输的创新、实践与发展"为主题，围绕工务工程、机车、货车、牵引供电、通信信号及列车控制、系统优化与安全、重载运输管理、可持续发展等8个方面展开了深入的学术交流。现场共交流论文132篇，其中国内论文51篇，国外论文81篇。大会从中评出最佳论文7篇，中国铁道科学研究院的《基于ALE有限元的重载车轮磨耗的数值研究》和《大秦线2万吨重载组合列车纵向动力学仿真计算研究及验证》2篇论文获得最佳论文奖。

会议期间，与会人员还前往大秦铁路的东大门——位于河北省秦皇岛市的柳村南站进行实地考察。大家来到柳村南站二场的信号楼进行参观，对大秦线的微机联锁、接发列车、编组作业和站场线路进行了解，观看了翻车机房2万吨列车的环保卸车作业等，参观人员对大秦线的运输布局都赞不绝口。

重载运输代表了铁路货物运输领域的先进生产力，从概念的提出到蓬勃发展经历了一个技术不断进步的过程，已被国际上公认是铁路货运发展的方向，重载铁路运输已经遍及五大洲。

改革开放以来，铁路部门在党中央的坚强领导下，审时度势，经过科学论证和技术经济比较，大力发展铁路重载运输。大秦铁路通过常态化开行1万吨和2万吨重载列车，年运量逐步提高。按照当时世界重载铁路理论，单条铁路年运量的极限是2亿吨。2008年，大秦铁路实现煤炭年运量3.4亿吨，是原设计能力的3.4倍，大大突破了世界重载铁路的理论极限，成为

延伸阅读

国际重载协会

国际重载协会（IHHA），是非营利性质的非政府性科技组织，成员为国家铁路、地方铁路及私有铁路和铁路组织，现有中国、美国、加拿大、澳大利亚、南非、俄罗斯、巴西、瑞典、印度 9 个会员国，国际铁路联盟国际部（UIC）为该组织准会员。

1982 年 9 月第二届国际重载大会在美国科罗拉多州的科罗拉多斯普林斯召开，中国首次派代表团参加。1984 年国际重载运输委员会成立，当时的成员有中国、美国、澳大利亚、加拿大和南非 5 个国家，会议上制定了国际重载运输协会的章程，规定每 4 年举行一次国际重载技术研讨大会，每 2 年举行一次专家技术会议，每年举行一次理事会年会。1985 年 6 月在加拿大蒙特利尔召开的第三届国际重载大会上，将国际重载运输委员会正式更名为国际重载协会，并于 1986 年在美国密苏里州注册成立。

自 1982 年起，中国派代表团参加之后的历次会议，并承办了 1993 年第五届国际重载大会、2009 年第九届国际重载大会和 2000 年国际重载理事会。

国际重载协会致力于追求铁路重载运输运营、维护和技术的最佳，追求卓越化，主张通过重载解决铁路运输能力问题，并推进国际铁路以及其成员之间在重载技术上的合作和交流。

世界上年运量最大的铁路，赢得了世界同行的广泛赞誉。

铁路重载运输是一项复杂的系统工程。大秦铁路作为重载运输的龙头，通过不断的技术研发和自主创新，不断超越自我，实现了多项技术创新，不仅构建了大秦铁路重载运输技术体系，而且大幅度提升了中国铁路重载装备、重载线路、重载通信信号和重载运输组织等领域的技术水平及设计制造能力，推动中国铁路重载运输技术整体迈上了一个更高的台阶。

两届国际重载运输大会在中国的成功举办，彰显了中国铁路重载运输的飞速发展已经得到了国际社会和国际重载协会的高度肯定，大秦铁路在世界重载的舞台脱颖而出，影响力越来越显著。

伟大事业孕育伟大精神，伟大精神引领伟大事业。大秦铁路每一点滴的进步都离不开大秦铁路精神的滋养和浇灌。大秦铁路已然站在了国际重载科技的前沿，这是一代代大秦人永攀高峰、接续奋斗，负重争先、勇于超越的结果，也展现了一代代大秦人不忘初心、践行使命的责任担当。

★ 走向国际重载铁路舞台中央

大秦铁路 30 周年论坛

2018 年，注定是一个值得纪念的年份。这一年是中国改革开放 40 周年、大秦铁路开通运营 30 周年。大秦铁路见证了改革开放的发展巨变，是改革开放以来交通运输领域一大标志性成就。

　　大秦铁路作为中国重载铁路的摇篮和样板，同中国重载铁路一道走过了 30 年的自主创新和建设运营实践，技术装备水平和运营管理能力显著提升，特别党的十八大以来，中国重载铁路技术取得了突破性进展。2014 年，3 万吨重载组合列车在大秦铁路试验成功；持续推进 30 吨轴重机车车辆的研制，搭建了 27 吨轴重通用、30 吨轴重专用货车技术平台，重载货车技术达到世界先进水平；开展了新建 30 吨轴重重载铁路钢轨、道岔、轨道、路基、桥梁、隧道等关键技术攻关；自主研发了重载铁路新型列车移动通信及同步控制系统，进一步提升了中国重载铁路技术水平。

　　2018 年 10 月 26 日至 27 日，"三十而立"的大秦铁路作为东道主，迎来了"中国重载铁路技术交流暨大秦重载铁路运营三十周年论坛"。此次论坛在太原举办，由中国铁道学会、中国铁路

★ 2018 年 10 月 26 日—27 日，中国重载铁路技术交流暨大秦重载铁路运营三十周年论坛在太原举办

总公司机辆部联合主办，太原局集团公司、铁科院、中国铁道学会重载委员会、山西省铁道学会四家单位承办，来自国内铁路系统工程建设、运营维护、装备制造的相关企业、部分高校、相关科研机构和国际重载协会等方面的嘉宾 200 余人参加了论坛。

论坛以主会场论坛、圆桌论坛和分会场论坛形式举办了多场重载铁路学术交流。主会场论坛作了包括《大秦线集疏运体系的发展与实践》在内的多场学术报告。圆桌论坛以《深化大秦铁路重载技术研究项目研讨》为主题进行了深入研讨交流。分会场论坛围绕重载铁路移动装备设计制造与运用维护技术、重载铁路固定设备设计建造与运用维护技术、重载铁路运营管理、节能环保及新材料进行了学术交流。

本次论坛在全面总结中国重载铁路发展成就和宝贵经验的同时，推动中国重载铁路技术创新，进一步为调整运输结构、提高铁路货运量、打好污染防治攻坚战提供技术支撑。

论坛期间，"重载铁路技术研究中心"在中国铁路太原局集团有限公司正式揭牌，该中心将从事"重载机车自动驾驶""下一代移动通信（LTE-R）""抑尘技术"等前瞻性重载技术课题的研究。

论坛还举办了中国重载铁路发展成就展览、装备展览，以及《奋斗大秦 重载脊梁》大秦铁路开通运营三十周年主题摄影展，吸引了不少与会的外国专家学者驻足参观，在展示大秦铁路辉煌历程和中国重载铁路装备最新成就的同时，促进了国

★ 2018年10月26日，国际重载协会主席布莱恩·莫纳卡里在论坛举办期间，参观大秦铁路开通运营三十周年主题摄影展并接受媒体采访

内外同行业的技术交流与合作。

大秦铁路 30 周年回眸

大秦铁路自开通以来，就以创新性、标志性、示范性吸引着世人的目光，见证着国家改革开放的发展巨变，创造着铁路重载运输的一个又一个奇迹，是中国铁路科技创新的重大成果，是铁路重载的一面旗帜，始终在确保国家能源运输安全、服务国计民生中担负着重要使命，发挥着重要作用。

30多年来，大秦人始终以服务国计民生、助推经济发展为己任，大力弘扬负重争先、勇于超越的大秦铁路精神，不负重托、砥砺先行、勇争一流，争当货运增量排头兵。通过优化运输体系，加强运输组织，提升计划质量等一系列措施，压缩列车追踪间隔时分，加大列车开行密度，调整重车开行结构，推动年运量由原设计 1 亿吨提高到 4.5 亿吨，从列车开行结构、机车机班调整、施工天窗安排等方面，对应铺画列车运行图，以"模块化"运输组织动态对应运量需求，创下 2018 年 6 月 10 日 136.82 万吨的当时日运量历史新高，全面启动货运增量三年行动，年运量完成 4.51 亿吨，书写了大秦铁路建线以来年运量最高纪录。大秦铁路 30 年累计完成运量超 60 亿吨，为经济社会发展作出了重大贡献。

30 多年来，大秦人坚持自主研发、引领铁路重载创新，大力弘扬负重争先、勇于超越的大秦铁路精神，不负重托、砥砺先行、勇争一流，占领重载技术制高点。从开通初期技术上的一片空白，到站在世界重载科技研发应用的最前沿，大秦人坚持自主创新，依靠科技创新和管理创新双轮驱动，先后攻克了 1 万吨、1.5 万吨、2 万吨重载列车开行难关，成功组织了 3 万吨组合列车试验，不断推动中国重载铁路技术取得新突破。形成了一整套以"产运需"对接、"集疏运"协同、"速密重"并举为主要特点的具有自主知识产权的重载运输体系。"大秦方案"被成功复制到侯月、瓦日、唐呼、浩吉等重载新线建设运营中，共同服务国民经济发展。

30 多年来，大秦人践行绿色发展理念、致力低碳运输，大力弘扬负重争先、勇于超越的大秦铁路精神，不负重托、砥砺先行、勇争一流，擦亮中国重载第一路的荣光。大秦铁路是典型的节能环保绿色交通工具，充分发挥运量大、能耗低、排放少、污染小的优势，认真落实党和国家调整运输结构、减少公路运输量、增加铁路运输量的部署要求，坚决打好污染防治攻坚战，打赢蓝天保卫战，争当建设美丽中国、实现绿色低碳发展"先行官"。同时，加大煤炭运输扬尘治理力度，提高抑尘作业标准，提升喷洒质量，做好源头防控。加强铁路沿线环境监测，强化运输途中的环境保护。大力实施绿化工程，加强铁路沿线环保设施建设，推进综合降噪、废气减排等新技术、新工艺、新装备应用，把大秦线建设成为一条生态线、环保线。

30多年来，大秦人传承听党话、跟党走，舍小家、顾大家的优良传统，大力弘扬负重争先、勇于超越的大秦铁路精神，不负重托、砥砺先行、勇争一流，昂扬挺起重载脊梁。大秦铁路开通以来，年运量已经跃升至4.5亿吨，超过国际重载协会定义的单条铁路2亿吨极限能力的2倍多，重载技术实现了从追赶到领跑的超越。一次次创造奇迹的背后，凝聚着一代代心怀强国梦的大秦人前赴后继的奋斗足迹。从重载司机程利甫、李海龙、景生启，到车辆工匠李建兵、"钢轨医生"女子探伤班、全国"两学一做·榜样"王养国，再到坚守在大山深处的"全国先进基层党组织"王家湾线路车间党总支……大秦铁路的每一次创新，每一项突破，都凝聚着成千上万名像他们一样勇担使命、自强不息大秦人的努力，他们用青春、智慧和汗水负重争先、勇于超越，确保着钢铁大动脉的安全畅通，坚定不移扛起中国铁路重载旗帜勇毅前行。

媒体链接

长篇通讯：牵引和谐的希冀——
中国重载铁路发展纪实

扫一扫

学习与思考

1. 为什么要修建大秦铁路？

2. 大秦铁路在建设当中采用了哪些先进技术？

3. 谈谈大秦铁路精神如何铸就了"中国重载第一路"的辉煌成就。

4. 如何认识大秦铁路的国际影响力？

链接

大秦铁路沿线能源知多少

山西大同是中国最大的煤炭能源基地之一，国家重化工能源基地，神府、准格尔新兴能源区与京津唐发达工业区的中点，素有"凤凰城"和"中国煤都"之称。河北阳原县盛产煤、石灰石、大理石、玄武岩、沸石、膨润土、玛瑙、磷、铁、铝、锰、铜、钼、石墨等。河北化稍营镇主要矿藏资源有磁铁矿、锌矿、钼矿等。河北涿鹿县蕴含丰富的水资源，同时有大量的煤、铁、锰、金、银、铅、锌等矿产资源。北京延庆区水资源丰富，辖区内的松山国家级自然保护区现存有华北地区唯一的原始油松林。河北遵化市有铁、金、锰、白云石、石英石等矿产资源27种，其中铁矿和白云岩的储量丰富。河北迁安市金属矿藏主要是铁，素有"铁迁安"之称。河北秦皇岛市河流密布，矿产资源较为丰富，管辖的青龙满族自治县蕴藏着金、银、铜、铁等数十种矿产，被誉为"万两黄金"县。

第三章
大秦铁路精神的丰富发展

　　大秦铁路 30 多年的发展历程告诉我们，"负重争先、勇于超越"已成为"中国重载第一路"最鲜明的精神标识。大秦铁路依托自主创新，从设计年运量 1 亿吨到突破 4.5 亿吨，实现了重载技术从追赶到领跑的完美超越。这是中国铁路史上气势恢宏的大手笔。大秦重载运输模式不是简单套用普通铁路运输线的"再版"，也不是沿用国外重载运输的"翻版"，而是经过实践探索、自主创新、改革发展、提质增效的"新版"。有过艰辛，有过奇迹，有过创新，始终奋斗不止，我们有理由相信，刚过而立之年的大秦铁路，一定会继续脉动负重争先的指针，一刻不停歇地划过 653 公里的铁道线，为中国重载铁路留下勇于超越的运量刻度。

第一节　屡创奇迹

★胜利实现 1 亿吨年运量

2002 年 12 月 19 日，大秦铁路传来喜讯，年内运量突破亿吨大关，开创一条铁路年运量逾亿吨的历史先河。这则振奋人心的消息立刻成为当时的爆炸性新闻，登上了各大媒体的头版头条，成了人们茶余饭后最热的话题和谈资。

大秦铁路运量上亿吨，意味着什么？

意味着煤炭运量较 2001 年要增加 728 万多吨；意味着开通运营 13 年的运输能力已趋于饱和的煤炭大通道，要实现由开通

★ 2002 年 12 月 19 日，大秦铁路提前 12 天完成年运量 1 亿吨任务，实现年运量设计目标

运营初期 1989 年的年运量 2007 万吨跨越到 1 亿吨以上。千万吨级到亿吨级的跨越，这不仅是量的积累，更是质的飞跃。挑战的不仅仅是装备的保障、科技的进步，更考验的是大秦人听党话、跟党走不负重托的使命担当和舍小家、为大家负重争先的意志品质。

怎样才能解决运量上亿吨的技术难点和行车安全保障问题？

他们围绕大秦铁路运量上亿吨制订了运输改革方案，从技术攻关和挖潜扩能中寻找答案。把解决大秦线运能运力不足、效率不高的问题作为运输系统的首要任务，从机列衔接和列车发车密度、减少换挂机车对正线的干扰、优化运力配置、减少车辆重复检修作业等许多运输组织的技术难题入手攻关，打通了制约运量上亿吨的大新、湖东、茶坞三地运输"瓶颈"。

一把钥匙开一把锁。症结找准了，政策对头了，大秦铁路的运能、运力明显得到了提高。

数字显示：大秦线的龙头——湖东站的作业组织得到了进一步优化，湖东站二场日均开车达 76.9 列，较 2001 年同期增加了 9.8 列；大新站的接发列车由日均 75 对提高到 95 对；茶坞站到发线的通过能力提高了 20%，日均办理车增加了 11.9%，接发列车对数增加了 11%。运输组织改革方案的稳步实施使大秦线的各项效率指标较 2001 年同期有了不同程度的提高，为大秦线运量上亿吨提供了运输组织保证。

如何保障已运行 13 年的行车设备质量？

设备"趴窝"，一切免谈。大秦线上的各设备单位一方面从"强基达标保平安"入手，落实安全管理七项机制；另一方面大力推行《安全思想教育保障机制》，加强运输生产中的思想政治工作，加大治安综合治理力度。机务系统严把 128 台电力机车的"修管用"质量关，大幅度压缩了机车故障率；工务系统更换了大批超期服役的重型钢轨，使线路质量适应了重载列车的安全通过保证标准；电务系统严把信号设备维修质量关，压减信号故障；车辆系统精检细修，确保重载车辆质量良好、充足供应；供电系统采用科学施工方法提高了"V"型天窗的兑现率……设备单位的团队协作精神在运量上亿吨这个全局性的战役中得到了一次实战检验。

在夺取 1 亿吨年运量的过程中，大秦人是怎么干的？

年初，面对 1 亿吨年运量计划指标，大同铁路分局干部职工举全力行动起来，开年就打响了保障大秦线实现运量上亿吨的攻坚战。在攻坚战中，分局党政工团各级领导常年奔赴生产现场，以上率下带领大秦线上的 12 个站段领导班子、120 多名领导干部常年坚守在远离市区的生产单位，组织专业技术人员和一线干部职工解决技术关键难题，围绕安全关键项目和大秦铁路亿吨配套工程完成了科技革新项目 55 项，创造经济效益达 1331 万元。

各级组织以最优良的服务为大秦线站区跨度大、点多线长、生活艰苦的干部职工提供有力的后勤服务保障。

大秦线的 156 个党支部和 3560 名共产党员，深入开展"创岗建区""党员先锋岗"活动，以党员的先锋模范作用和党支部的战斗堡垒作用影响和带动着职工群众的增运上量热情。

工会组织文艺慰问小分队冬送温暖、夏送清凉，深入一线送关怀送温暖，把精神食粮送到了偏远的站区和职工心里；共青团组织深化志愿服务等主题竞赛，极大地调动了沿线 9000 多名青年职工和 300 多个团支部的生力军作用。

同时，加大铁路沿线治安整治力度。大秦铁路沿线大多远离城市穿越乡镇，当时沿线偷盗、拆盗铁路运输器材和哄抢煤炭的现象时有发生，且一度呈上升趋势。为了保障沿线铁路治安稳定，铁路公安干警会同沿途市县公安部门加大治理力度，相继开展了历时 2 个月的"铁剑一、二、三、四号行动"战役。在治安治理整顿中，出动警力万余人次，巡线近 7000 公里，清理闲杂人员 7000 多名，抓获各类犯罪分子 40 多人，打掉犯罪团伙 12 个，深入沿线 5 华里内的 380 多个村庄、470 座学校，向 6 万多人宣传爱路护路知识，讲解保障铁路运输对服务国民经济发展的重大意义。经此一役，大秦铁路沿线治安形势有了明显的好转。

一分耕耘一分收获。当年年底提前 12 天圆满完成了 1 亿吨年运量目标，举全分局之力打了一个漂亮的攻坚战。

回望历史，从新中国交通事业的开创者郭洪涛 1981 年提出修建大秦线的构想，到同时期时任煤炭部计划处处长张虎提出大秦线设计年运量1亿吨的想法，至大秦铁路1亿吨年运量真正实现已经过去了20多年，在几代大秦人的接力奋战中，蓝图终于变为现实，大家的夙愿得以实现。这其中不仅饱含着大秦线运输主战场上1万多名干部职工多年的艰辛付出，更饱含着几代铁路工作者心系大秦、规划大秦、投身大秦、建设大秦、扎根大秦、坚守大秦、奉献大秦的"负重争先、勇于超越"精神品质的薪火相传、接续奋斗。

图说

秦皇岛港，中国煤炭运输市场的晴雨表

秦皇岛港始建于1898年，是我国北方港口中自然条件最好的港口，其水域开阔，海底平坦，航道、港池等通航水域基本上处于免维护状态。此外，秦皇岛港还具有

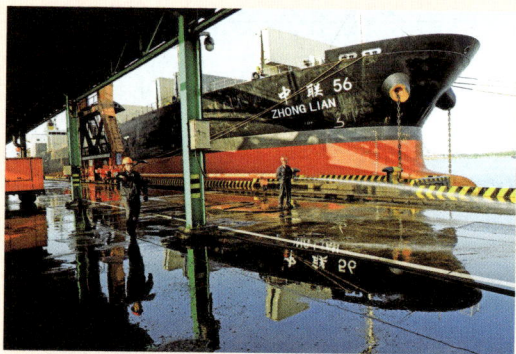

较好的气象、水文条件，堪称不冻不淤的天然良港。

港口依托大秦铁路煤炭运输专用通道，是大秦线煤炭货源首选下水港口，具有铁路路径最短、运费最低、效率最高等集港优势，是我国北煤南运的主枢纽港，同时也是我国煤炭运输市场的晴雨表和风向标。

★ 再创 2 亿吨级年运量奇迹

实现 1.5 亿吨运量目标

大秦无小事，大秦是大局。有人在大秦铁路突破 1 亿吨时算过这样一笔账：大秦线每分钟平均运煤 330 吨，每天运煤 48 万吨；每分钟运输收入 2 万元，每天收入 3000 万元。他们每天都在负重前行、超越自己。大秦线的生产装备上了一个又一个台阶，大秦人的思想也跨越了一座又一座高山。

2003 年 10 月，铁道部领导赴大秦线调研，提出要把大秦线建设成为铁路改革发展的标志性工程、现代化重载运输的示范性工程、既有线扩能改造的样板性工程，规划出大秦线年运量 2005 年达到 2 亿吨、远期实现 4 亿吨的宏伟目标。

自 2003 年起，中国经济在保持较快增长的同时，高耗能产业发展迅猛，对电煤的需求大大增加。为了保证电煤供应，大秦人再次勇挑重任，在 1 亿吨的基础上，2004 年向 1.5 亿吨发起了冲锋。

思想越解放，路才会越走越宽。2004 年 1 月，隆冬的朔州车务段会议室里，段党政领导在全段发起了"拿下新任务关键靠什么"的大讨论。通过大讨论，把全段思想统一到拿下 1.5 亿吨，关键靠人，靠人的思想，靠人的思想解放程度……

"车头快，要靠'人头'带"。2004 年上半年，湖东电力机务段的配属机车中新增添了 20 台 DJ1 型机车，这在当时是国内最先进的机车，但与之匹配的机车乘务员却紧张了起来。于是该段实施"精兵强将上一线"的举措，让以前干过机务工作、具备一定素质的 38 名管理人员重新归队，解一线乘务人员短缺的燃眉之急。同时从调度员、外勤司机、后勤服务队伍中，清退出 120 名占乘务员定编但不从事乘务工作的人员，使乘务员队伍进一步精干壮大起来……

说一千、道一万，关键看实干。大同车务段一口气建起 14 个万吨装车点；柳村南站把卸车的目标锁定在 1.1 亿吨上，采取 41 项大大小小改进措施提高卸车能力……从装到卸，打通了堵点、畅通了节点。

2004 年 7 月 29 日，时任国务院总理温家宝亲临大秦铁路茶坞站考察工作，对搞好挖潜扩能、缓解煤电油运紧张状况、做好铁路各项工作作出重要指示。这为打好增量攻坚战指明了方向，提供了强大动力，极大鼓舞了大秦线干部职工的士气。2004 年 12 月 23 日提前 8 天夺取了全年运量 1.5 亿吨目标，比年计划超额完成 25.87 万吨，与 2003 年同期相比增运煤炭 3165.7 万吨。

大秦铁路设计能力为 1 亿吨，经过挖潜扩能，2003 年煤炭运量突破 1.2 亿吨，2004 年突破 1.5 亿吨，在世界铁路运输史上书写了新的篇章。

大秦铁路实现 1.5 亿吨运量目标，是实施内涵扩大再生产、推进铁路改革发展取得的重要成果，也是铁路系统贯彻中央宏观调控政策措施、缓解煤电油运紧张状况、保证国民经济平稳较快发展取得的重要成果。同时，大秦铁路在实现 1.5 亿吨运量目标的实践中，创造了许多有益的经验，也为下一步再创 2 亿吨年运量目标奠定了基础。

增运首次达到 5000 万吨

"大秦铁路实现年运量 2 亿吨目标"——这是《新华网》2005 年 12 月 27 日 11 时 31 分推送的一则新闻报道。报道称，记者从太原铁路局获悉，截至 12 月 25 日 18 时，大秦铁路完成煤炭运量 20018 万吨，提前 6 天实现大秦线年运量 2 亿吨的目标。这则新闻报道迅速引起了全社会的广泛关注。

2003 年我国开始出现大范围"电荒"。为了将山西的煤炭运出去，缓解全国煤电油运"瓶颈"制约，保证国民经济持续快速健康发展，大秦铁路开始进行大规模扩能改造，快速扩充运输能力。大秦线从 2002 年年运量达到设计能力 1 亿吨，到 2005 年年运量实现 2 亿吨目标，居世界第一，仅用了 4 年时间。这 4 年间，大秦人不畏严寒，不惧酷暑，勇于创新，开拓进取，无论是 2002 年冲刺亿吨、2003 年抗击"非典"、2004 年大打"迎峰度夏"战役，还是 2005 年保"电煤供应"，大秦线一年上一个台阶大踏步前进，创造了世界重载史上的伟大奇迹，他们用乌金般炽烈的信念，肩负起了中国铁路重载事业的责任与担当。

回望 2005 年，是一个铁路改革发展史上具有里程碑式的特殊年份。这一年的 3 月，在铁道部的统一规划下，全路实施运输生产力布局调整，铁路撤销所有铁路分局，新成立太原、西安、武汉 3 个铁路局，加上原有的 15 个铁路局（公司），全国铁路共设立 18 个铁路局（公司），所有铁路局（公司）实行直接管理站段的体制。

为了达到 2 亿吨运量目标，当时新成立的太原铁路局充分发挥新体制优势，积极应对市场变化，面对前所未有的困难和挑战，密切路企协作，加强与北京、呼和浩特铁路局的配合，实现产运销有序衔接，统筹优化大秦线及相邻通道资源，为推动"货畅其流"奠定了基础。

太原铁路局广泛采用新技术新装备，实施了 258 项运输组织、设备保障调整措施。大秦线日开行万吨重载列车的数量，由年初的 30 列提高到 70 列。建成了 41 个万吨及以上和 102 个 5000 吨战略装车点，大幅度提高了装车作业效率，装卸作业时间由原来 12 小时压缩到了 8 小时，创造了当时单日运量 68.2 万吨的最高纪录，为超额实现全年运量任务奠定了坚实基础。

坚持安全第一，统筹运输与安全的关系，加大设备基础维修、保养、改造，不断创新施工组织方式，优化施工方案，科学组织施工，提高行车设备质量，确保了运输组织与扩能改造两不误、两促进，为大秦线运量的持续大幅增长创造了条件。

2005 年 12 月 25 日 16 时，755025 次万吨列车从茶坞站发车，大秦铁路胜利实现年运量 20018 万吨，创造了新的纪录；而在太原铁路局的另一条重载通道——侯月线上，也传来捷报：12 月 27 日，侯月线提前 4 天完成 5000 万吨增运任务，年运量突破 1 亿吨。到 12 月 29 日，太原铁路局 2005 年运输收入完成

233.4亿元，超计划1177万元，提前2天完成了全年运输收入任务，运量和收入名列全国18个铁路局之首，为缓解我国部分地区煤电油运紧张状况作出了重要贡献。

国际重载运输协会曾指出，2亿吨是单条重载铁路年运量的理论极限。大秦铁路在较短的时间内，以较低的投入实现了煤炭运量大幅度增长，胜利实现2亿吨年运量目标，取得了令世界重载铁路同行瞩目的成绩。这也标志着中国铁路重载运输跨入了世界先进行列。

值得一提的是，大秦铁路不负重托、知难而进，2005年较2004年增加运量首次达到5000万吨，相当于再建了一条大能力运输通道，这在我国铁路发展史上是一个重大突破。

图说

大秦枢纽集控中心

2013年5月，大秦枢纽集控中心建成并投入使用。该中心位于大秦线西端的湖东站，由行车作业区、车辆5T作业区和合署办公区组成，负责管控北同蒲、大准、大包、神华、云冈及口泉支线所有大秦车流，直接控制湖东站2万吨、1.5万吨、万吨列车、组合列车进行技检、机车换挂等作业。

★迈上 3 亿吨级年运量台阶

缓解能源紧张的"报春花"

从奇迹再创奇迹，从胜利走向胜利，大秦铁路一路"开挂"的传奇历程，展现了大秦人负重争先、勇于超越的无畏气概和磅礴力量。

如果说大秦铁路年运量实现 2 亿吨是运量开始大幅提速的新标志，那么年运量攀升至 2.5 亿吨就是缓解能源紧张的"报春花"。2006 年 12 月 24 日 17 时 58 分，一声高亢的汽笛长鸣，满载 16320 吨煤炭的 77021 次列车通过大秦铁路茶坞站。标志着大秦铁路年运量 2.5 亿吨的既定目标提前 7 天胜利实现。

5000 万吨，是一个华北电网、13.4 个装机容量百万千瓦时的中型发电厂一年的发电耗煤量。增运 5000 万吨，可以为国家增加工业产值 1000 多亿元。从 2 亿吨到 2.5 亿吨，不是量的简单积累，体现出的是任务更艰巨、矛盾更尖锐、情况更复杂，需要各个系统各个环节衔接更加有序、进展更加有力。

要实现 5000 万吨的增长，必须高度关注一个数字——每秒 7.9 吨。这是要达到 2.5 亿吨年运量，每秒通过大秦铁路煤运量的最低平均数。每秒 7.9 吨的"煤河"流量是由每隔 8 分钟就开行一列万吨或 2 万吨列车造就的。对于运输组织来说，这同时意味着无论什么原因导致的列车途停，都会打乱正常的运输秩序，都会为完成 2.5 亿吨使命增加一分难度。而确保"煤河"的不间断，安全无疑是大秦铁路的重中之重。

然而，当时管内机车、线路、信号设备制式不统一，"管、修、用"难度大，还经常面临故障频发的困难，那么怎样在保证安全运输秩序的基础上，在原有承载能力的基础上安全增运呢？内涵扩大再生产从哪里突破呢？从管理人员到重载技术人员都陷入了沉思。他们一边总结现有的经验，一边思考如何突破难关，多少个不眠之夜，多少次反复论证，多少遍来回修改，一个统一的思想开始指导这次增运使命——务必在"质"上实现飞跃。

要飞跃，首先要摒弃单打独斗的思维障碍。早在 2005 年 2 月 18 日、2 月 28 日，神华集团准能公司调度、伊泰公司准东调度已入驻太原铁路局调度指挥中心，开始了调度合署办公的实

★争分夺秒抢运电煤，千方百计确保大秦铁路运输上量

践探索。为了增量提效，2006年太原铁路局与外部上下游企业加强联手协作，牵头与煤炭生产企业、港口、电厂以及部分省、市、区建立联盟，定期召开联席会议，保证了信息畅通。不仅如此，服务上发力也是提"质"的重要环节，将装、运、卸、疏港各个环节有机结合，精确计算、反复查定各项作业、程序的时间标准，科学核定其工作量的功效和质量标准，大幅度减少了运输能力的浪费，打造出一条从坑口到港口的高效"流水线"，产运销一条龙服务的格局首次闪亮登场。这一跨行业、跨区域的协调机制，为均衡、高效运输，缓解"瓶颈"制约，最大限度释放运输生产力创造了条件。

要飞跃，就要紧紧扭住内部挖潜提效的"牛鼻子"。在运输组织上更加讲求科学有效。推动由过去粗放型运输生产组织向集约化、精细化运输生产组织发展。在实现2.5亿吨运量的2006年里，大秦铁路从强化调度指挥、提高作业效率、挖掘机车使用潜力、调整车辆使用和列检布局及统筹施工管理、设备配套改造等诸多方面共采取了111条优化措施。在向世界先进运输生产组织标准看齐的进程中，2万吨列车开行比例、列车开行密度大幅增加，日运量连续31次突破纪录。

这环环相扣的过程中，同样离不开扩能改造施工。为期40天的扩能改造施工如火如荼地展开，超前谋划、严密组织、精确计算、加强防范，使"一切都在掌握之中"。施工与运输、与安全的关系由相互制约、相互侵占演化为相互促进，不但质量良好地完成了施工任务，施工期间日运量达到 59.46 万吨以上。在不停产的情况下搞施工，创造了国际重载铁路运输的先例。

令人惊喜的不仅展现在运输生产现场，还有来自股市的喜讯。伴随着大秦铁路年运量突破 2.5 亿吨凯歌的奏响，大秦铁路股票价格也给了众多钟爱大秦铁路的投资者一个实实在在的回报和信心。2006 年 12 月 24 日大秦

★加强检修，夯实大秦铁路设备基础

铁路年运量实现 2.5 亿吨的这一天，大秦铁路的收盘价是 7.74 元，比上市首日收盘价大涨了 40.22%，总市值达到了 1000 亿元。

这个价格似乎在投资者意料之外，但懂得大秦铁路的人都知道它又却在情理之中。正如当时铁道部一位领导所讲的："选择大秦铁路作为股改上市试点是由大秦铁路在路网中的战略地位所决定的，大秦铁路是中国铁路重载煤运通道的典型代表，资产优质，运量充沛，效率高，效益好，而且资产和经营相对完整独立。"

2.5 亿吨的胜利实现给中国重载铁路运输注入了一针催化剂。它宣告着长期滞后的煤炭运输能力将伴随着铁路又好又快发展的推进，从滞后走向适应，并走向适度超前，更昭示着在

党的坚强领导下，坚持走深化改革开放的道路，我国经济一定能够逐步摆脱铁路运能紧张的制约，走上快速、协调、健康的可持续发展之路。

达到原设计能力的 3 倍

2007 年 12 月 26 日 18 点，大秦铁路提前 5 天实现了煤炭年运量 3 亿吨的新突破，再创世界铁路重载运输的奇迹。

为了在较短时间内提高煤炭运量，大秦铁路从 2003 年开始，先后实施 2 亿吨、4 亿吨扩能改造。从 2005 年起，大秦铁路连续 3 年每年增运 5000 万吨。2007 年年运量达到 3 亿吨，是原设计能力的 3 倍，大大突破了世界单条重载铁路年运量不超过 2 亿吨的理论极限。

3 亿吨煤炭的概念是什么？如果装满我国铁路载重量最大的 C_{80} 货车，车辆连挂累计长度相当于绕地球一周还要多 5375 公里；可以为国家生产钢铁 2 亿吨，相当于全国 3 亿城镇居民当时 1 年生活所需的煤炭，可供全国主要电厂发电耗煤 1600 余天。如今这条年设计运量为 1 亿吨的重载铁路，以占当时中国铁路营业总里程 8.4‰ 的长度完成了 1/10 的货物发送量。

胜利的数字让人振奋，而背后的艰辛对大秦人来说又是一场滚石上山的磨砺。

时光回到 2007 年年初，由于受山西省整顿小煤矿以及一些政策性调整的影响，大秦铁路的货源一度紧缺，运输任务出现亏欠。一场以加强货源组织为基础、全局性的增运补欠攻坚战迅速打响，全局上下迅速拉开了决战攻坚的态势。

用改革之力激活管理之效。太原铁路局对大秦线及相关各线运力资源进行整体优化，先后两次对大秦线生产力布局作出调整，全线653公里只设一个机务段、一个车辆段。针对日常运输组织中出现的瓶颈区段和限制点，撤销9个中间站，进一步提高了全线通过能力。

当时的太原铁路局主要领导主动向山西省政府汇报，拜访北京市等省市主管领导和发改委、经贸委等部门，通报铁路改革形势和任务，争取支持。并带队深入秦皇岛港、各煤矿、集运站点，组织110多家煤炭企业，频繁地召开路企协调会议，沟通信息，密切协作。

★采用和谐型机车（"1+1"模式）牵引的2万吨重载列车驰骋在大秦铁路上

各基层站段迅速成立运输补欠工作组和货源开发组，党政正职每日听取货源情况汇报，及时掌握煤矿生产、上煤量和煤矿复产情况。并通过召开路企协调会议，邀请相关厂矿企业参加铁路局货源组织电话会议等形式，使各生产发运企业了解货源组织面临的严峻形势和铁路对货源组织的有关要求与希望，把心拉近，谋求共识，合作共赢，建立了货源组织开发的新机制，有效的货源得到了及时的供应。

大秦线加大技术创新的核心竞争力优势。在铁道部统一指挥下，大秦铁路积极与北京交通大学以及铁道科学研究院、通号集团公司设计研究院、中国南方机车车辆工业集团公司、中国北方机车车辆工业集团公司、北京首科中系希电信息技术有限公司等单位联合，组成了产学研用联合体，与美国通用电气公司、华为技术有限公司等企业共同开展技术创新工作，成功实现了大秦线 2 万吨重载组合列车的系统集成创新。

——在世界上首次实现了 LOCOTROL 技术与 GSM-R 技术的结合，并成功应用于 2×10000 吨重载组合列车。把 LOCOTROL 技术由过去的点到点通信传输，发展为系统网络通信传输，解决了机车间通信距离限制的关键问题，标志着我国铁路重载技术上了一个新的台阶，为世界铁路重载技术的发展作出了贡献。

——首次实现了采用 2 台和谐型大功率机车加可控列尾的方式，开行 2 万吨重载组合列车，是世界重载技术的又一次创新，开创了世界铁路重载史的新篇章。

——在世界上首次实现了 800 兆赫数据电台与 LOCOTROL 技术的结合，并成功应用于大秦线 4×5000 吨重载组合列车，使通信传输距离由 450 兆赫的 650 米提高到 800 兆赫的 790 米，进一步拓展了 LOCOTROL 技术的应用领域。

——首次采用单套 LOCOTROL 系统与 SS4 型机车结合，实现了主控机车双端同步操纵控制功能。与美国通用电气公司推荐的方案相比，200 台 SS4 型机车仅设备改造就节约资金 1 亿元。

——首次系统采用了重载车辆及重载配套技术。为大秦线设计生产了敞 80 重载货车，加装了 120-1 制动阀和中间牵引杆，在 SS4 型机车上加装了 E 级钢车钩和大容量弹性胶泥缓冲器，纵向冲击力减少 35%。

——首次采用机车自动过分相装置。自主研制的机车自动过分相装置确保了重载组合列车安全平稳运行。

2007 年 6 月 2 日，第一台由我国自主研制的和谐型大功率交流电力机车入驻大秦铁路。为使这台"动力巨无霸"早日在重载运输中发挥威力，在有关部门的指导和支持下，成立了专题攻关组，对和谐型机车牵引状态，机械性能等连续进行了 4 次试验，并积极与西门子公司、株洲电力机车有限公司及西南交通大学、华东交通大学、北京交通大学联手攻关，开展技术改造，为和谐型机车大量上线运用提供了技术保障，为大秦铁路的运输增量发挥了重要作用。2007 年，大秦铁路日运量连续数十次刷新历史纪录，最高日达到了 94.02 万吨，多次受到铁道部的通令嘉奖。

各级党组织围绕中心、服务大局，把党的先进性建设与实施重载运输战略同步推进，作为凝聚大秦线干部职工精气神的重要抓手。

湖东电力机务段党委发动生产一线党（总）支部对"两万吨列车平稳操纵""两万吨列车防断钩、分离操纵办法"等项目进行重点攻关，确保了重载运输安全，充分发挥了党组织在安全增量中的战斗堡垒作用。

湖东车辆段党委围绕大秦重载运输开展立项攻关，完成技术改造 11 项，党员 QC 小组成果 1 项获部优、1 项获省优、2 项获局优，有效降低了车辆设备故障率，确保了煤运通道安全畅通。

一个支部就是一个堡垒。在千里大秦线上，党支部把政治工作的重点有效融入服务保障重载运输安全增量中，以破解难题为主攻方向，轰轰烈烈展开了立项攻关活动。车机工电辆供齐上阵，使每列 2 万吨列车运行时间平均压缩了 29 分钟。在大秦铁路上压缩 29 分钟是什么概念？以年运量 3 亿吨计算，每秒钟通过大秦线的煤炭就是 9.4 吨，29 分钟等于多运了 1.6 万吨煤炭！

一名党员就是一面旗帜。在湖东车辆段有一个云西流动列检所，党员发挥主心骨作用，带领年轻的列检员们风餐露宿、不分昼夜地守候着一列列呼啸而过的重载列车，每完成一次作业要行走 3 公里多的路程，弯腰达 100 多次。

工作在桑干峡谷、燕山山脉深处的王家湾的养路、探伤工们每天对铁路轨道进行巡视，夜间加强值班。位于半山腰的驻地没有自来水，生活用水全靠毛驴车从山下驮上来。

★党旗高扬在千里大秦铁道线上

党群同心，干群合力。千里大秦线上处处展示着一片齐抓共干的团结奋进气象，为夺取 3 亿吨年运量目标增添了决战决胜的底气。

节节攀升，步步为营。大秦铁路每一次飞跃都是充满挑战的荆棘之路，每一次飞跃都是过关斩将的艰辛跋涉，每一次飞跃都是大秦铁路精神的完美绽放！

车轮滚滚，昼夜无休。大秦奇迹没有停止，更大的惊艳还在后边。

★突破 4 亿吨级年运量大关

保持 3 亿吨运量水平

大秦铁路作为"中国能源大动脉"，它绵延不断地将山西、陕西和内蒙古西部的煤炭输送到渤海之滨，不舍昼夜地把光和热送到祖国各地、带给全国人民，为中国经济持续发展提供着源源不断的动能。

2008 年春节前夕，南方突然遭遇了罕见的雨雪冰冻灾害，用电量大幅上升，电力供应严重紧张。

灾情时刻牵动着党中央、国务院的心。2008 年 1 月 31 日，时任中共中央总书记胡锦涛在全国抗击雨雪冰冻灾害的关键时刻，来到湖东站考察大秦铁路抢运电煤的情况，慰问一线干部职工。胡锦涛同志的到来带给每一名太铁人特别是大秦人巨大的鼓舞，坚定了抢运电煤的决心和意志。

太原铁路局积极响应党和国家号召，紧紧围绕"保交通、保供电、保民生"要求，从 2 月 1 日开始，集中开展了为期 10 天的突击抢运电煤行动。大秦人万众一心，全力以赴，超常规组织电煤抢运，每 15 分钟就发出一列 2 万吨重载列车，连续 10 天日均抢运电煤突破百万吨，在保生产、保民生中发挥了重要作用。

★ 2010 年 10 月 1 日，《人民日报》（海外版）

之后，还是这一年，又先后发生了"5·12"四川汶川大地震、由美国次贷危机引发的国际金融危机等重大事件，至2009年12月份，全国大部分地区再次遭遇低温和雨雪天气，电网负荷持续攀升，耗煤屡创历史新高。全国特别是华中湖北、湖南、江西三省及京津唐地区电煤告急。告急声中，人们的目光还是锁定在了产煤大省山西……能源需求一直旺盛，电煤保供始终是头等大事。

中央有号召，国家有需要，人民有需求，铁路就有行动。

大秦人牢记使命，不负重托，以永不懈怠的精神和一往无前的姿态，毅然肩负起保供电煤运输、服务国民经济发展的重任，到2008年底增运3646万吨，完成3.4亿吨年运量任务；到2009年底基本保持运量同期水平，实现了3.3亿吨年运量任务，为跃上4亿吨年运量台阶奠定了坚实基础。

年运量突破4亿吨

熟悉大秦铁路运输的人都知道，由大同满载煤炭的重载列车沿着大秦线一路向东，进入柳村南站后，车辆再解编至港口进行翻卸作业。重载列车到达柳村南站，也就意味着完成一趟煤炭运量的统计任务。

柳村南站位于河北省秦皇岛市东部工业区，是大秦铁路的终点站，隶属于太原局集团公司大秦车务段管辖。该站只办理货运业务，是与秦皇岛港煤三期（2台翻车机）、煤四期（3台翻车机）、煤五期（3台翻车机）相配套的卸车站，主要担负大秦铁路运输的煤炭经秦皇岛港务局"路转水"的卸车任务。因卸车量为全路最大，于 2010 年升为一等区段站。

每年的 12 月份，柳村南站就进入到一年当中最冷的时候，一般平均最高温度在零下 2 摄氏度左右，平均最低温度在零下 12 摄氏度左右。在车站工作的老同志有印象，2010 年 12 月 26 日的柳村南站格外的冷，傍晚时候寒意更加袭人，他们之所以对那一天印象深刻，是因为那一天虽然天气很冷，但发生的一件大事却让暖意持续升腾——17 时 28 分，随着大秦线驶来的 77037 次 2 万吨重载列车缓缓进入秦皇岛柳村南站，标志着大秦铁路年运量比计划提前 5 天胜利实现了 4 亿吨目标。

★ 2010 年，规范了和谐型电力机车的月检、季检、半年检、年检修程，为全年实现 4 亿吨运量提供了充足机力保证当天，中央电视台《新闻联播》"回顾十一五、展望十二五"新闻板块，用3分钟多的罕见时长重磅播报了"大秦铁路年运量突破4亿吨，再创世界铁路重载运输奇迹"的新闻。次日，《人民日报》刊发了大秦铁路年运量突破4亿吨的消息，紧接着各大中央和省市主流媒体也对这一热点新闻进行了跟进报道，一时间大秦铁路迅速成为占据当时新闻头版、头条的舆论焦点。这是大秦铁路自2007年年运量迈上3亿吨台阶后，时隔3年创造出年运量突破4亿吨大关的新的历史纪录，再次吸引了世人的目光。

——4亿吨意味着什么？相当于再造了3条能源大通道。

4亿吨煤炭，装满中国铁路载重最大的货车，可绕赤道1.5圈。

4亿吨煤炭，可为国家生产2亿吨钢铁或2.6亿吨化肥。

4亿吨煤炭，可满足全国4亿城镇居民1年的生活用电。

4亿吨年运量，是世界单条铁路年运量的理论极限的两倍，是国外同行尚无法逾越的一座技术巅峰。

大秦铁路92亿元的扩能改造投资，仅用3年多就收回。相当于用新建一条铁路1/3的投资，新建了3条能源大动脉，还节约了2.4万亩土地。

更值得一提的是"环保账"。多开一列大秦铁路的2万吨重载列车，就相当于分流了300辆公路货车的运输需求，前者车体长约2700米，而后者首尾相连将长达10多公里。

按照大秦铁路年运量4亿吨计算，年耗电量为34.3亿千瓦时，折合费用 22.6 亿元，碳排放量 105 万吨。同等运量，换作公路运输，将消耗柴油 1645 万吨，折合费用 1046 亿元，碳排放量 5974 万吨，其能耗成本是大秦铁路的 46 倍，碳排放量是大秦铁路的 57 倍。

——4 亿吨靠什么运？自主创新造就世界上运量最大的铁路。

年运量 4 亿吨的大秦线，犹如一条"煤河"，以每秒 12.68 吨流量奔腾向海。如此大的运量，全靠大密度地开行 2 万吨重载组合列车。

大秦线开行的 2 万吨重载组合列车，是全国最长的列车。其车厢绵延长达 2700 多米。站在车头，望不见车尾，围着列车走一圈都要 1 个小时。

图说

中国新闻摄影名家走进大秦铁路

2010 年 8 月 17 日至 21 日，太原铁路局组织人民日报、人民网、新华社、经济日报、光明日报、中国日报、中国青年报、工人日报、科技日报、人民画报等 20 家新闻媒体的近 20 位国内摄影名家深入大秦铁路，集中开展了系列宣传活动，用相机记录了大秦线运输生产力的创新发展，展示了大秦人负重争先、勇于超越的精神风貌。

这种列车要拉得多、跑得稳，全凭车头带。"重载列车不怕机车拉不动，怕的是主控机车指令发出后，从控机车收不到指令或指令不同步。"时任铁道科学研究院常务副院长康熊介绍，"在大秦铁路 60% 的山区坡道上，如果 2 万吨重载组合列车纵向冲动力控制不好，下坡时很可能脱轨，巨大冲力能把中间车辆挤成'铁饼'！"

依靠自主创新，中国人首次在世界上实现了机车无线同步操纵技术与铁路数字移动通信系统的结合，确保了近 3 公里长的重载列车，同步接受指令，同步实施控制。

"神龙"有了车头、车尾，还要有健硕的"龙身"。"龙身"就是我国自主研制的 25 吨轴重 C80 型货车。这种载重 80 吨的煤炭专用货车是我国完全掌握世界重载货车先进制造技术的重要标志。而它的升级版、改造版已先后出口澳大利亚、巴西、新西兰等 30 多个国家，是海外市场的明星产品。

车换了，钢轨也得换。大秦线上 75 千克／米高品质 PG4 钢轨，通过采用非对称性打磨技术，研制摩擦系数调节剂等一系列综合措施，成功将大秦线钢轨的使用寿命提高到了 15 亿吨，使用寿命延长了 67%。

——4 亿吨如何保证？引入信息化技术，实行精细化管理。

全年无休、24 小时运转的大秦铁路是怎样工作的呢？

在位于大同的一个战略装车基地，列车慢慢通过储煤仓，煤炭自动装箱，装完一节 80 吨车厢仅用 56 秒，装满一列 204 节车厢的 2 万吨列车只需两个半小时。

装车后列车一路东行，直达港口。到达港口后，列车继续慢速前行，由翻车机稳稳接入满载煤炭的车厢，再缓缓转动 180 度，煤炭便涌入地下煤仓，之后这些"黑金"将登上货轮或运往电厂。几秒钟后，卸空的车厢稳稳落入轨道，列车随即通过环形线鱼贯而出，返回大同方向，进入下一次运输环节。

在这个过程中，任何故障延误 1 分钟，就会影响到 761 吨的煤炭运输。少了这 761 吨煤，或许就会引发一个城市停电半天的严重后果。

因此大秦铁路管理的精准化、信息化程度都是全国铁路货运线中最高的。

为了提高大秦线的装车效率，大秦铁路源头的 1 万吨及 2 万吨的装车基地和企业运输专用线形成了"无缝衔接"，减少了中间环节，装车效率提高了十几倍。大秦线 3/4 的装车任务在战略装车点完成。

装车效率提高的同时，还必须保证到港列车的卸车效率。太原铁路局与港口、煤炭生产企业建立了三方协调机制，按港口菜单装车，压缩车辆停港时间，加快车辆运转。大秦铁路车底最短周转周期仅 1.375 天。

加快车辆运转，保证运用质量是根本。为了确保车辆运转顺畅，"5T"系统的使用，使重载车辆检测发生了根本性的变革。红外线可以及时预警车轴故障，高速摄像机可以对运行中的车辆关键部件实时抓拍，运用声学技术可防范早期轴承故障……

——4 亿吨靠谁完成？勇于担当、无私奉献的太铁人。

大秦线实现 4 亿吨年运量，并不是轻轻松松就能实现的。除了运输组织的持续优化、重载技术的配套升级、先进装备的投入运用，更得益于一支团结一心、铁的纪律，惊人组织力、战斗力的大秦"铁军"。

为了实现 4 亿吨年运量目标，太原铁路局干部职工开年伊始就上足了发条，铆足了干劲。各单位迅速成立了抢运电煤领导小组，强化责任落实机制，对电煤运输采取"优先承运、优先配车、优先装车、优先挂运、优先放行"的"五优先"运输政策，在装运过程中做到"快送车、快装车、快取车、快挂车、快出车"的"五快"装运作业流程。

湖东站是大秦线抢运电煤的主战场，每天开行重车 99 列，全站 450 名干部职工加班加点，坚决保证每隔 15 分钟左右，就有一辆重载列车发往秦皇岛。

大秦线的 2 万吨重载列车司机是保障运输的"火车头"。抢运电煤期间，他们顾不上吃饭、没时间休息，几碗泡面和几包饼干就成了补充能量的"标配"。重载司机李波说，一趟单程值乘下来至少在 14 个小时左右，每过 10 来分钟，迎面就有开过的重载列车，不管白天夜晚从不间断，让人无形感受到抢运电煤的紧迫。

在湖东车辆段湖东动态检查作业场，动态检车员忙而有序

大秦重载列车"加工厂"——湖东站

湖东站是我国第一座电气化重载列车大型编组站，被誉为中国重载第一路大秦线的"龙头"和重载列车"加工厂"，占地21平方公里，站场长度8.36公里，是我国目前最长最重的编组站，站型为正线外包横列式一级三场，设有98股道，其中到发线40条，正线2条，编组线8条，站线线路总长超过100公里，仅一场就有超过2.6公里长的2万吨到发线13条、机走线4条。全站能同时容纳24列2万吨重载列车，宛如等待腾飞的巨龙，气势恢宏。

湖东站西经马辛庄与北同蒲线、云岗、口泉支线及大同枢纽相接，北经解家庄站与大准、京包线相连，东经大同县站衔接秦皇岛港、东港、京唐港、曹妃甸港等四大港口，承担着衔接各方向重、空列车的组合、分解、直通任务，在大秦线上运行的所有重载列车全部通过湖东站进行集结、疏解。湖东站常态化编组开行的重载列车主要有4类：单元1万吨、组合1万吨、组合2万吨、组合1.5万吨，无论重载列车开行密度，还是开行列数、列车间隔，均位居全路首位。

地运用 5T 动态监测系统，时而通过电脑屏幕快速诊断零部件情况，时而向现场检车员发布检修指令，对车辆进行维修。5T 动态监测系统使用后，大秦线车辆一个来回只需要检测一次，效率提高了至少 80%。

大秦车务段、太原铁路局安全生产办公室与秦皇岛港口业务部门建立"合署办公"机制，路港双方共同研究解决由于气温持续偏低、冻煤影响卸车效率的难题，昼夜组织人员清理现场，以最快速度修复设备故障，保证了生产的连续性。

高效的运输组织管理逐步催生了"产运需"对接、"集疏运"一体、"速密重"并举的大秦铁路独特的重载运输组织模式，并在实践中不断丰富和完善起来。

太铁人一次次听从党和国家的使命召唤，一次次挺起服务国计民生的重载脊梁，以特别能吃苦、特别能奉献、特别能战斗的负重担当精神，时刻守护着钢铁大动脉的安全畅通。

★勇创 4.51 亿吨年运量新纪录

政策有变，年运量由兴转疲

煤炭作为国家最主要的基础能源，市场需求受宏观经济结构调整影响较大，煤炭需求会连锁反映到铁路运量上，因此，有专家指出，大秦铁路既是国计民生的"压舱石"，也是国民经济的"晴雨表"。

大秦铁路具备了年运量 4 亿吨级运输能力之后的几年时间，运量匹配运力水平，总体展现出了趋稳上扬的态势。

2011 年是"十二五"开局之年，全球经济继续温和复苏，国内经济运行成功摆脱国际金融危机的负面冲击，进入稳定增长轨道，同时受到电力、钢铁、建材等六大高能耗产业快速发展的影响，煤炭刚需旺盛。这一年大秦人大干快上，至年底实现了全年运量 4.4 亿吨。

2012 年，国内经济增速放缓，加之煤炭进口、港口存煤高企等不利因素叠加，导致煤炭需求下滑，全年实现运量为 4.26 亿吨。

2013 年，国内宏观经济平稳增长，煤炭市场总量宽松，国民经济持续平稳增长，全社会对铁路运输保持着较强的刚性需求。在这一年，铁路行业实现"政企分开"，铁道部撤销，中国国家铁路局、中国铁路总公司相继成立，推进客货运输组织改革，加快了市场化步伐。

太原铁路局积极适应货运组织改革要求，创新货运营销方式，构建"前店""后厂"联动互保机制。科学配置运输方案，深挖运输潜力，提高主要干支线牵引重量，拉通南北同蒲机车交路，压缩集中修工期，进一步改善区间通过能力，合理界定管内与跨界、普通货物与高收益货物列车开行比例，并按照管内装车优先化、管外装车效益最大化的原则，积极组织"两高一远"货物运输，提升运输质量和运输效益多管齐下，实现了各项货运指标的高产高效。全局当年货运量完成 7.6 亿吨，其中大秦铁路完成货运量 4.45 亿吨，同比增长 4.5%。侯月线完成货运量 8914 万吨。

2014 年，面对国内宏观经济增速放缓，电力、钢铁及建材等主要耗煤行业产品产量增幅下降，煤炭消费总量减少，成为影响铁路运输市场的不利因素。太原铁路局严格卡控安全关键，拓展货源市场，坚持精细化运输组织模式，万众一心稳定运量，深化铁路货运组织改革，全面转变货运受理方式，取消运输立户管理和货物运输中间环节，实现了敞开受理、直接办理和"一口价"三大举措，并大力开展货源营销，主动对接物流市场，推出零散、批量货物快运等新业务，特别是大秦线 2.1 万吨列车常态化开行，强化空车调配，最大限度保证有效货源装车。推进短平快项目建设，实现点线能力配套协调，扩充整体运输能力，货运市场竞争力进一步增强。年末，全局货运量完成 7.5 亿吨，其中大秦铁路完成货运量 4.5 亿吨，同比增长 1.1%，达到历史同期水平的高点，侯月线完成货运量 8763 万吨。

然而，随着我国经济增速放缓，经济结构调整，国家陆续出台《能源发展"十二五"规划》《大气污染防治行动计划》等一系列能源政策，实施能源供给侧结构性改革，加大生态环境治理力度，优化能源结构，煤炭市场需求持续放缓，铁路货运量不可避免地迎来了由兴转疲的拐点。全社会大宗货物运输需求持续下滑，2015 年国内煤炭消费量较 2014 年下降 3.7%；全国铁路货物发送量同比下降 11.9%，其中煤炭发送量同比下降 12.6%。产需低迷使得钢铁、焦炭等其他传统大宗货物发运也大幅萎缩，同比全年分别下降 22.7%、26.2%。至年末，太原铁路局货运量完成 6.8 亿吨，其中大秦铁路完成 3.97 亿吨，同比下降 11.8%。侯月线全年货运量完成 8120 万吨。

随着国家供给侧结构性改革"三去一降一补"等政策措施的深入推进，煤炭行业进一步严控产能，高能耗企业对煤炭的需求进一步减弱，煤炭供应和消费的"双下降"相应拉低了对铁路运输的需求。2016 年煤炭消费量同比下降 4.7%，导致全局货运量进一步下滑，全年货运量完成 6 亿吨，其中大秦铁路货运量完成 3.51 亿吨，同比下降 11.5%。侯月线全年货运量完成 7892 万吨。

运量减，志气不减。这一时期的全局干部职工同心同德、苦练内功，坚守阵地、共渡难关。他们积极顺应经营环境大势，主动适应市场需求，积极开发货运新产品，新增特需班列产品，提高大宗直达班列开行比例，推出实重计费、量价捆绑、阶梯运价等措施，吸引客户。深度开展货运营销，与海运公司、港口等开展合作，组织块煤入箱、铁水联运，集装箱发送同比增长 89%，持续优化运输结构，精细编制大秦线列车开行方案，压缩开车间隔，抢抓市场回暖契机，全力增运补欠，抵减影响，展现出了一派勇于担当、坚持奋斗、矢志创新的昂扬斗志。

在国内煤炭消费总体下降的大背景下，铁路货运进入了"寒冬"期。但严冬来了，春天还会远吗？蛰伏已久的"巨龙"在等待中积蓄着能量，终将会迎来一飞冲天的壮观景象！

★深入挖掘货源，全力增运补欠，全面营销创效

迎来转机，货运量创新纪录

随着国内经济整体稳中向好，经济活力持续增强，煤炭市场供求失衡的局面得到修复。党中央提出"四个革命、一个合作"的能源发展战略思想，实施能源清洁低碳转型发展，自2016年三季度开始，汽运煤炭比例下降，大宗货运加速回流铁路，而且宏观经济回暖也推高了钢铁、焦炭等大宗货物的运输需求，钢铁及冶炼相关的焦炭等货品的发运量同比分别增长10.9%和39.8%。

太铁人紧紧把握货运市场需求回暖的有利契机，挖潜提效，推进货运增量。动态优化管内铁路干线特别是大秦线运输结构，增加2万吨列车开行对数，调整交口组合万吨数量，通过科学编制装车、开车、交车方案，实施模块化运输组织，大秦线全年实现 91 天日运量突破 130 万吨。在此基础上，致力于疏通节点、畅通枢纽，采取更换机型、拉通交路、压缩间隔、优化作业等措施，进一步释放了点线能力和限制区间的通过能力。全年货运业务的市场导向性更加鲜明，运输效率效益大幅提升，取得了良好的经营结果。至年末，全局货运量完成 8.3 亿吨，同比增长 32.4%，其中大秦铁路货运量完成 4.32 亿吨，同比增长 23.1%。侯月线货运量完成 8322 万吨，同比增加 430 万吨。全局干部职工打了一个漂亮的翻身仗。

历史的时针指向了 2018 年，这同样是一个值得纪念的年份，这一年迎来了我国改革开放 40 周年、大秦铁路开通运营 30 周年。

这一年，党和国家在推进生态文明建设、调整运输结构上作出了一系列重大战略决策。2018 年 6 月 27 日召开的国务院常务会议强调，调整运输结构、提高综合运输效率，降低全社会物流成本，对提升实体经济竞争力至关重要。要循序渐进、突出重点，优化交通运输结构，更好发挥铁路在大宗物资运输、长距离运输中的骨干作用。同年 10 月，国家《推进运输结构调整三年行动计划（2018—2020）》正式出台，明确提出"到 2020 年末，全国铁路货运量增加 11 亿吨"的目标。

紧接着，中共中央、国务院印发《关于全面加强生态环境保护坚决打好污染防治攻坚战的意见》，发出了"坚决打赢蓝天保卫战"的号召。

中国铁路总公司坚决贯彻中央决策，研究出台了《2018—2020 货运增量行动方案》，进一步提升运输能力，降低物流成本，优化产品供给，提出到 2020 年，全国铁路货运将达到 47.9 亿吨，较 2017 年增长 30% 的目标。并采取了提升运输能力、降低物流成本、优化产品供给三方面措施：

——在提升运输能力方面。以扩充煤炭外运通道能力为着力点，围绕大秦、唐呼、侯月、瓦日、宁西、兰渝等六线和山西、陕西、内蒙古、新疆、沿海、沿江等六区域为重点，深入挖掘运输潜力，为铁路货运增量行动提供可靠的运力保障。扩大万吨重载列车开行范围，在唐呼线、瓦日线增开万吨重载列车，到 2020 年，将唐呼线、瓦日线打造成年运量 1.5 亿吨、1 亿吨的大能力货运通道。推动建成大秦、唐呼、瓦日、蒙华等 4 条万吨重载铁路通道。挖掘宁西、侯月等铁路运输潜力，新增运能 1200 万吨。

——在降低物流成本方面，铁路将主动配合支持地方政府、港口及厂矿企业，大力推进铁路专用线建设，消除物流中间环节，实现各种交通运输方式无缝衔接。同时，紧密对接市场需求，按照"一港一策""一企一策"的原则，逐港、逐企制订铁路运输解决方案，努力降低全程物流成本。同年 5 月 1 日起，铁路运输服务增值税税率从 11% 降至 10%，同时下浮铁路主要货物运价，全年为社会降低物流费用超过 30 亿元。

——在优化货运产品供给方面，一是解决运输需求不均衡的问题。二是开发定制化货运产品。三是强化多式联运信息互联共享，与港口、航运、物流企业及国家物流信息平台等单位、部门加强协作。四是构建铁路城市绿色物流体系。

中央有号召，铁总有要求，太铁就有行动。太铁人紧紧把握全社会运输结构调整的战略机遇期，制订并实施"货运增量"方案，以大秦、瓦日、侯月三线为重点，外拓市场，内挖潜力。

不断完善网格化营销，实行上下游双向对接机制，有序承接"公转铁"运量，确保原意向和协议兑现，为货运增量提供

延伸阅读

瓦日铁路

瓦日铁路西起山西省吕梁市兴县瓦塘镇，东至山东省日照港，线路全长 1260 公里，是我国"十一五"铁路建设重点工程，连接我国东西部的重要煤炭资源运输通道，世界上第一条按 30 吨重载铁路标准建设的双线电气化铁路，国家中长期铁路网规划的重要组成部分，于 2014 年 12 月 30 日正式建成通车。2022 年 1 月，被授予中国土木工程詹天佑奖。

作为国家新增"西煤东输"的能源动脉，瓦日铁路是我国煤运通道的重要组成部分，其设计货运能力每年 2 亿吨，能够显著提高山西中南部地区煤炭外运能力，优化运输结构，降低运输成本，成为我国煤炭外运新的大能力通道。

货源保障。

针对通道能力饱和、枢纽能力紧张、港区接卸趋紧等影响效率的"卡脖子"环节，相继在大秦线、瓦日线、南同蒲线等主要通道实施了 22 项扩能改造"短平快"工程。

固化主要通道特别是大秦线运输方案，创新推出"模块化组织、客车化开行、集运化装运、一体化卸车、动态化调整"的运输组织模式，针对不同运量定制运输组织方案，并采取了优化站场开车组织，压缩重载列车发车间隔，提高枢纽运输效率等一系列措施。同年 6 月 10 日，大秦线完成日运量 136.82 万吨，创历史新高。

与此同时，一场"货运增量，太铁有为，行动有我"的主题实践活动在全局管内各站段如火如荼地开展起来。

调度所根据分界口车流变化、港口接卸转移等情况，及时调整运输方案，增加管内 C80 装车，优化列车结构，提高直通重载列车开行比例。

车务系统干部职工充分发挥集疏运优势，朔州车务段组织快装，大同站组织快运，大秦车务段组织快卸，各车务段单位前后呼应，有序衔接，优化完善"一条龙"装卸流程。

湖东电力机务段加快机车车辆周转。重载司机冯向兵说："大秦线的运量是按分钟计算的，我和我的团队要在提高重载列车开行质量方面下功夫，让更多的重载司机都拥有精准娴熟的驾驶技术，当好铁路先行的火车头。"

湖东钢轨焊接整修基地

2015 年 7 月 9 日太原工务机械段湖东钢轨焊接整修基地通过中国铁路总公司评审，正式投产运营，是中国铁路太原局集团有限公司唯一集钢轨焊接、储存和周转，路用车辆停留为一体的综合基地，也是全国 16 家焊轨基地之一。

湖东钢轨焊接整修基地全长 1.8 公里，宽约 100 米，总面积 270 亩，基地内线路总长 5.13 公里，包括两条焊轨线，其中卸车线（476 米）装车线（730 米）。基地内建有 4 个主要厂房，其中包括备轨间，焊轨间，铣磨间，正火间，总面积为 5646 平方米。除此之外还建有短轨存轨台，可存放 25 米、100 米钢轨 150 公里，配套有 4 台 20 吨龙门吊。存轨台以南为成品台，配套 36 台固定单梁起重机，可储存 500 米长轨 120 公里。基地西端建有时效台，配套 32 台固定单梁吊车，可存储 500 米长钢轨 50 公里。基地建有运输钢轨的轨道线 2853 米，共有 108 台设备。单条生产线焊 100 米轨设计年生产能力为 600 公里。

截至 2021 年底，该基地已焊接长钢轨 2624.71 公里，其中为大秦线焊接 912 公里。

工电供系统全面提升设备保障能力。在大秦线集中修战场上掀起劳动竞赛热潮，各系统紧密配合，推行"非施工日130万吨、日常维修日110万吨、集中修施工日103万吨运量"模块化运输组织模式，通过采取"无线传输施工调度命令"等措施，施工辅助时间平均压缩20分钟，交付调度命令辅助时间平均压缩10分钟，施工作业效率平均提高28%。

通过运输组织、施工组织等方面实施的一系列新举措，持续提高了大秦铁路运输效率和质量。2018年，大秦铁路完成运量4.51亿吨，其中214天日运量实现130万吨及以上，同比增运1861.21万吨，增长4.3%，比历史最高水平的2014年增运100万吨。侯月线货运量完成8776万吨，同比增加454万吨。瓦日线完成运量3395万吨，同比增长75.6%。

太铁人不负重托、勇毅前行，在中国重载第一路"30岁"生日之际，用实际行动再次书写了负重争先、勇于超越的传奇，以傲人成绩向改革开放40周年献上了一份厚礼。

★大秦线运量持续增长的"秘密武器"

实施扩能改造

大秦铁路1亿吨配套工程。20世纪90年代晋煤外运增长幅度较快，大秦线由于站场设备能力的限制，难以发挥更大的运输能力，承受着巨大的压力。因此，1995年决定开工建设大秦铁路1亿吨配套工程（又称三期工程）。

1亿吨配套工程包括：湖东编组站上下行场各增5股到发

线，机务段、车辆段增设整备、检修能力，可增加始发列车的集结，提高行车密度，货物列车日均可达 90 列。茶坞区段站增加到发线 5 股及上行列检所，可增加到发列车对数，缩短列车技检时间。秦皇岛西疏解新建大秦线转京秦上下行联络线，可使大秦线列车有 2200 万吨分流至秦皇岛港一、二期煤码头，增加港口机动性。新建秦皇岛北牵引变电站，满足秦皇岛地区牵引供电的需要。其他还有通信、信号、电力、给排水等配套工程，保障运输各环节相互协调配合。同时，在大同枢纽云冈联络线增建二线。

1 亿吨配套工程总投资 7.84 亿元，该工程于 1997 年完工运营，完成后运输能力由 5500 万吨增至 1 亿吨。

2 亿吨扩能改造工程。2002 年，大秦线货运量实现了 1.023 亿吨，达到了设计远期运量水平，但仍无法满足继续上量需求。为充分挖掘大秦铁路运输潜力，结合 2 万吨列车牵引实验，从 2003 年起，大秦铁路开始连续实施 2 亿吨扩能改造工程。重点是延长沿线车站到发线的有效长度至 2800 米，满足 2 万吨列车的运营需要。大秦线这次改造项目涉及全线电气化配套工程、信号改造工程、通信改造工程和 11 个站的站场技术改造工程等，工程改造加上新增机务、车辆配套工程，总投资为 45 亿元。

湖东站是大秦线最大的编组站，也是大秦线的龙头站，设计到发线有效长 2800 米，为目前国内最长的到发线。

2004 年 4 月 1 日正式开工，经过近两千名参战人员的艰苦鏖战，于 2005 年 9 月 8 日顺利拨接开通，标志着大秦线 2 亿吨扩能改造工程项目全线贯通。

大秦铁路 2 亿吨扩能改造工程站改项目是落实国家能源发展战略，加快山西、陕西、内蒙古西部"三西"地区煤炭外运，构建大通道煤运网络的国家重点工程，也是快速扩充既有线能力、发展重载运输的样板工程。中铁二局集团、中铁六局集团、中铁电气化局集团、中铁建工集团等单位参加了此次建设。

迁（安）曹（妃甸）铁路。2006 年 12 月 26 日上午，迁（安）曹（妃甸）铁路在曹妃甸南站举行通车庆祝大会并开行首列矿石货物列车。

迁曹铁路是国家"十一五"重点项目和《中长期铁路网规划》确定的建设煤运大通道的重要组成部分，正线全长 232.11 公里，由迁菱段、深曹段和滦港段三段组成，由大秦铁路迁安北站接轨，连通曹妃甸港和京唐港，是大秦铁路疏运工程的重要组成部分，铁路途经迁安、滦县、唐海和曹妃甸工业区，设计为一级双线电气化铁路，总投资 60 亿元，线路可运行 2 万吨重

★ 2006 年 12 月 26 日，迁曹铁路通车庆祝大会在曹妃甸南站隆重举行

载列车，通道年运输能力最大可达 2 亿吨。它的建成对于实现大秦铁路运量目标，增加山西、陕西和内蒙古西部的煤炭外运能力，促进环渤海地区经济快速发展有着重大意义。

迁曹线的运营管理，有以下特点：一是实行国铁调度统一集中指挥，将唐港铁路纳入太原铁路局运输体系，确保大秦分流运输通道畅通，提供货源保证；二是推进站段安全直管；三是定期召开路港企三方运输协调会议，畅通信息、及时解决问题；四是落实接卸菜单制度，根据港区各专用线接卸能力向铁路局传报接卸菜单，使到达车流尽量做到均衡有序释放接卸能力；五是将工务线路、通信信号、机车车辆、牵引供电等专业分别委托国铁各段代管。

迁曹铁路线建成后，成为大秦线煤炭疏运的一条重要铁路通道。该铁路为大秦线实现 4 亿吨运力提供疏运保证。迁曹铁路对充分发挥大秦线效益、保障煤炭运输畅通、缓解华东地区能源短缺、促进地方经济发展具有重要意义。

4 亿吨扩能工程。2007 年 12 月 18 日，由中铁电气化局承建的 CTC 信号配套工程开工，拉开了 4 亿吨扩能改造的序幕。4 亿吨扩能工程主要是对车站进行改造，并对通信、信号、供电等设备进行加强。

2008 年 8 月大秦铁路 4 亿吨扩能改造工程正式启动，工程分为 3 个标段共 6 个车站，中铁二十局集团四公司担负迁西与玉田北 2 个车站的扩能施工任务。

2009 年 5 月 14 日，大秦铁路 4 亿吨扩能改造工程蓟县西站全面完工，首"站"告捷，成为扩能工程中第一个开通的车站。

2010 年 5 月，随着大秦铁路最后一个车站玉田北站扩能改造工程顺利完工，标志着 4 亿吨扩能改造施工圆满完成，运力相比于初始设计提升了超过 4 倍，为当年突破 4 亿吨运量纪录奠定了坚实基础。

深化重载技术创新

大秦铁路历经 30 多年创新实践，完成从追赶到超越的华丽蝶变，开创出独具特色的"集疏运配套、速密重管理、产运销组织"一体化模式，形成了具有中国自主知识产权的重载运输技术体系，走出了一条重载技术原始创新、集成创新、引进消化吸收再重新整合相结合的创新之路。

铁路重载核心技术是国际公认的体现国家综合实力的尖端技术之一。1988 年 12 月 28 日，运用了当时 91 项国际先进铁路重载技术设备的大秦铁路首期工程开通运营。此后 30 多年间，大秦铁路集成了一大批国际国内领先的货物运输装备和配套设备，取得诸多自主创新成果，常态化运输能力达到年运量 4.5 亿吨，保持着世界单条铁路重载列车密度最高、运输能力最大、增运幅度最高、运输效率最好等多项纪录。

"大秦就像一个庞大的技术创新试验场。"曾参与大秦铁路 GSM-R 技术试验的北京交通大学教授钟章队回忆说，2004 年 12 月，大秦铁路成功试验开行我国第一列 2 万吨重载组合列车；

2014 年 4 月，由 4 台电力机车和 315 节货车组成的 3 万吨重载列车试验开行成功。1 万吨、1.5 万吨、2.1 万吨重载列车奔驰在大秦铁路上，日均运量保持在 130 万吨以上。

"放得下、装得了、拉得动"是重载列车的三大要素。为此，大秦铁路对沿线车站正线和到发线以 2800 米、1700 米的有效长进行改造；研制出轴重 27 吨、载重 80 吨级的敞车；推出大功率和谐机车，并结合 LOCOTROL 列车同步操纵技术与 GSM-R 通信技术，让主从机车实现"齐步走"。同时，建设分散自律型调度集中系统（CTC），实现对中间站接发车进路的实时监控和控制。

延伸阅读

分散自律型调度集中系统

分散自律型调度集中系统（Centralized Traffice Control，简称 CTC）是调度中心（调度员）对某一区段的信号设备进行集中控制、对列车运行进行直接指挥、管理的技术装备。

CTC 的主要特点是实现了列车进路控制的自动化，将列车运行人工指挥调控变为计算机列车运行调整计划的智能调控，以设备自动控制为主，但人工干预优先。

CTC 具备调度集中控制和分散自律控制的功能；其系统网络使用双网结构，关键设备使用双机和双机热备的方式，按行车计划控制列车和调车进路。

为进一步提升运输能力，太原铁路局积极推动大秦铁路运输组织集约化、精细化，优化开车组织、车流结构和港口接卸，保证运输通畅、列车快去快回，不断提升运输效率。

为了"装得多"，在大秦铁路源头先后建成 6 个 2 万吨、78 个万吨装车基地，平均不到 2 小时就可以装完一列 2 万吨列车。为了"卸得快"，实施"四港联动均衡卸车组织"等机制，及时组织煤炭到港入海。为了"跑起来"，大秦铁路压缩每一分、每一秒，优化运输组织，最快 10 分钟就可发出一列重载列车。

此外，大秦铁路创新了集中修施工模式，将原先分散的施工养护集中为每年 2 次，每次 20 多天，有效压缩了施工周期和成本，减少了施工对运输的影响。

打造重载铁军

历史不曾忘记，"同塘铁路"的中国建设工人，在中国共产党的坚强领导下，同日本侵略者斗智斗勇，浴血奋战，用抗击敌人、保家卫国、舍生忘死的英雄气概播下了"始终听党话、跟党走"的红色基因。

历史不曾忘记，秉承"人民铁路为人民"的根本宗旨，在党的十一届三中全会精神的光辉指引下，设计大秦铁路、规划大秦铁路、勘测大秦铁路的建设者们，乘着改革开放的东风，为大秦铁路呕心沥血、描绘蓝图，用忠于党、忠于人民的实际行动，开启了中国重载新纪元。

历史不曾忘记，在党的领导下，铁路工程建设者们肩负

"建设大秦、晋煤外运"历史使命，扎根荒芜，拓土建舍，挖井取水，凿隧架桥，奠基铺路，用"逢山开路、遇水搭桥"的大无畏精神，建成新中国第一条双线电气化运煤专线，远隔千里的煤田与海港，天涯变坦途，把大秦铁路蓝图变成了现实。

历史不曾忘记，一代代大秦人和新时代太铁人，在党的领导下，肩负"服务国计民生"责任之重，从原设计煤运量每年1亿吨到突破4.5亿吨，从迎峰度夏到抗冰救灾，从突破铁路运输瓶颈到打造中国重载品牌，创下年增运5000万吨的世界奇迹，超越单条铁路年运量2亿吨的理论极限，以不负重托的担当精神、勇争一流的创新精神、砥砺先行的奋斗精神，生动诠释了"负重争先、勇于超越"的大秦铁路精神！

★加强检修，为大秦铁路运输提供良好装备

可以说，大秦铁路精神的产生与发展有着深深的时代印记，一代代大秦人始终坚守"中央有号召、铁路有行动"的强烈责任心和使命感，与共和国发展同频共振，与中华民族的伟大复兴命运与共，谱写了一曲与时俱进、自我超越的精神诗篇！

📖 媒体链接

长篇通讯："重载"奔跑——三十岁大秦铁路日夜不息为中国经济"输能"

扫一扫

第二节 自主创新

★抢占重载技术"制高点"

成立重载铁路技术研究中心

习近平总书记强调，"关键核心技术是要不来、买不来、讨不来的。只有把关键核心技术掌握在自己手中，才能从根本上保障国家经济安全、国防安全和其他安全。""敢于走前人没走过的路，努力实现关键核心技术自主可控，把创新主动权、发展主动权牢牢掌握在自己手中"。大秦铁路依靠自主创新、效率革命屹立于世界重载铁路一流行列，实现了从追赶到引领的超越，站在了世界重载技术的最前沿，创造的"大秦技术""大秦速度""大秦模式"在中国重载铁路新线建设运营中"开枝散叶"，成为中国铁路重载的"样板"。

为了充分发挥大秦线、瓦日线重载运输技术优势，深化重载铁路技术研究，进一步占领世界重载技术制高点，2018 年 10 月 26 日，重载铁路技术研究中心正式成立，设立在太原局集团公司科学技术研究所。

重载铁路技术研究中心致力于开展牵引制动技术、铁道载运技术以及控制与通信技术等 9 大类项目的科学研究。由太原局集团公司负责的重载项目，在重载技术中心平台进行运作，由重载技术中心统一管理，各业务部室专业负责技术事宜的协调

★ 2018 年 10 月 26 日，重载铁路技术研究中心正式成立

图说

"大秦铁路重载运输成套技术与应用"荣获国家科学技术进步奖一等奖

2009年1月9日，中共中央、国务院在北京人民大会堂举行2008年度国家科学技术奖励大会，"大秦铁路重载运输成套技术与应用"被授予国家科学技术进步奖一等奖。

国家科学技术进步奖，是国务院设立的国家科学技术奖五大奖项（国家最高科学技术奖、国家自然科学奖、国家技术发明奖、国家科学技术进步奖、国际科学技术合作奖）之一。

大秦铁路重载运输成套技术与应用项目解决了我国铁路重载运输发展中的一系列难点和关键问题，促进了一批高新技术装备的开发、研制、生产及产业化，显著提升了铁路货车制造业水平、铁路无线通信网络技术水平、铁路电气化技术水平和铁路重载轨道装备技术水平。

推进。按照项目管理模式，实行项目（课题）组长负责制，由重载技术中心科研人员、业务部室专业管理人员、现场技术人员和技能操作人员、高等院校科研院所参研人员等组成课题组，共同开展项目研究。

重载铁路技术研究中心结合重载运输一线实际，不断加大科研攻关力度，研究解决了一批重载运输安全管理、技术管理、运营维护、运输组织等方面存在的突出问题。尤其在重载组合列车分离故障、可控列尾研究项目等方面，切实解决了制约重载铁路发展的技术难题；充分运用大数据、人工智能、北斗导航、影像智能识别等新技术，加速了重载装备和技术升级换代研究。

特别是在重载铁路故障预测与健康管理（PHM）平台研究、基于数据驱动的重载牵引供电系统故障类型智能化判识的研究以及基于VR虚拟现实技术的救援装备模拟演练培训技术研究等方面，积极推动了新技术在重载领域广泛应用；注重加强重载学术技术交流，积极组织高水平的技术论坛，邀请相关领域国内外专家开展学术研讨。

★构建起"平台＋应用"的重载科技创新体系

2018年10月，在山西太原召开的"中国重载铁路技术交流暨大秦重载铁路运营三十周年论坛"上，"重载铁路技术研究中心"在中国铁路太原局集团有限公司正式揭牌。研究中心在随后举办的论坛中，总结介绍大秦铁路重载运营三十年的发展经验，有效推进了重载科技成果转化，实现共享、共创、共赢。

攻坚"国字号"课题

重载铁路技术研究中心的科研人员充分发挥"平台＋应用"作用，汇聚产、学、研、用各方面专业力量和资源，在重载技术领域走深走实。

重载铁路技术研究中心成立以来，重点开展了"11+2"共13项国铁集团重载升级课题和34项太原局集团公司重载专项课题的研究。截至2021年底，国铁集团立项的重载铁路技术升级深化研究中的11项子课题和2项重点课题都已完成结题。

1. 大秦线HXD1型机车自动驾驶技术研究。

重载列车自动驾驶技术是基于列车运行监控装置（LKJ）安全防护并进行智能操控的有人值守自动驾驶，可实现重载货运列车优化操纵控制、节能降耗、缓解重载司机劳动强度、提高运输效率、增强运行的可靠性和安全性，遇到非正常情况时可以通过人为干预退出自动驾驶工况转为人工操控。该系统由列车操纵指挥大脑ATO装置，实现重载列车从起车、调速、自动过分相到停车的全过程自动驾驶控制。

根据大秦线开行2万吨重载组合列车运输组织实际，课题主要研究通过既有无线同步操控系统实现1台主控机车、1台从控机车牵引的2万吨重载组合列车自动驾驶技术应用。

2018年10月，完成对10094号和谐号试验机车自动驾驶装置（ATO）的加装改造；2019 年 4 月，自动驾驶装置 ATO 与机车网络、制动机系统通信协议实现互联互通；同年 6 月，自动驾驶系统静态调试试验和运行监控装置（LKJ）数据完成换装。同年 9 月，国铁集团组织对项目的技术和装车方案进行了评审。

2019 年 6 月 26 日，重载列车自动驾驶试验正式启动。从 6 月到 9 月间，从单机到空车再到重车，先后在太兴线（太原北至静游）、北同蒲线（湖东至大新）进行了数十次自动驾驶运行试验，试验结果都达到了预期的效果。

9 月 20 日，在北同蒲线大新站至湖东站间进行了首趟单元万吨重载列车自动驾驶试验。16 点 10 分，在淅淅沥沥的秋雨中，重载列车缓缓启动，途中进行了起车、牵引 / 再生制动调速、自

延伸阅读

重载列车自动驾驶技术

重载列车自动驾驶技术是基于列车运行监控装置（LKJ）安全防护并进行智能操控的有人值守自动驾驶，可实现重载货运列车优化操纵控制、节能降耗、缓解重载司机劳动强度、提高运输效率、增强运行的可靠性和安全性，遇非正常情况可通过人为干预退出自动驾驶工况转为人工操控。该系统由列车操纵指挥大脑 ATO 装置，根据信号显示状态、线路参数、操纵规范、机车运行状况等反馈信息，超前规划列车操纵策略，控制机车牵引和制动，实现重载列车从起车、调速、自动过分相到停车的全过程自动驾驶控制。

动过分相等一系列自动驾驶试验，特别是在追踪接近前方列车时，自动驾驶系统完成了准确的操纵控制，实现了列车达速运行控制目标，最终历时 2 小时 20 分列车平稳停在湖东站二场。

科研人员趁热打铁，相继在北同蒲线和大秦线完成了 20 多次单元万吨、1.5 万吨、2.1 万吨组合列车现场试验。又在大秦线湖东站至茶坞站间成功开行了首趟"1+1"主、从控牵引 2.1 万吨重载组合列车自动驾驶运行试验，顺利完成课题所有试验项目，实现了中国货运重载列车自动驾驶技术的历史性突破。

2020 年 4 月，课题按照单机牵引 1 万吨的成果形式通过了国铁集团组织的结题验收评审。这对推动大秦线重载技术升级和核心技术的自主创新，取得了历史性突破。

2. 新一代重载组合列车无线同步操控系统研究与应用。

无线同步操控系统基于无线数据传输，将重载组合列车头部主控机车控制指令传至后部从控机车，实现编组列车中所有机车同步操控的系统。无线同步操控技术是重载组合列车开行的关键技术，大秦线从 2006 年开始一直采用美国通用电气公司的 LOCOTROL 同步操控系统开行重载组合列车。

为打破国外垄断，在充分调研的基础上，经中国重载铁路技术交流大会专家研讨论证，于 2019 年初该项目正式立项。

新一代重载组合列车同步操控系统能够实现分布式动力机车远程无线同步操控，平稳牵引重载组合列车。2019 年 9 月至10 月间，新系统在重载列车上进行了各项静态试验及 1 万吨组合列车空车和 2 万吨组合列车空车不同线路运行的试验，均取得良好效果。

10 月 29 日 14：06，首趟采用新一代重载组合列车无线同步操控系统的 2.1 万吨重载组合列车在大秦铁路袁树林站至湖东站缓缓启动，该区间以起伏坡道为主，最大下坡道坡度为 10‰，最大上坡道坡度为 6.5‰。途中试验列车完成了一系列预设无线同步操控系统试验，于 16：00 抵达湖东站二场。试验结果令科研人员拍手称快，整个试验过程中没有发生通信中断或"闪红""闪黄"等不良现象。

该项研究使我国在重载运输领域全面掌握了组合列车无线重联控制的核心技术，不仅涵盖了大秦线既有美国通用电气公司 LOCOTROL 系统的所有功能，又进行了全面的技术提升，拓

延伸阅读

5G-R

5G-R，是 5th Generation Mobile Communication Technology-Railway 的英文缩写，指基于第五代移动通信技术的铁路专用移动通信系统。我国 5G 核心技术和产品已实现突破，具有高速率、低时延和大连接特点的新一代宽带移动通信技术，是实现人机物互联的网络基础设施，为我国铁路开展 5G 技术应用提供了良好的技术环境。5G-R 系统具有支持语音、数据、视频业务、铁路业务及其他业务等功能，已成为我国下一代铁路移动通信演进方向。

展了 4G 网络通信模式，预留了 5G 通信扩展接口，实现了重载技术的自主创新。

★勇当货运增量"排头兵"

独特的运输组织格局

山西之长在于煤，山西之短在于路。随着大秦铁路的开通运营，彻底打通了"西煤东运"的大通道，从根本上解困了能源运输的"瓶颈"问题，并先后创造了世界单条铁路重载列车密度最大、运输能力最强、运输效率最高等多项世界纪录，这一切都与其独特的运输组织格局是分不开的。近年来，太铁人一边实践，一边创新，积极推行模块化组织、客车化开行、集运化装运、一体化卸车、动态化调整，形成了无缝衔接、高效运转的"产运需""集疏运""速密重"运输体系。

"产运需"对接——协调好"产""需""运"之间的矛盾是货运增量基础。简单说，"产"是上游环节，指煤矿企业。"运"是中间环节，指运输部门。"需"是下游环节，指用煤企业。理论上讲，量入为出应该是"产运需"三方最佳匹配模式。"运"是桥梁和纽带，承上启下。改革开放之初，正是为了要解决"两头大中间小"的问题，大秦铁路应运而生。因为有了太铁人一次次负重争先、打破极限、超越自我的"快运"，才对接起了"量产"和"刚需"之间的平衡点，才有了年年货运增量不断超越的数字，创造出举世瞩目的运量奇迹。

大秦线自 1988 年开通运营以来，相继开行了 5000 吨、1 万吨及 2.1 万吨重载列车。大秦线年运量最初设计为 1 亿吨，以运煤为主。通过线路技术改造，使得运输能力快速增加。2002 年煤炭运输总量第一次突破亿吨大关，2005 年实现 2 亿吨，2006 年已达到 2.5 亿吨。特别是大秦线 2 亿吨扩能改造工程施工完毕后，运量进一步突飞猛进，一跃成为全路主要干线中同比增长最高的运煤专线，再加上近几年走内需扩大再生产之路，2018 年 12 月，大秦铁路完成了 4.51 亿吨的年运量，这是大秦线自 2005 年达到年运量 2 亿吨的世界重载运输理论极限后，第 13 次刷新"单条铁路年运量"的纪录。

"集疏运"一体——"集""疏""运"紧密衔接是提升运输组织效率的关键。这就要求运输组织要达到集运能力、通道能力、疏运能力的协同匹配，优化铁路资源配置，才能切实提升铁路运输能力。"集疏运"一体化系统高效快速的运转，可以从很大程度上去缓解由货流不均衡等原因导致的压车、压货现象，也可避免货物在装车点的集货和卸车点的散货过程中车站的堆码容量过大的需求。大秦铁路依托 6 个 2 万吨、78 个万吨装车基地，创立完善以"多点集结、直达运输"为主要特点的"集疏运"体系。

"集疏运"一体就是扩大入口，集结货源，让每列列车装得更多。太原局集团公司与呼和浩特、西安、兰州等铁路局集团公司密切协作，强力推进货源西延，扩大陕西、内蒙古、甘肃煤炭集运比例；多渠道融资建设战略装车点，改造专用线和专用铁路设备，逐步完善重载装车基地规模化、集运化网络，全年"点对点"2万吨列车开行对数由7对增加至20对。以2010年为例，大秦线3/4的运输任务在战略装车点完成。

"集疏运"一体就是畅通出口，疏解港口，让每列重车卸得更快。太原局集团公司通过合署办公在港口和煤炭生产企业之间建立了畅通的沟通协调机制，严格按照港口提供的菜单装车，压缩车辆在港停留时间；通过采取对港口翻车机进行适应性改造，在柳村、东港、曹妃甸西站推行2万吨列车本务机车直下翻车机对位等措施，平均压缩车辆卸车作业时间4小时，实现了秦皇岛港、曹妃甸西港、京唐港、东港间吞吐能力的均衡利用和装运卸的无缝隙衔接。

"集疏运"一体就是打通节点，提升运能，让列车通道更通畅。在国铁集团的统一指挥下，太原局集团公司加强与邻局集团公司配合协调，统一分界口机型，优化机车交路，使机车单程运行距离增加了500公里以上，在继续完善"长交路、车循环、人继乘"模式的基础上，大力推行跨局轮乘和双司机配班、单司机值乘模式，拉通了大秦线与其他干线的机车交路，打通了大同枢纽和茶坞、大新、湖东等技术站节点。太原局集团公司在宁苛线、迁曹线等运输"瓶颈"地段实施增加会让站等"短平快"扩能改造措施，快速提升运能。为提高机车使用效率，大秦线机车整备距离延长到3100公里；通过改进机车牵引模式，2万吨列车牵引机车由3台压缩至2台，使机车台均牵引重量增加了 3200 吨；为加快车辆周转，推行 C80 型车辆厂修、段修"整列扣车、整列整备、整列修程、整列投入运用"的修程模式，平均压缩车辆解编作业时间 1 小时；以 5T 技术为支撑的改革列检作业方式，使车辆 1 次技术检查距离增加了 760 公里，平均压缩车辆技术作业时间 2 小时。

装得多、卸得快、通道畅，运输各要素的优化和系统集成促进了运输效率的大幅提升。

"速密重"并举——"速度""密度""重量"合理匹配是打造高质量运输格局的保障。列车速度、密度、牵引重量是组成运输能力、体现运输质量和效益的三大要素，三者之间彼此联系，相互制约。在货物运输方面，大秦线遵循"速度、密度与牵引重量"协调发展的策略。坚持高度集中、统一领导原则，

★大秦铁路创新实施"产运需""集疏运""速密重"运输组织模式

主动配合、协同动作，不断提高效率，做到"速度、密度与牵引重量"合理匹配，有效破解"速密重"重载技术难题，有力地推动了重载列车速度、密度和牵引重量科学匹配，成功实现了大重量、高密度、中速度的组合。

比如：加强机力、机班组织，重载车辆推行"客车化"管理，使机车和车辆保证供应。空车和满载货物的车辆旅行时间分别是 9 小时和 11 小时，整列重车的运行速度为 80 公里 / 时，C_{80}、C_{76}、C_{70} 空车列运行速度为 90 公里 / 时。2019 年以来，大秦线湖东二场重车方向 2 万吨列车追踪间隔时间 13 分钟，1.5 万吨列车追踪间隔时间 12 分钟，万吨列车追踪间隔时间 11 分钟。基本图安排 120 分钟综合维修天窗（月度施工计划每周安排 120 分钟和 150 分钟各 1 次），安排货物列车 87 对，日运量 117.5 万吨。非施工日分号图不安排施工天窗，安排货物列车 95 对，日运量 131.1 万吨。集中修施工分号图安排 180 分钟施工天窗，安排货物列车 74 对，日运量 105.6 万吨。可以看到，通过"速度""密度""重量"的合理匹配大大提升了运输能力，为强化运输组织提供了保障。

大秦线调度指挥的"中枢"

调度集中系统（英文简称 CTC）是调度中心（调度员）对某一区段内的信号设备进行集中控制，对列车运行直接指挥、管理的技术装备，其作用好比就是"指挥长"。为赶超世界铁路运输自动化水平，从 2003 年开始，铁道部组织有关铁路局和研制单位进行技术攻关，制定了《分散自律调度集中系统技术条件（暂行）》，提出了不同于传统调度集中系统的分散自律调度集中系统（CTC 系统）的技术框架和技术内核。

　　大秦线 CTC 系统由 CTC 中心子系统（CTC 中心）、车站子系统和网络子系统组成。系统采用通用的互联网体系结构，集团公司中心和各车站通过交换机将本地设备各自连接成为一个局域网，然后通过路由器将上述局域网互联成为覆盖范围更大的广域网。大秦线自开通运营以来，调度集中系统共进行过三

★太原局集团公司调度指挥中心集调度指挥、应急处置、设备安全监控和综合视频监测于一体，是运输指挥的"大脑"和"神经中枢"，设有专门的大秦铁路调度台，为大秦铁路的畅通、高效提供运输组织保证

次更新换代，见证了大秦铁路信息科技的飞速发展。

1988—2005 年运用的第一代调度集中系统，由铁道科学研究院通信信号研究所研制，为电气集中联锁设备，区间信息使用"小循环"系统采集，具有进路自动触发和列车运行图自动铺画功能。

2006—2019 年运用的第二代调度集中系统，是由北京交大微联科技有限公司研制的分散自律型调度集中系统，车站首次出现车务终端设备，具有中心控制和车站控制两种模式。

2020 年至今运用的第三代调度集中系统，是由卡斯柯信号有限公司研制的分散自律型调度集中系统，主要有调度集中指挥控制、信号冲突检查、调车进路控制和管理、行车作业防护报警等功能。相比于前两代，增设了占线板终端，主要是辅助信号员控制车站信号设备，办理列车或调车作业等流程化操作。友好的界面和方便快捷的操作方式，极大减轻了车站值班员的劳动强度；完善的车站作业安全控制系统，确保了行车作业安全。

经过三次更新换代后，CTC 系统在实现列车进路自动控制的同时，将调车进路控制也纳入系统统一管理，可以在不影响列车运行的原则下，自动查找列车运行间隙实现大多数调车作业，避免了行车调度人员与车站行车人员频繁交换控制权的问题，提高了系统的使用效率。

调度集中系统（CTC）综合了计算机技术、网络通信技术和现代控制技术，采用智能化分散自律设计原则，以列车运行调整计划控制为中心，兼顾列车和调车作业，反映了铁路信息化建设的新内容，体现了铁路运输组织的新模式，是铁路行车指挥现代化的重要标志，是一个符合我国国情、铁路路情的高度自动化的调度指挥系统。

大秦线战略装车基地

大秦铁路在山西境内共有 5 个 2 万吨装车点，38 个万吨装车点。位于大同市的塔山装车点是一处 2 万吨装车点，共有 3 条到发线。装车点内主要有三大设备：筒仓装车、防冻液喷洒装置和抑尘设备。

装车点实行枢纽地区车机辆一体化合署办公，能够实现2.6公里长的2.1万吨重载列车整列装载，通过专用线与大秦铁路的起点韩家岭站连接，列车可直接驶入大秦铁路。为畅通装车点接发车能力，适应万吨列车长度，分别以2800米、1700米的有效长，对塔山装车点正线和到发线进行了改造，有效提高了2万吨列车接发车能力。

目前，塔山装车点是国内装载煤炭效率最高的站点，其采用列车不停车、筒仓自动装煤的方式，每30秒就可装满一节80吨的货车车厢。装车时，机车牵引车辆以2公里左右匀速通过筒仓，操作员操作筒仓不停车进行装车，装满1列2万吨

★塔山装车基地是大秦铁路2万吨装车基地之一，通过专用线与大秦铁路的起点韩家岭站连接，将煤炭资源源源不断输送到全国各地

（210 辆车），一般夏季需要 4 至 5 小时，冬季由于喷洒防冻液需要 5 至 6 小时。塔山控制台实行轮班制，一位工人负责装一列，每天能不间断地完成对 6 列 C80 重载货车的装煤任务，保证塔山矿每日产多少，装车点就装多少。

为积极防治煤尘污染，2011 年塔山抑尘站正式开始运营，负责为装好煤的货车车辆喷洒抑尘液。抑尘液主要原料为玉米淀粉，经搅拌液化后喷洒在煤车煤层表面，使车厢内的煤炭就像被发胶"定型"和"封闭"，好比盖了一层"液体篷布"，既保证了煤炭原有质量，又有效防止了运输过程中煤尘被风吹散到大秦沿线造成环境污染。在煤炭运送到秦皇岛港卸车前，要测量抑尘剂膜的厚度和质量，如太薄或者太差都无法确保运输中不会对环境造成污染。检测结果反馈回装车点后，喷洒作业会进行相应调整。这些措施有效防止了重载列车高速运行时煤炭扬尘发生，从源头上消除了煤炭运输扬尘污染，保护了铁路沿线周边的生态环境。塔山抑尘站被集团公司评为"绿色环保先锋"。

装车点作业组织精细、有条不紊，进一步促进了装车效率的提升。车站值班员接到邻站调车列闭塞后，随即通知货运员检查线路、通知抑尘站准备好喷洒工作。接到货运员线路良好汇报后，迅即开放调车信号，与司机车调联控组织调车列对位装车。调车列对好位后，货运员再次通知抑尘喷洒人员，组织装车作业并全程监控装车质量。在 2 万吨（210 辆）装车到 180 辆

图说

大秦铁路是典型的绿色环保交通工具

为了最大限度减少煤炭在运输过程中对环境的污染，大秦铁路沿线设立 74 个抑尘站，其中固定抑尘站 50 个，移动抑尘站 24 个。抑尘剂的主要成分是玉米淀粉，搅拌液化后喷洒在车厢煤炭表层，干燥后形成 1 厘米厚的保护膜，既能有效控制煤炭在运输过程中飞洒，也不会对煤炭质量造成影响。

喷洒的抑尘剂太薄或者太差都起不到抑尘效果。大秦铁路严格规定了抑尘剂的喷洒标准，确保抑尘剂膜的厚度和质量符合标准。同时，沿线专门设立 33 个污染监测点和 3 个基准点，实时监测煤尘颗粒抛洒状况，保证运煤列车所经之处环境清洁。

煤炭在冬季运输易产生冻结，影响港口卸车和运行安全。为了避免"冻车"现象发生，煤炭装车前先用特制的防冻液（冰点为零下 50 摄氏度左右）对车厢进行全面喷洒浸湿，有效阻断煤炭和车厢的冻连，然后向车厢内撒防冻粉，装车时再次喷洒防冻液，在车厢内形成一个立体防冻网。

左右，车站值班员通知列尾作业员进行列尾主机测试、登记台账等列尾准备工作。调车列装车完毕，带车至固定位置后，车站值班员通知司机严禁动车，进行列尾作业。列尾作业完毕后及时汇报车站值班员，车站值班员组织司机试风开车。整个作业过程衔接有序，密切配合，大大缩短了接发车时间。

目前，大秦铁路每天开行万吨、1.5 万吨、2 万吨重载列车 90 多列，除有线路检修作业外，基本实现了日均运量 130 万吨以上，有力保障了我国 6 大电网、5 大发电公司、10 大钢铁公司和 6000 多家工矿企业的生产用煤以及 26 个省、自治区、直辖市的生产生活用煤需要。这些成绩的取得，塔山装车点功不可没！

揭开重载卸车的秘密

重载卸车是大秦铁路高效运输组织的重要环节之一。目前主要的卸车站有秦皇岛港、唐山曹妃甸港和京唐港等。实现货物高效卸车，是大秦铁路展示世界奇迹的又一大亮点。2019 年秋，来自巴基斯坦、老挝、马来西亚、蒙古、埃及等 40 多个国家和我国港澳台地区的专家学者专程来到曹妃甸港观看大秦铁路重载列车翻车作业，亲身感受中国重载铁路的发展成就。是什么样的创举吸引了世界的目光，重载卸车的秘密在哪里？

翻车机，是提高大秦线卸车效率的"硬核"武器。作业时，一台翻车机能将 3 节或者 4 节车厢同时"抱在怀中"，经旋转165°，便把车厢里的 240 吨煤炭卸载，当确认煤炭全部卸空之

★秦皇岛港翻车机正在进行卸车作业

后，会再将车辆恢复原位，整个过程只需要 2 分 30 秒。大秦铁路重载列车，一列有 105 辆车皮、总重约 2.1 万吨的煤炭，港口翻车作业只需用一个多小时便可全部卸完。

每天接卸 180 列左右的万吨列车，能不能把这些列车及时接进车站，接进港口，与港务局配合快卸快回，直接影响着大秦铁路的运输组织。除了设备先进，路港贸联创，是打通大秦铁路"最后一公里"的撒手锏。

为了满足全国各地对煤炭的需求，实现快装快运快卸快回，压缩列车在港口滞留时间，柳村南站站区调度工作实行合署办公。在大秦车务段调度车间合署办公大厅内，汇集了铁路、港口、海事、船舶公司等多个部门的调度、协理、代办等工作人员，实现面对面无缝对接，提高了工作效率。

其实，秦皇岛港早在 1984 年由原秦皇岛东站团委联合秦港第二装卸作业区、秦港铁路运输公司，就成立了路港协作区。2013 年 8 月 6 日，由大秦车务段党委牵头，主持召开了路港联创研讨会，成立了组织领导机构，通过了路港联创实施方案，以基层对口党组织为主体，细化了联建共创措施，明确了"路港联创提效率，携手共建促发展"的活动目标。至此，"路港联创"活动在 10 家单位、18 个对口党组织及 1600 多名党员间同时展开。他们坚持"平等自愿、组织搭台、生产唱戏"的原则，通过组织共建，形成了高效、便捷、顺畅的铁路、港口间物流组织链条，实现了路—港间，以及港—港间的互促共赢。

★开展"路港贸"联创活动，协调解决运输组织、疏港提效等问题

2016 年初，通过吸收中煤秦皇岛公司和浙能富兴公司两个煤炭上下游企业党组织加入，推行了"10+2"路—港—贸（企）联创模式，2017 年底，"路港联创"升级为"路港贸联创"主题实践活动，路港合署办公，实现了四大港口"一体化"卸车。

★打造重载装备"升级版"

"火车头"变迁史

俗话说：火车跑得快，全靠车头带。从 SS（韶山）型到 HXD（和谐）型机车，一代代大秦线上驰骋的火车头，面对最大坡度达 12‰的异常复杂条件，运行穿越 52 座隧道、横跨 454 座桥梁，牵引重达 2 万吨、长度达 2600 米的"钢铁巨龙"，一步步见证并创造了大秦重载运输的辉煌，它们的名字在中国重载铁路发展史的丰碑上熠熠生辉。

重载机车的发展演进大致经历了三个阶段。

第一个阶段（1988—1992 年）：1988 年 12 月 28 日，在大秦线开通运营的同时，我国国产第一代 SS1 型电力机车也登上历史舞台。作为火车头家族"老大哥"的 SS1 型电力机车，牵引着 3000 多吨煤炭大列，1991 年完成 3400 多万吨的运输任务。SS1 型电力机车伴随着第一批大秦线的火车司机，为开创中国重载事业作出了不可磨灭的贡献。

到了 1989 年初，148 台进口 8K 机车由法国交付我国后，分别配属原丰台机务段和大同西电力机务段，共同承担起了丰沙大晋煤外运任务。它们的加入大幅提高了线路运输能力，上

行、下行牵引定数分别提高到 4000
吨和 3500 吨。

1992 年，SS$_3$ 型电力机车来到
大秦线，它的服役时间稍晚于 SS$_1$ 型
电力机车。其在线运行时间长达 10
年，其间先与 1 型、后与 4 型电力机
车共同完成牵引任务。

第二个阶段（1993—2002 年）：
从 1993 年开始，大秦线陆续配属
SS$_4$ 型机车，随着运输发展的需要，
SS$_4$ 型上线台数逐年增加，开行单
机牵引 5000 吨列车，逐步替代 SS$_1$
型、SS$_3$ 型机车，成为大秦线运输
主型机车，牵引大秦线运量逐年提
高，2002 年大秦线货运量首次突破
1 亿吨大关。

SS$_1$ 型电力机车于 1996 年全部
下线。2002 年 SS$_3$ 型电力机车全部
下线。SS$_4$ 型电力机车是大秦线服
役时间最长的机车，至今仍在线与
HXD 型电力机车共同承担牵引运输
任务。

★ SS$_1$ 型

★ SS$_3$ 型

★ 8K 型

★ DJ$_1$ 型

★ HXD$_1$ 型

第三个阶段（2003 年至今）：2003 年 7 月 21 日至 27 日，北京铁路局与铁道科学研究院合作，在大秦铁路使用两台 DJ1 型（引进德国西门子技术）电力机车进行了万吨列车牵引及制动试验，对列车起动加速、紧急制动、坡停起动、列尾装置、变电所供电容量等各种方面功能和性能进行测试。试验结果表明 DJ1 型电力机车具有双机牵引万吨列车的良好能力。

2007 年 5 月，为了进一步提高大秦线运输能力，铁道部党组加快了大秦线重载技术装备现代化的步伐，360 台 HXD 型大功率交流传动电力机车陆续投入到大秦线。HXD 型机车于同年 5 月开始试验运行，8 月 6 日正式担当单元万吨、2 万吨列车的牵引任务，当年大秦线年运量迈上了 3 亿吨台阶。

2008 年 1 月起，大秦铁路全部采用 2 万吨列车"2+1"编组、单元万吨双机重联牵引的模式。同年 7 月，大秦线 2 万吨列车全部由 HXD 型机车担当，SS4 型机车原则上不再担当 2 万吨列车牵引。HXD1 采用"1+1"模式牵引，不再采用"2+1"模式；HXD2 型机车开始正式担当大秦线 2 万吨列车牵引，采用"1+1"模式。

目前，湖东电力机务段共配属重载机车 590 台，其中：HXD1 型 350 台、HXD2 型 54 台、SS4 型机车 104 台、内燃机车 82 台。

"浴盆车"变形记

随着大秦线运力的不断提升，车辆装备技术也在逐步更新并向世界重载一流水平迈进。重载敞车也成为大秦线的一大特色。

重载敞车与其他普通货运车辆有所不同，一是它们有大容量的缓冲器，以减轻重载列车相互之间的剧烈冲撞，二是必须有适应万吨列车的制动阀，保证列车的安全，三是必须有能够自动转动的车钩，来配合翻车机房卸煤。

大秦线建线初期，国内对于敞车的研制还在火热进行，当时普遍使用的 C61 型敞车成为主要车辆，这是大秦铁路第一代

图说

重载机车"4S"店

2010 年 12 月，湖东电力机务段和谐型机车二年检检修库建成投产。2013—2014 年，又相继建成了和谐型机车轮对电机库、辅机库、转向架检修流水线等三大自主修配套工程。

湖东电力机务段和谐机车高级修检修基地，设有中修库、材料库和轮对电机库各一座，承担着 HXD1、HXD2 等 7 种机车的高级修（C4、C5 修）检修任务，年检修能力达 167 台。

高级修检修库建筑面积 22813 平方米，布局为"一库十区"，主库设有 6 线 9 台位，机车解体、检修、组装和静态调试全部在主库完成，10 个作业区分设于主库北、东、南 5 个边跨，配置工装设备 144 项 290 件，可以对全部机车部件实施专业化检修检测。

重载车辆，此型敞车自重 23 吨，轴重 21 吨，载重 61 吨，适应 850 米站线有效长条件，适合翻车机卸货，但不适应大秦线提速要求。

为此，1988 年由波兰引进 1700 辆 C61Y 型转为大秦线定制车辆，此型敞车与 C61 的区别是自重增加为 23.2 吨。

1990 年 6 月，为适应单元列车运输组织方式，齐齐哈尔车辆厂连续攻关数月，研制出第一代国产重载运煤敞车——C63 型敞车正式开始投入大秦线的运煤大通道。此型敞车在站线有效长 1050 米条件下使用，1 位端装有 F 型转动车钩、2 位端装有 F 型固定车钩，可实现不摘钩卸车，与秦皇岛港第三期工程的两台紧扣翻车机、拨车机、自动列车定位机配套使用。

随着大秦线运量的不断上升，大秦线的运煤车辆也不断升级，陆续使用了 C64 型、C70 型、C76 系列型、C80 系列型运煤敞车。

科技日新月异的发展，大秦线重载车辆也进入新时代，有了新亮点：一是采用新材质 C 级钢车轮，布氏硬度由 265 提高到 300，车轮耐磨度提高；二是采用轻量化车体结构设计技术，使用耐腐蚀、耐磨损、性能好的 T4003 不锈钢材料或铝合金材料，降低了车体自重，适用于 2 万吨重载列车编组要求；三是采用嵌入式上心盘结构、锻造零部件等新技术，提高了车辆整体承载能力和运用安全可靠性；四是采用牵引杆技术，减小列车纵向连接间隙；五是采用 16 号转动车钩，实现不摘钩连续翻卸作业，提高了车辆卸货效率；六是采用 120-1 型制动阀或主动润滑 120-1 型制动阀，提高列车制动同步性能。

目前，C80 系列型敞车在大秦线广泛应用，因车厢形似"浴盆"，被形象地称为"浴盆"车，它是我国研制的 80 吨级专用运煤敞车，是大秦线开行适应 25 吨轴重 2 万吨重载运输的专运货车，C80B 型具有自重轻、载重量大的特点，以其安全、高效、绿色、环保优势成为大秦线年运量 4.5 亿吨的主力军。

与国外重载货车技术对比，以美国、加拿大、澳大利亚、南非等为代表的重载技术发达国家，重载货车轴重普遍在 30 吨以上，部分矿石车轴重达到了 40 吨，而大秦线配属 C80 系列轴重均为 25 吨。C80E 型系列敞车轴重虽然达到了 27 吨，但与发达国家相比仍然存在差距。

★大秦铁路配属 C80 系列重载货车车辆

目前，大秦线共配属 C76 型、C80 型、C80E 型重载货车41758 辆。除轴重外，在装备技术方面基本达到了世界先进水平，空气制动系统主动润滑技术甚至达到了国际领先；大秦线牵引重量与世界重载技术发达国家基本持平，运行速度高于南非等国家；车辆安全性方面，大秦线配属货车远高于其他发达国家，从这一层面也反映出大秦线配属车辆安全储备较高，装备质量、运维水平处于国际领先地位。

大秦铁路的每一点进步、每一份成绩、每一次奇迹创造的背后，都饱含着车辆人默默的付出、执着的坚守和不懈的奋斗。

重载车辆动态监测"医生"——5T 系统

重载铁路行车安全检测监测技术作为保障大秦铁路重载运输安全的重要手段，经过多年来的建设、发展和完善，行车安全检测监测系统在重载铁路的车辆部门得到普遍应用，检测监测整体布局已初步形成。

"5T"系统指：车辆轴温智能探测系统（THDS）、车辆运行品质轨旁动态监测系统（TPDS）、车辆滚动轴承故障轨旁声学诊断系统（TADS）、货车故障轨旁图像检测系统（TFDS）、客车运行安全监控系统（TCDS）。目前，大秦全线安装有 TADS系统 1 台、TPDS 系统 2 台、TFDS 系统 8 台、THDS 系统 63 台。

大秦线配属列车实行循环一次人工技检作业，最大保证距离达到 2800 公里。列车沿途的运行安全均由机检（"5T"系统）负责动态盯控，发挥着与人工检查同等重要的作用。

　　——TFDS机检作业。创新"人机分工""人机结合""机检对比"多种作业方式，对大秦线湖东、茶坞2个集中检测中心的TFDS机检作业模式进行优化，对装重和卸空后首次进行TFDS机检的车辆执行"全面检测"，沿途TFDS机检执行"重点检测"的方式，基本实现了空、重线单程只作业一次，减少重复作业次数，提高机检作业效率。

　　——运行状态监控方面。研发重载货车大数据运用管理系统，通过"预警信息管理""运用生产管理""关联信息查询""运用信息自动统计分析"四个模块，对大秦线TPDS、TADS、TFDS、THDS预警信息、人工技检发现的车辆故障信息、车辆运行轨迹等进行融合、集成，综合评判配属车运用状态，实现了车辆故障的自动预警、动态追踪、闭环管理。

★茶坞5T集中检测中心

★当好重载检养"先行官"

"五代"钢轨的重载传承

位于大同市湖东站的大秦重载教育基地，在其"实物展示区"工务展区陈列着——"五代钢轨"，即 5 根不同年代使用过的具有代表性的钢轨，见证了大秦铁路从开通至今 30 多年的发展历程，一列又一列万吨级列车在它们身上呼啸而过，创造着一个又一个的运输奇迹。

第一代：U71Mn 型钢轨。1988—1996 年在大秦线使用。普通碳素钢轨，热轧硬度为 260~300HB，抗拉强度大于 880 兆帕，伸长率大于 10%，热处理后硬度为 320~380HB，抗拉强度大于 1080 兆帕，伸长率大于 10%。大秦铁路一期工程开通时，铺设断面为 60 千克 / 米、长度为 25 米，使用寿命较短。

第二代：U75V 型、U76NbRE 型钢轨。1997—2006 年在大秦铁路曲线上使用，U76NbRE 型钢轨为试验钢轨，铺设时间较短。普通碳素钢轨，热轧硬度为 280~320HB，抗拉强度大于 980 兆帕，伸长率大于 10%，热处理后硬度为 340~400HB，抗拉强度大于 1180 兆帕，伸长率大于 10%。大秦铁路重车方向进行一亿吨扩能改造工程，将建线时的钢轨轨型（单重）由 60 千克 / 米换成了 75 千克 / 米。

第三代：U77MnCr 型钢轨。2007 年开始在大秦线使用。含 Cr 合金钢轨，热轧硬度为 290~330HB，抗拉强度大于 980 兆帕，伸长率大于 9%。

第四代：U78CrV(PG4) 型钢轴轨。2010 年开始在大秦线使用。含 Cr、V 合金钢轨，热轧硬度为 310~360HB，抗拉强度大于 1080 兆帕，伸长率大于 9%，热处理后硬度为 370~420HB，抗拉强度大于 1280 兆帕，伸长率大于 10%。

第五代：75N 型钢轨。新廓形钢轨，2012 年开始在大秦线使用，钢种为 PG4 和 U7MnCr。采用 U75V、U78CrV 两种性能较稳定的全长淬火钢轨，明确规定大修周期为 15 亿吨。目前，大秦线的钢轨轨型重车线为 75 千克 / 米，空车线为 60 千克 / 米。

大秦铁路与时俱进，不断抢占重载技术制高点，作为承重的钢轨也在不断升级换代。目前，大秦全线铺设的 75 千克 / 米跨区间无缝线路，强度远高于高速铁路采用的钢轨。"五代钢轨"见证的不只是一个个叹为观止的重载奇迹，更是一代又一代太铁人和大秦人的负重前行、接续奋斗。

★大秦铁路使用过的五代钢轨（从左至右为第五代、第四代、第一代、第二代和第三代）

延伸阅读

为什么钢轨是"工"字型?

为保证千吨、万吨火车安全行驶钢轨需要满足三个特点:扛得住重载列车施加的压力、满足列车高速运行的稳定性和车轮轮缘相吻合。列车作用于钢轨上的力主要是竖直力,一节空载的货物列车车厢自重至少在 20 吨以上,满载货物的列车可达万吨重,如此大的重量和压力易使钢轨发生挠曲变形(物理形变)。"工"字型的钢轨是抵抗挠曲变形的最佳断状面,能够确保列车平稳运行。钢轨经过百年发展"工"字型结构一直沿用至今成为跨越时代的经典设计。

大秦线首创"集中修"

大秦铁路横跨晋冀京津"两省两市",60% 左右的线路地处山区,沿线桥梁多、隧道多、弯道多、长大坡道多,全线有桥梁 528 座、隧道 52 座,最长的军都山隧道全长 8460 米。

大轴重(25 吨和 27 吨)、高密度(行车间隔短)和大运量(年运力 4.5 亿吨以上)是大秦线的"三大特征"。2005 年以来,大秦铁路货物年运量和行车密度已连续多年位居世界第一。大秦线持续的高位运行,对线路基础和轨边设备带来的冲击破坏极大,桥梁、隧道和线路的污染板结也埋下了安全隐忧。

兵马未动,粮草先行。对于大秦铁路来说,要确保钢铁"大动脉"的安全畅通,工电供线路和设备良好是基础和先决条件。"集中修"就是集中调配施工机械、人员、路料，综合利用施工天窗，集中完成一条线路行车设备大中修和技术改造任务的一种施工组织形式，这是太原局集团公司对运营基础设备进行综合维修的成功尝试。

大秦线每年在4月、10月固定安排两次"集中修"施工。为了在集中修期间不影响大秦线正常运力，在大秦线采取间隔性开"天窗"停运措施，即每天施工从9点开始到12点结束，共计有180分钟"天窗"点施工时间。

——组织指挥精准化、高效化。坚持"集中组织、区域指挥、专业协同"的总体思路，建立健全集团、区域两级指挥体系，以工务大修为主体，兼顾其他系统，进一步优化施工组织模式，提升战斗力。

★大秦铁路每年组织2次"集中修"施工，夯实重载运输大动脉的基础

——施工装备机械化、自动化。坚持向先进技术装备要质量、要效率，不断加大施工机械设备投入，很多重型施工机械相继入列，大兵团组织集中修施工，基本实现了大机捣固、大机清筛、大机换轨等作业机械化，施工效率和质量大幅提升。

——后勤保障规范化、制度化。采取"轨道车＋轨道车""机车＋客车底"等方式，对人员、机具等集中运送、统一配送。利用宿营车组、就近资源，完善"车上＋地下"后勤保障体系，推动施工人员食宿一体化。

经过近年来的"集中修"施工实践，积累了经验，锻炼了队伍，特别是大大减轻了现场劳动强度，提高了作业效率和质量，推动重载设备维修保养作业由传统的人工粗放型向新型的机械效能型转变。以 2020 年大秦线"集中修"为例，共组织大型养路机械 108 台，投入中型施工机械 75 台，人工委外较原施工方式减少 1000 多人，节约人工成本 360 万元。

——创新机械化换砟。针对道岔、桥梁换砟等不同施工作业，对挖掘机挖斗进行改装，定制了边坡耙、清挖犁、配砟斗等换砟工具，根据作业需要随时更换，具备了边坡清挖、枕盒清挖、过筛回填等功能，实现了全流程机械化。

使用机械化设备进行换砟作业，边坡清筛时间比人工压缩60% 以上；道心清筛时间比人工压缩 30%。

清挖的石砟经过机械过筛后可再次利用，节约石砟用量近10%。整个过程用工数量减少了 70%。

在换砟中，轨枕盒、石砟边坡挖掘深度均执行 350 毫米标准，使道床排水结构更加合理，解决了道床排水不畅、人工换砟质量不易卡控、作业标准不一的难题。

创新使用 DH150W-7 型挖掘机加装转笼进行清筛，石砟不落地，直接将污土清筛至停放在邻线的专用污土板车上，统一拉运和集中消纳处理，不仅提高了清筛效率，也减少了对环境的污染，从细节处展现铁路"坚决打赢蓝天保卫战"的担当作为。

——创新机械化换枕。将挖掘机挖斗改装成"刮砟板＋换枕夹具"，挖掘机犹如"变形金刚"，利用刮砟板清排完石砟，再用换枕夹具夹住旧枕，由垂直线路旋转为平行，从两根钢轨中间取出，新枕平行放入，旋转为垂直方向并固定位置，最后用电动扳手上好联结零件。排砟、取旧、换新、定位 4 个动作一气呵成，像摆积木、玩魔方般轻松搞定。

机械换枕 3 人一组，1 名操作手、2 名配合人员，换枕质量得到提高，效率是人工换枕的 4 倍，180 分钟天窗平均完成 693 根，同比增加 25.5%，也解决了道床污染板结等结构性病害，实现了旧枕集中回收处理。

媒体链接

扫一扫

视频：快来看，施工场上吸睛的新机械

为防止破坏线路，采取机械履带加装橡胶板、加装引导轮等安全措施，控制机械在钢轨上的走行方向，确保安全作业。

——创新机械化检修。组织检修列跨段作战，在曹妃甸西站组成"双龙"集中作业模式，极大提高了检修效率，日均完成接触网维修 4.8 公里 / 列次，效率比梯车提高了 53%。

推进绝缘清扫机械化作业，投入供电水冲洗车，利用高压水炮清洗绝缘子，在曹妃甸西站重污染区段，平均每天清扫绝缘子 264 支，效率比人工清扫提高了 71%，提升了天窗利用率，降低了劳动强度。

——创新机械化清扫。积极创新道岔达标整治工具，用工减少 67%，用时减少 80%，较人工效率提高了近 6 倍。

研制了道岔滑床板清扫及二硫化钼涂抹工具，完成 16 组道岔涂抹，只需 1 人防护 1 人操作，用时仅 30 分钟，二硫化钼使用仅为 0.3 千克，较原来减少了操作人员 4 人，减少用时 120 分钟，二硫化钼用量为原来的 1/5，极大地提高了工作效率，节约了生产成本、减少了环境污染。

重载检修的"新生代"

走进"集中修"施工现场，许多新型的大型机械令人目不暇接，这些机械化"兵团"已经代替了以往的人海战术，它们分布在各个施工工序上，施工效率、施工质量实现了质的提升。这些大型机械外身主要以黄色为主，大家亲切地称之为"大黄蜂""巨无霸"。简要介绍几种：

——大型工务检修机械。

1. DWL-48 连续走行捣固稳定车：集捣固和稳定功能于一体，能够实现连续式三枕捣固作业，并同时对线路进行动力稳定。比连续式双枕捣固车效率提高 30%~40%，是当前国际上作业精度和作业效率最高、性能最先进的铁路线路捣固机械。由于增加了复合控制的动力稳定小车，作业后的线路精度既高又稳定，线路开通后，即可满负荷高速运行。

★ DWL-48 型连续走行捣固稳定车

2. D09-32 连续式线路捣固车：整车可以根据一定速度连续走行，作业效率较高，捣固车用在铁道线路新建线路、旧线大修清筛和既有线维修作业中，能对轨道进行起道抄平、拨道、石砟捣固及道肩石砟的夯实作业。作业后可使轨道方向、左右水平和前后高低均达到线路设计标准或线路维修规则的要求，提高道砟的密实度，增强轨道的稳定性，保证列车安全运行。

★ D09-32 型连续式线路捣固车

★ GMC96B 型钢轨打磨车

3. GMC96B 型钢轨打磨车：共由 7 节车组成，按顺序排列分别为

★ GTC-80JII 型钢轨探伤车

B1 车、C1 车、C2 车、C3 车、C4 车、B2 车，其中 B1/B2 车试带有司机室，具有控制功能的作业车；C1、C2、C3、C4 车是不带司机室的作业车；A 车是动力车。主要功能是进行钢轨轮廓、飞边等打磨作业，消除钢轨病害，改善轮轨关系，增加钢轨的使用寿命，提升列车运行平稳性。

4.GTC-80JII 型钢轨探伤车：运行速度快，作业效率高，能够在时速 80 公里的运行条件下，利用超声波对钢轨进行无损探伤，及时发现钢轨内部细微伤损，检测效率是手推车的 10 倍以上，有效地弥补小仪器的检测周期。同时，还配备轨道巡检系统，在车辆运行中利用高清摄像机对钢轨进行图像数据采集，通过对采集到的图像信息进行分析处理，能够实时发现轨道部件的异常，实现线路视频化巡检。

——大型供电检修机械。

★供电 JJC 型接触网检修车列

接触网综合检修作业车：简称 JJC 型接触网检修车列，是目前国内最先进的接触网综合检修作业车。由 10 节作业车和 2 节牵引车固定编组，全长 220 米，车顶安装 175 米的贯通升降作业平台，最高运行速度达 120 公里 / 时。配备有办公车、宿营车、材料车、工具车、厨房、餐厅、浴室等，实现了材料加工、工具存储、现场指挥、日常生活等功能一体化，是机车操控、乘务管理、供电作业多专业融合的大平台。与以往梯车检修作业模式比较，人员上网率提高了 67.45%，在相同的平台作业的情况下，司乘人员减少了 69.23%，作业效率显著提高。

媒体链接

扫一扫

视频：别眨眼！
　　　大秦线一分钟内可能发生些什么？

延伸阅读

大秦铁路屡获殊荣

一、中国铁道学会科学技术特等奖 2 项

2007 年度"大秦 2 万吨重载组合列车系统集成创新"

2020 年度"重载铁路道岔设计理论、关键技术及工程应用"

二、中国铁道学会科学技术一等奖 10 项

2007 年度"大秦线 2.5 亿吨重载运输"

2007 年度"大秦线 GSM-R 实现机车同步操作控制系统"

2009 年度"大秦线重载列车可控列尾装置"

2009 年度"华北地区集疏运系统工程研究"

2009 年度"高速与重载列车—接触网—变电所高压电气设备检测技术及装备"

2011 年度"大秦重载铁路延长钢轨、车轮使用寿命的研究"

2011 年度"大秦线 HXD1、HXD2、SS4 机车互联互通试验研究"

2012 年度"大秦线分散自律调度集中系统 (CTC) 的研究"

2014 年度"大秦重载铁路钢轨快速打磨及轮轨润滑技术研究"

2014 年度"重载条件下信号电缆和轨道电路防护大牵引电流干扰技术"

三、中国铁道学会科学技术二等奖 20 项

2007 年度"大秦线 2 亿吨扩能改造牵引供电系统工程技术"

2007 年度"大秦线重载组合列车自动过分相系统"

2007 年度"大秦线—机车重载牵引适应性改造技术"

2007 年度"大秦线重载组合列车优化操纵技术"

2007 年度"大秦线 2 万吨货车条件下线桥加固对策和方案实施"

2007 年度"大秦线组合列车控制系统 800MHz 无线数据传输系统"

2007 年度"大秦线两亿吨扩能通信信号系统改造工程"

2007 年度"机车同步操控系统 Abis 接口监测系统"

2011 年度"大秦线 GSM-R 漏泄电缆实时监测系统"

2012 年度"大秦 2 万吨重载列车运行状态监测维护技术研究"

2013 年度"湖东重载车辆一体化检修工艺布局"

2013 年度"大秦线重载技术深化研究——桥梁整治技术深化研究"

2015 年度"大秦延长钢轨和道岔修理周期关键技术研究"

2015 年度"货车故障图像自动识别预警系统"

2015 年度"基于云技术的供电 6C 数据分析报警平台"

2016 年度"大秦线开行 3 万吨列车 LKJ 监控技术研究"

2016 年度"3 万吨重载组合列车操纵技术优化研究"

2018 年度"大秦线开行 3 万吨组合列车运输组织方案研究"

2018 年度"供电检测车接触网绝缘检测系统"

2020 年度"重载组合列车关键设备智能数据安全监控与故障诊断技术"

四、中国铁道学会科学技术三等奖 30 项

（略）

第三节　股海弄潮

★ "大秦铁路"精彩亮相资本市场

2006 年 8 月 1 日，是一个非同寻常的日子。黄浦江畔的上海证券交易所，气氛喜庆、热烈。9 时 28 分，时任铁道部副部长陆东福举起红绸包裹的锣锤，重重地敲响了"大秦铁路"的开市锣。洪亮的锣声在宏阔的交易大厅久久回荡。这是一记响彻中国股市的锣声、一记意义深远的锣声，"大秦铁路"——中国铁路首家以路网干线为主体的股份制公司，承载着铁路人的期盼，牵动着投资者的热情，在国内资本市场精彩亮相。

★ 2006 年 8 月 1 日，大秦铁路股份有限公司在上海证券交易所上市

243

　　时光回到 2003 年。这一年，按照"政府主导、多元化投资、市场化运作"的投融资基本原则，铁路企业探索运用优质资产进行重组改制。当大秦铁路股改上市的报告呈送国务院时，时任国务院总理温家宝作出重要批示：坚持运输集中统一指挥，保持路网结构完整，通过公司治理结构改造来提高运输效率。从此，"走向资本市场""大秦铁路"频繁出现在铁路改革发展的宏伟蓝图和生动实践中。对兼具基础性、公益性、网络性等行业特征的铁路企业来讲，"走向资本市场"是一条既新奇而又陌生的道路。大秦铁路作为中国铁路重载煤运通道的典型代表，以其资产优质、运量充沛，效率高、效益好的绝对优势，众望所归，当此重任。

图说

上海证券交易所

　　上海证券交易所（Shanghai Stock Exchange，简称：上证所、上交所、SSE）是中国内地的证券交易所，位于上海市浦东新区，于 1990 年 11 月 26 日成立，归属中国证监会直接管理。其主要职能包括：提供证券交易的场所和设施，制定证券交易所的业务规则等。2021 年 1 月 27 日，首只境外上市的上交所科创板 ETF 在纽交所挂牌上市。

2004 年 5 月，大秦铁路作为全路股改试点，经过紧张的资产评估、尽职调查等工作，于 2004 年 10 月 28 日完成重组改制，标志着被誉为"中国铁路在国内资本市场战略旗舰"——大秦铁路股份有限公司正式成立，设立股东大会、监事会、董事会，下设 8 个管理部门。自此，从传统运输企业脱胎而出的"大秦铁路"，踏上了一条走向现代企业制度、迈入资本市场的崭新征程。虽然此后的 2005 年，由于证券市场进行股权分置改革，新股发行上市工作暂停，但是大秦铁路股份有限公司上市的各项工作从未懈怠。2006 年 5 月以后，随着国内证券市场股权分置改革有序深入，投资者信心得到恢复，新股发行上市如期而至。7 月"大秦铁路"发行上市进入加速期，各项工作迅速展开。发行申请提交证监会发行审核委员会审核、发行预路演、北上广深正式路演推介、网上发行、摇号、取得上海证券交易所上市核准文件……节奏之快前所未有。从取得发审会发行批文到取得上交所上市批文，仅用 16 天时间，创国内 A 股发行上市的速度之最。这样的效率，让多年从事资本运作的中介机构、证券业人士都惊讶不已。

再一次回到那个激动人心的时刻吧。2006 年 8 月 1 日的上海证券交易所，《腾飞吧，大秦铁路》的旋律高亢激昂。开市锣声响过之后，大屏幕上迅速跃出醒目的红字：开盘价 6.39 元。这个价格较发行定价上涨了 29%。

"大秦铁路"上市首日，全天成交量 6.14 亿股，成交金额

35.25 亿元。按当日收盘价计算，总市值达到 716 亿元，在全部上市公司中名列第四。大秦铁路以高起点进入国内资本市场，铁路板块的投资价值被广泛认可。

一记开市锣锤，敲开了铁路通向资本市场的大门。"大秦铁路"，因适应中国经济发展新要求而生，因铁路改革发展战略的纵深推进而长，因在中国资本市场成功上市融资而壮。她的诞生、成长和壮大，恰似一部壮丽诗篇，浓浓地载入共和国铁路发展史册。

★实现区域铁路网整体上市

2010 年 10 月，通过一系列资本运作，大秦铁路股份有限公司成功收购控股股东太原铁路局运输主业资产及朔黄铁路股权，实现区域铁路网整体上市。其中，公开增发 A 股 18.9 亿股，融资 165 亿元，创 2010 年资本市场非金融股发行量最大的纪录。收购构建了多方共赢的格局，在市场引发广泛关注，被交易所授予"典型并购重组案例"大奖。收购的成功也为后续铁路资本运作积累了经验、树立了典范。

2008 年后，为适应国民经济转型发展和"中部崛起""西部大开发"需要，大秦铁路股份有限公司前瞻性地对业务区域和结构进行战略性布局，确定了通过资产收购，连线入网，进一步打开发展空间的并购意向。控股股东太原铁路局管辖中西部腹地山西省的路网资产，在全国路网中具有"承东启西"的战略地位。其参股的朔黄线是我国"西煤东运"第二大通道，担负着华东、东南沿海地区能源供应的任务，与公司既有业务在运输方式和生产组织上具有一致性，在货源区域和辐射范围上具有互补性。作为资产收购目标，必将发挥良好的协同效应，对整合中西部地区铁路煤运通道资源，促进公司更好地融入国家发展战略、巩固和拓展市场地位具有重要意义。

经过反复酝酿和审慎决策，2008 年 3 月启动了"收购控股股东太原铁路局运输主业资产及朔黄铁路股权，实现主业资产整体上市"的总体方案。此次收购金额达到 328 亿元，从选定目标到成功完成，历时近 3 年。面对复杂多变的市场，公司统筹资源，分段推进并灵活调整，确保了资产收购的成功实施。

在融资方案整体设计上，突出前瞻性，降低融资成本。作为资本密集型企业，合理安排收购资金是成功收购的关键。围绕这一核心目标，在资产收购前期、中期和后期，灵活运用中期票据、银行贷款和公司债券等多元融资方式，统筹财务资源，降低融资成本，满足了收购资产和日常经营资金需求。

在增资扩股实施进程中，突出预见性，把握市

★大秦铁路股份有限公司荣获《证券时报》2020 年度天马奖最佳投资者关系、最佳董事会、最佳董秘奖

场节奏。上市公司资产并购作为公开交易，市场的起伏波动对发行成败有着直接影响。在发行方式、节奏等关键环节，坚持以市场为中心，审慎决策。为优化股权结构，充分利用市场资金，选择了公开增发这一具有挑战性的发行方式。密切跟踪市场动态，强化意向沟通，提前锁定了核心投资者需求。面对金融危机以来央行首次加息，资金面争夺激烈，一、二级市场价差小等困难局面，果断决策，抓住市场短暂的窗口启动发行并获得成功。

收购完成后，公司所辖线路营业里程从 1171 公里扩大至 2895 公里，煤炭发送量比例由占全路的 1/5 增至 1/4，架构了东起能源大港秦皇岛，西至黄河禹门口，北到煤都大同，南到古迹风陵渡，纵贯三晋南北、横跨晋冀京津两省两市的煤炭货运铁路网。同时，货物运输品类进一步完善，实现由单一的煤炭运输向以煤炭、焦炭、钢铁、矿石和旅客运输为主的区域性、多元化运输领域拓展。

收购完成后，大秦铁路 2010 年总资产超过 1000 亿元，实现营业收入 420.1 亿元，同比增长 81.7%；净利润 104.1 亿元，同比增长 59.4%，通过资本运作，真正实现了规模与业绩的同步增长。

★ 320 亿元！大秦铁路最大规模可转债发行

2020 年 12 月 18 日，大秦铁路可转换公司债券（以下简称"大秦转债"）成功发行。

★ 2020 年 12 月 15 日，大秦铁路股份有限公司可转债发行摇号中签仪式现场

　　大秦转债发行规模为 320 亿元，期限 6 年，创造了 A 股市场多项历史纪录。作为市场稀缺的超大规模优质可转债标的，大秦转债的申购火爆，中签率低至万分之五。项目成功实施，对提升国有资本运营效率、充分利用资本运作平台支持核心业务、推动国有资本做强做优做大具有标杆性的示范作用。

　　320 亿元可转债成功发行，网下网上申购热情高涨。大秦铁路由国铁集团下属中国铁路太原局集团有限公司控股，于 2006 年 8 月在上交所挂牌，是国内资本市场第一家以路网干线为资产主体改制上市的铁路运输企业。大秦铁路曾于 2010 年收购原太原铁路局运输主业相关资产及股权，但收购范围不包括原太原铁路局运输主业所使用的土地。为进一步理顺产权关系，大秦铁路拟收购正在使用的中国铁路太原局集团有限公司授权经营

土地使用权。此外，可借助可转债项目募集资金完成对太原铁路枢纽西南环线有限责任公司的收购，将实现对现有网络的有效补充，进一步完善路网布局，同时还将优化现有枢纽结构和客货运输组织，使太原枢纽总体结构更加合理，提升整体运输能力。

大秦铁路主体长期信用等级及可转债债项等级均为 AAA，评级展望稳定。原股东参与优先配售和市场投资者参与网下网上申购热情高涨。原股东优先配售超预期。除太原局集团公司外，其他原股东优先配售金额约 33 亿元，合计优配金额高达

延伸阅读

什么是可转债？

可转换债券是债券持有人可按照发行时约定的价格将债券转换成公司的普通股票的债券。如果债券持有人不想转换，则可以继续持有债券，直到偿还期满时收取本金和利息，或者在流通市场出售变现。如果持有人看好发债公司股票增值潜力，在宽限期之后可以行使转换权，按照预定转换价格将债券转换成为股票，发债公司不得拒绝。该债券利率一般低于普通公司的债券利率，企业发行可转换债券可以降低筹资成本。可转换债券持有人还享有在一定条件下将债券回售给发行人的权利，发行人在一定条件下拥有强制赎回债券的权利。

可转换债券的优点为普通股所不具备的固定收益和一般债券不具备的升值潜力。

231.88 亿元，约占本次发行总量的 72.46%，创 2020 年最大优配认购金额，体现出原股东对大秦铁路和大秦转债的良好预期。大秦转债发行网上网下有效申购金额合计 15.6 万亿元，创 A 股市场 2019 年 3 月以来新高。

大秦铁路可转债项目创造了 A 股市场多项历史纪录：一是 A 股市场有史以来最大规模（非银行业）可转债项目；二是 A 股市场有史以来独家保荐承销的最大规模公开发行股权融资项目；三是 2020 年 A 股市场最大规模股权再融资项目；四是 A 股市场交通运输行业有史以来最大规模股权融资项目。

"大秦铁路"依托优质路网资产和货物运输优势，通过资本运作实现外延式发展。伴随着国铁集团持续加大资产证券化及资产经营开发力度的趋势，大秦铁路在资本市场表现愈发活跃，分别在 2018、2019 年收购唐港公司 19.73% 股权与太原通信段资产，并连续两次出资"北煤南运"战略通道浩吉铁路，进一步拓展路网资源。2019 年，大秦铁路完成煤炭发送量 5.67 亿吨，占全国铁路煤炭发运总量的 23.05%，完成货物发送量 6.84 亿吨，占全国铁路货物发

★ 2020 年 8 月 28 日，"第 14 届中国上市公司价值评选榜单"揭晓，大秦铁路股份有限公司第 12 次获此奖项

送量的 15.58%，领跑全国。

铁路煤炭运输"黄金线"，推动降本增效、完善路网布局。大秦铁路是我国货运量最大的煤炭运输企业，在国家煤炭运输大格局中处于重要地位。发行可转债有助于大秦铁路推进降本增效，完善路网布局，增强资产完整性，提高综合竞争力。对于大秦铁路着眼新的经济形势和运输供给侧结构性改革，拓展"西煤东运"重点货运路线，完善"三西地区"煤炭外运通道具有里程碑式的意义。

实施高比例现金分红，为广大股东带来丰厚回报。"大秦铁路"积极承担国有企业的社会责任，通过实施高比例现金分红，为广大股东带来丰厚的投资回报。作为市值"千亿俱乐部"的一员，大秦铁路的现金分红水平远高于平均线，被机构投资者视为"现金牛"，也是"上市公司丰厚回报榜单"上的常客。统计数据显示，上市以来，大秦铁路已累计分红派现 775.7 亿元，2010 年以来年均现金分红比例超过 50%，分红募资比达到 2.46，均位于市场前列。

根据相关规划，2020 年到 2022 年，"大秦铁路"每股派发现金股利原则上不低于 0.48 元 / 股（含税），通过继续实施高比例的现金分红，积极回馈广大股东，维护大秦铁路在资本市场的优质蓝筹良好形象。

图说

大秦铁路股份有限公司 LOGO 及释义

1. 由汉字"大"与字母"Q"有机构成，代表"大秦铁路股份有限公司"。

2. 由中心向五个方向延伸象征四通八达的铁路运输网，体现公司是以客货运输为主营业务的铁路运输企业。

3. "人"象征"以人为本"，体现公司坚持"人民铁路为人民"的行业宗旨和"企业与员工命运共同体"的发展理念。

4. "一"象征大秦铁路，寓意"第一""一流"，体现大秦铁路中国重载运输第一路、世界一流重载铁路的品牌形象。

5. 蓝色象征大海，寓意股海，彰显大秦铁路是中国铁路首家以路网干线为资本主体的上市公司，是中国铁路在资本市场的战略旗帜。

6. 承西启东、自北向南的路网布局，彰显公司在国家"西煤东运""北煤南运"中的战略地位。

7. 动感圆形象征飞驰的车轮，中心明亮寓意奔向光明，与"大"、蓝色、球体等各种元素有机结合，彰显新时代大秦人海纳百川、拥抱世界、勇担重担、走向未来的坚定信念，诠释新时代大秦铁路主动担当的大秦重载精神，加快建设一流国铁控股上市公司，努力开创高质量发展新局面，奋力奔向更加美好的未来。

📖 媒体链接

扫一扫

视频：砥砺奋进的大秦铁路

🎓 学习与思考

1. 大秦铁路实现从追赶到领跑，谈谈您的认识。

2. 大秦铁路屡创世界重载运输奇迹，请举例说明。

3. 谈谈大秦铁路精神对大秦铁路发展的推动作用。

4. 如何理解国有资产资本化股权化证券化的概念？

链接

大秦铁路沿线的人文轶事

丁玲，中国现代女作家，代表作有处女作《梦珂》，长篇小说《太阳照在桑干河上》，短篇小说《莎菲女士的日记》，短篇小说集《在黑暗中》等。1946年夏，丁玲在晋察冀边区参加土改，来到桑干河畔的温泉屯。以这里的土改为背景，她创作了长篇小说《太阳照在桑干河上》，这是我国第一部再现土地改革运动的现实主义长篇力作，在红色经典里具有里程碑式的意义。

浩然，中国现代著名作家，他的代表作《金光大道》主要描述了"三大改造"之一的农业改造。具体描绘冀东（包括当今的北京东部的通州、顺义、平谷、密云，河北唐山、秦皇岛，天津东部、北部的宁河、宝坻、蓟州，河北廊坊北部的三河、香河、大厂）一个名叫芳草地的普通村庄里，众多不同层次、不同身世、不同命运、不同理想和追求的农民们，在这个"改造"的运动中，传统观念、价值取向、生活习性、感情心态等等方面，或自愿，或被迫，或热切，或痛苦的演变过程。另一部代表作《艳阳天》，通过描写京郊东山坞（今北京市怀柔区东茶坞村）农业生产合作社麦收前后发生的一系列矛盾冲突，勾勒出农业合作化时期蓬蓬勃勃的生活画卷，精细地刻画了农村各阶层人物的精神面貌和思想性格，热情地歌颂了在大风大浪中成长起来的新生力量。萧长春、弯弯绕、马小辫……小说中塑造了许多位个性突出、活灵活现的典型人物形象。情节丰富曲折，结构完整紧凑，人物形象生动，乡土气息浓郁，有很强的艺术特色，在国内外颇有影响。

冯子存，中国现代笛子演奏家，河北阳原县人。他有着很高的艺术天分，从小受到家乡民间音乐的熏陶。1925 年，冯子存与艺友组成卖艺班子，把二人台带回家乡，使这一剧种在张家口地区流传开来，受到了群众的欢迎。同时，他的笛子艺术也在阳原一带名声大振。有时他会孤身一人在荒无人烟的黄沙地里迎着大风骑着骆驼吹笛子，这是他练功的一绝，叫作吹"顶风笛"，群众送他个绰号叫"吹破天"。冯子存的创作、演奏，在各种技巧运用和发挥上可以说是笛艺发展史上的一个里程碑。他是人民的笛子演奏家，把北派笛子传播到全国各地。

第四章
大秦铁路精神的传承弘扬

　　大秦铁路精神源于伟大建党精神，与以人民铁路为人民为核心的铁路精神谱系一脉相承，始终镌刻着中国铁路在党的领导下艰苦奋斗、矢志改革、创新创效、无私奉献的坚实足迹。这条重载铁路，穿越历史和未来；这条钢铁巨龙，寄托梦想与期待。交通强国、铁路先行，在新的历史起点上，在强国复兴有我的征程中，传承弘扬负重争先、勇于超越的大秦铁路精神，秉持"不负重托"的英雄气概，发扬"砥砺先行"的昂扬斗志，坚持"勇争一流"的创新进取，十万太铁人一定能在"弘扬大秦精神、实施强局工程、创建模范路局、建设一流企业"的生动实践中踔厉奋发、笃行不怠，共同走向太原局集团公司更加美好的未来！

第一节　坚强堡垒

★党旗飘扬：迎峰度夏送"凉方"

21世纪初，我国经济保持了较快发展势头，高耗能产业发展迅猛，使得煤电油运紧张局面进一步加剧。2004年7月中旬，长期以来积蓄的煤电油运供需突出矛盾被"引爆"，全国范围内电力空前紧张，电煤全面告急！国计民生受到严重干扰！

在确保电力迎峰度夏的紧要时刻，全国铁路从2004年7月19日到8月7日集中打响了一场突击抢运电煤战役。作为"西煤东运"大动脉的大秦铁路勇挑重担，特别是各级党组织和广大共产党员带领全体干部职工迅速行动、冲锋在前。

各级党组织闻令而动

全国电力供应紧张的局面，惊动了中南海，更牵动着党和国家领导人的心。为确保电力迎峰度夏，胡锦涛总书记作出重要批示、温家宝总理召开国务院常务会议作出部署、黄菊副总理作出重要批示，要求铁路部门增加电煤运量，加大电煤库存，防止可能发生的水害对电煤运输造成影响，确保国民经济平稳运行。

中央有号召，铁路就有行动。

大同铁路分局党委紧急部署，抽调货运营销、运输管理部门专职人员和7个运输站段负责同志，成立8个突击运煤会战督导组，对各大装车企业和秦皇岛东站、柳村南站、翠屏山电厂的卸车工作进行 24 小时督导，重点协调神华、平朔煤炭公司等运煤大户的电煤运量。

朔州车务段成立突运电煤领导组，在全段开展"调车作业千钩万辆无差错、接发列车无差错、快装快排无失误"活动，领导干部包保专项任务，机关干部包保发煤站，挂钩任务考核，确保逐日抢运电煤进度，保证来多少、装多少。广大党员干部盯在现场，加强组织领导，在必保原有小列装车的基础上，将发展的重点放在了对万吨装车线的扩能改造上，实现全段日均开行万吨列车 7 列，较之前日均多运 2.8 万吨。以党员货运员为骨干，全部深入各装车点，积极为货主出主意、想办法，加强

★ 2004 年，作为迎峰度夏抢运电煤的主力机型，DJ₁ 型电力机车牵引着万吨列车驰骋在大秦铁路沙东大桥上（桥下一列 8K 型机车牵引着列车行驶在丰沙铁路上）

货源组织，采取有效措施加大日运量，使管内有效存煤保持在270万吨、日均运量11万吨，为运输任务的提前完成提供了货源保证。

茶坞站各级党组织迅速开展了以"发挥每一名共产党员作用，每列多挂一辆车，每车多装一吨货"为主题的实践活动，主动联系机务部门协同发力，在时间上"打算盘"，通过加强运输组织、压缩司机动车时间，确保列车快速中转开行；及时与调度员加强联系，做好机列衔接工作，弥补机车不足；加强与车辆系统联系沟通，确保发生问题后快速反应、快速处理、消灭责任晚点现象；坚持运输分析考核制度，对行车四个班组实行接发列车考核，压实岗位责任，全力确保运输畅通。

在各级党组织的带领下，大秦铁路干部职工舍小家为大家，不断优化运输组织结构，煤装得更快了、车跑得更密了，大家只紧盯一个目标：一切为了煤炭运输上量。

巨大的精神鼓舞

2004年7月29日，时任国务院总理温家宝来到大秦铁路咽喉站——茶坞站视察工作，慰问奋战在突煤会战第一线的干部职工，勉励大家接好车、发好车，确保安全正点，为抢运电煤再作贡献。

温家宝总理的视察慰问，给大秦全线干部职工带来了巨大鼓舞，更加坚定了大家打好打赢"突煤战役"的信心和决心。

重载司机、共产党员程利甫值乘871005次万吨煤炭列车，在温总理视察当日接受检阅，带回了总理的关怀。"决不辜负总理的重托"，当时湖东电力机务段3339名干部职工纷纷发出"请战书"。在为期20天的"突击抢运电煤大会战"中，党员组成乘务员补强队、机车应急抢修队、机车动态故障110服务队、志愿服务队、技术攻关组"四队一组"，机车延长运用走行公里，人员缩短休息时间，全段干部职工战高温、斗酷暑，奋战在突煤会战的第一线。

为解决职工后顾之忧，湖东电力机务段党委开展了以"缩短休息时间、主动补点、解决在外乘务员家庭困难"为内容的"志愿者奉献"活动。由60多名党员、团员和工会"三支队伍"组成志愿者，主动补点84人次，增加超劳人员的休息时间354小时。志愿者郝鹏程、姚春生等同志先后128次主动提前签点，在他们的带动下，又有78名普通乘务员提前签点，有效缓解了因超劳问题影响正常计划的局面。

在茶坞工务段"运输补欠、压缩故障"迎峰度夏主题实践活动中，党员、团员和工会"三支队伍"带头巡线养护，带头探伤查危，带头防胀防断，带头处置隐患。

朔州工务段韩家岭线路车间里八庄线路工区巡道工、共产党员张明18年如一日坚守在岗位上，特别是在突运电煤期间，以"宁可多走十步，也不漏掉一处"的职业操守，加强巡线检查，确保负责的线路质量始终良好。

"两山夹一桥，难得见人烟"的大同工务段河南寺工区，是当初在山脚下炸出的一块平地建起的工区，晴天的时候也只有3个小时日照。工区13名职工，一半多都是党员，年龄最大的党员占更江在突煤会战期间，带头坚守在工区岗位，精心检修养护桥隧线路，护航着每一列重载列车的运行安全，他说："我们这活儿很重要，千万不能让我们的隧道和桥出事，给大秦线造成损失。"

为了万家灯火、都市繁华，在绵延600多公里的铁道沿线，上万台机具、五六千人，日夜守护着钢铁大动脉的安全畅通。

党旗飘扬在一线

党旗飘扬大秦线，汗水挥洒主战场。在抢运电煤战役中，大秦线的每一名共产党员都攻坚在先，奋战其中，一个个冲锋的身影就是一面面流动的党旗。

★党支部广泛开展立项攻关活动，解决现场难题，为"突煤会战"作贡献

"突煤会战"的关键时刻，大同西供电段迁西变电所突然发生主用变压器故障，如果备用变压器再有闪失，就会中断行车，导致大秦线运输瘫痪。由 10 名党员干部和党员技术骨干组成的攻关组随即成立，在没有成品可用的情况下，他们夜以继日进行攻关，终于研制完成配套变压器。很快，一台重达 106 吨的变压器运抵迁西变电所。由于设备庞大，场地受限，无法借助起重设备安装，只能采用"滚杠"方式一点点移动。30 多名党员和职工冒着 38 摄氏度高温，奋战了 60 多个小时，才布置到位。经过 24 小时不间断监测，听到传来"电压正常，电流正常，温度正常……"的汇报，一个关系大秦线运输命脉的难题圆满解决。

大秦线军都山隧道里，负责维修西二道河和铁炉信号设备的 22 名小伙子在这里昼夜坚守。这些小伙子平均年龄不到 30 岁，党员占了一半。面对大秦线日益更新的技术和装备，拥有大专文凭的铁炉工区工长薛军军生怕大家掉队，拉着全工区 8 个人都报考了运输工程信号函授班。在这场突煤会战中，学到的知识马上就派上了用场，热血澎湃的小伙子们更是向党组织递交了入党申请书，成为电煤保供的新生力量。

曾获路局优秀共产党员称号的铁炉信号工区信号工兰日明，是个性格内向、不善言语的"闷葫芦"，可他却不声不响地为工区的设备维修办了一件大事。他看到每次维修设备和处理设备故障时，机械室里端头多、查找烦杂的问题，每天晚上钻到机械室不出来，把每个端头注上标签，一干就是大半宿。几个月过后，机械室里的几千个端头都贴上了标签，并分类摆开，便于查找。突煤会战正是时间紧、任务重的时候，老兰的"战斗成果"帮上了大忙。

经过 20 个日夜的紧张奋战，截至 2004 年 8 月 7 日 18:00，全路突击抢运电煤战役告捷，实现了煤炭日均装车 5 万车以上、增运电煤 600 万吨的奋斗目标。大秦铁路也交出一份满意的答卷：20 天运输煤炭总量达 958 万吨，比 1.5 亿吨年目标进度增运 138 万吨，同比增加 290 万吨，增长 43.4%。

★创先争优：抗击冰雪暖八方

2008 年初，一场历史罕见的特大暴雪冰冻灾害在南方各地持续肆虐 20 多个昼夜，直接导致湘、粤、赣、桂、黔等省区铁路受阻、高速公路瘫痪；湖南郴州、衡阳全城断电，贵州电网解列运行……

交通告急！电网告急！电煤告急！

保障电煤供应成为最为迫切的问题，但灾害导致高速公路全域关闭，公路运煤的通道被掐断了，全国的目光再次聚到能源运输的大动脉——大秦铁路。

国家需要就是攻坚号令

灾情牵动着党中央的心。党中央、国务院第一时间发出关于抗灾救灾的一系列重要指示，要求各部门各单位千方百计"保交通、保供电、保民生"。

1月31日，时任中共中央总书记胡锦涛冒着零下20摄氏度的严寒，来到大秦线湖东站慰问奋战在生产一线的干部职工，对抢运电煤任务作出了重要指示。2月3日，时任全国人大常委会委员长吴邦国在铁道部调度指挥中心，与运行在大秦线玉田北至遵化北间的2万吨列车司机通话，勉励铁路职工全力确保电煤运输的生命线安全畅通。

面对党和国家的重托，铁道部作出决定，从2月1日开始，利用10天左右的时间，集中力量，突击抢运电煤，确保大秦铁路日运量达到100万吨以上，电煤装车14000车以上。

在灾害面前，太原铁路局各级党组织和广大党员干部把人民的利益放在最高位置，带领全体职工，创先争优，抗灾救灾，全力以赴打响了确保安全、确保畅通，抢装、抢运、抢卸"两

★ 2008年，大秦铁路抗击冰雪灾害，积极抢运电煤，日运量首次突破100万吨大关，全年完成年运量3.3亿吨任务

保三抢"主题攻坚战。

在太原铁路局调度指挥中心，路局领导班子迅速召开抢运电煤专题会议并形成共识：抢运电煤事关抗灾救灾的成败，事关人民群众生产生活的实际，事关国民经济发展的大局，太原局必须众志成城、迎难而上，勇敢地肩负起突击抢运电煤的重任！

路局机关各业务系统和部门以"两保三抢"活动为主线，分别组织开展了机务"防机故，保任务"、车务"防冻车，保秩序"、工务"防断轨，保畅通"、电务"防信故，保运输"、车辆"防断钩，保质量"专题竞赛活动。基层各级党组织把卡控设备故障作为确保运输秩序井然和确保电煤运输安全的源头，通过开展安全"十法"教育、安全"三问"教育等，引导职工牢固树立"大秦线日运量 100 万"的工作理念，增强设备故障源头卡控的紧迫感和责任感。

随着突击抢运电煤攻坚战的打响，在天寒地冻的塞北大地，在绵延起伏的燕山脚下，在溪水凝冻的桑干河畔，在旭日东升的秦皇岛港，到处都活跃着大秦铁路各级党组织和共产党员奋战的身影。

党组织就是坚强堡垒

大秦铁路各级党组织以光与声的手段、分与秒的速度，在最短的时间内，掀起了一场声势浩大的战前动员热潮。

2008 年 2 月 1 日上午，湖东电力机务段党委召集全段党员干部举行庄严的抗灾救灾、抢运电煤誓师大会。运转车间的党

★干部职工"听党话、跟党走"，全力以赴抢运电煤、抗灾救灾

员火车司机把签有自己姓名的"决心书"贴了出来；检修车间的党员也将"应战书"上了榜……广大党员纷纷表示："苦干实干拼命干，坚决打胜攻坚战！"调度楼内，出勤退勤的机车乘务员井然有序。一份特殊的名单——党员志愿者名单公示在调度楼宣传阵地上最醒目的位置。从这份名单上可以看到，在乘务、作业人员特别紧张的情况下，有343名共产党员参加了乘务补强队、机车应急抢修队、机车动态故障"110"服务队、乘务员家庭困难应急服务队和技术攻关组。党委书记动情地说："危难时刻党组织就是最坚强的堡垒！"

在大西供电段，各党支部书记正在把党员亲笔签名的承诺书张贴在公开栏内。"坚持标准化作业，保证在岗作业零违章；严格劳动纪律，做到时时刻刻零违纪；加大设备监控力度，确保设备零故障；维护设备稳定，实现路风、综治零问题。"这"四个零"是该段当时 1206 名党员的共同承诺。

突出冻煤治理、装卸作业、运输组织等关键环节，突出压缩机故、辆故、信故和防断轨等技术难点和重点，全局先后成立党支部立项攻关小组 1334 个，立项 1688 个，解决问题 1232 个。

秦皇岛东站在抢运电煤过程中的任务是快卸重车、快排空车。秦东站区卸车点是 20 世纪 80 年代的老设备，当初日卸车设计能力不足 1000 车，并且这里煤种杂、堆场多，到达的车型混杂，卸车组织难度极大。抢卸电煤一开始，党支部立项攻关小组针对这个卸车难题进行专题攻关。他们首先从卸车组织上不断优化调度指挥，细化每一列接发、每一钩作业，要求调度人员及时与港务局互通卸车信息，对不时变化的车流和现场情况做到超前预想、超前组织，适时解决运量与运能的矛盾，最大限度保证接发列车，确保了大秦线的运输畅通。

湖东电力机务段针对和谐型机车运用中的难点确定攻关课题 17 项，解决了"和谐型机车牵引单元万吨列车防止途停""和谐型机车 1+1 两万吨平稳操纵"等机车操纵难点。

湖东车辆段全段 42 个一线党支部组建 75 支"党员安全应急队"，主动放弃节假日，替岗替工。湖东运用车间二场符革文、陈建军、刘国正等党员骨干针对抢运电煤中车辆侧架裂纹故障多发的问题，成立攻关小组，研究出"侧架裂纹七字检查法"，并迅速投入应用。作业场职工连续发现几十起车辆侧架裂纹故障，13 名职工受到万元重奖，为抗击冰雪、抢运电煤作出了积极贡献。茶坞运用车间根据"5T"车辆信息系统特点，结合现场作业实际，编写了"TFDS 检字歌"和"TFDS 七字检车法"，进一步规范了职工的现场作业行为。

茶坞工务段针对大运量重载、高密度运输对线路磨耗冲击造成的设备病害等进行选题立项，将具体内容层层分解到每一名党员，进行集中考核，确保了设备养护质量。

大同西供电段全天候加强对大秦线 52 座隧道渗水结冰情况的监控，党员业务骨干主动请缨，组建 15 支"党员隧道除冰攻坚队"，昼夜连轴奔波在隧道除冰现场。

天灾无情，人间有爱。大秦线各系统各单位紧密配合，确

★电务人员认真测试灯显信号，确保设备状态良好

保每 15 分钟就能发出一趟运煤专列，为实现大秦线日均运输电煤 100 万吨目标奠定了坚实基础。

共产党员就是先锋模范

在如火如荼的电煤抢运攻坚战中，党旗始终在大秦线上高高飘扬。

朔州车务段担负着大秦线近三分之一的煤炭装车任务，日均发运 30 万吨。为了响应党中央号召，落实铁路货运增量行动，支援湘鄂贵赣浙等灾区，该段东榆林站货运班组党支部组织 17 名党员和群众骨干，日夜奋战在装车站台上，尽最大努力增运保供。数九腊月，零下 20 多摄氏度的极寒天气把站台上的煤炭冻成了磨盘大的冰坨子，根本无法装车，面对困难，大家心里就一个想法："南方地区人民正在受冻受灾，就算不吃不喝用

★党员突击队冲在抢运电煤的第一线，攻坚克难，主动作为

手刨，也要完成运输任务！"在整个雨雪冰冻灾害期间，东榆林站干部职工和发运企业人员一起，一次次顶着像刀子一样的寒风，用锤子、镐头、铁锹等工具，把冰坨子敲碎打烂，保证装载机能够顺利装车。

胡锦涛总书记刚刚视察过的湖东站，全体党员干部发出"倡议书"，以实际行动报答总书记的关怀。选拔 20 名技术业务素质过硬的"带头人"，分甲乙丙丁四个班次进行抢运电煤工作竞赛，通过"比学赶超"，全站运输组织和运输协调能力大大提升，25 分钟之内一辆 2 万吨列车就可以编组完成，万吨列车在 20 到 50 分钟内就能够组合完毕，通过上下联动，全站列车开行密度进一步提高，发车间隔时间缩短 2 分钟，2 万吨重载列车增加到了 29 列，每日开行列车也由原来的 90 对提升到 96 对，运量也从最高峰时的 96 万吨提升到 100 万吨。"这些天，大伙真是像咱们墙上标语写得这样'牢记嘱托拼命干''不辱使命保电煤'，一忙就是一天，中午就在信号室吃个盒饭，有时刚吃一口，作业现场电话就来了。""我们用这样的口号激励职工——湖东多流汗多掉肉，灾区人民就能多一分温暖。"胸前佩戴共产党员徽章的时任站长郎公为坚定地说道。

大同站下辖的古店站被誉为路局的"北大门"，乙班值班站长马辕是一名强烈要求加入党组织的积极分子。抢运电煤中，他运用自己学到的运输知识，优化作业程序，快接快编快发，仅 2 月 9 日（大年初三）一天，一个班就接车 87 列，其中万吨列车就达 10 列，创出了建站以来的最高纪录。

自攻坚战打响以来，原秦皇岛东站党委组织 150 余名党员干部 24 小时跟班指导卸车作业，每天处理冻车、偏载车 7000 余辆。所有党员取消休假，有的已经 20 多天没有回过家，甚至春节也没有在家休息一天。柳村南站站长王静，天天盯在信号楼，每天只睡两三个小时；新开通的东港站是抽调六个单位人员刚刚组建成的，人员新、设备新，运输组织难度大，为抢运电煤，站长赵新军从开通以来就未离开过岗位；遵化北站党支部书记刘建平家在秦皇岛，7 岁的儿子在上学路上被车轧了脚骨，孩子出院后自己一人在家，他只能抽空给儿子打个电话。

大同工务段党委号召全段党员带头加大大秦线路检查和整修力度，全力为大秦线运输提供优质设备保障。抽调京包线、大同枢纽 6 个线路车间 200 多名职工参与大秦线的整修。湖东探伤车间 43 名党员全部放弃休息，加密线路探伤频次，及时发现线路设备隐患，不过夜地进行处理。

2008 年，朔州工务段韩家岭线路车间主任、山西省劳动模范、火车头奖章、山西省五一劳动奖章获得者徐顺平，在大秦线受到胡锦涛总书记亲切接见后，带领车间 50 余名职工，克服自然条件差、人员少、设备多、养护难度大等困难，努力提高运煤通道设备质量，确保大秦线源头设备安全畅通。

北周庄站是一个四等小站，管内却有 5 个万吨装车点，党员祝建勋巡回检查装车情况，在岗位上一干就是十几天，困了盖上军大衣休息一会儿，饿了吃碗方便面，有时候一干就是30多个小时。

经过全局上下的共同努力，铁路突击抢运电煤取得重大胜利。从2月1日至2月10日，全路电煤日均装车量达43110车，同比增长15110车，每天多运101万吨，增长53.9%。大秦铁路在煤炭运输中的重要地位和作用充分显现，日均煤炭运量达到100万吨以上，创历史最高水平，使全国355家直供电厂的存煤达到13天以上，为迅速缓解全国用电紧张、支持抗灾救灾、保证人民生产生活需要作出了重要贡献。

★牢记使命：货运增量勇担当

为认真贯彻落实党中央、国务院作出的调整运输结构、增加铁路运量、打好污染防治攻坚战、打赢蓝天保卫战、提高综合运输效率、降低物流成本的战略部署，原中国铁路总公司充分发挥铁路在污染防治攻坚战中的作用，以"六线六区域"为重点实施2018—2020年货运增量三年行动方案。作为货运增量的主力军和排头兵，太原局集团公司奋勇担当交通强国铁路先行历史使命，各级党组织和广大共产党员在货运增量三年行动中当先锋、作表率，站排头、立新功。

在增运补欠上筑堡垒当先锋

面对货运增量任务的一次次增加，太原局集团公司党委自觉增强"四个意识"，把落实货运增量行动作为服务国家战略、落实总公司党组部署要求的神圣职责，动员各级党组织和广大共产党员充分释放公司制改革和内设机构改革优化的活力，在压实责任、传递压力中出实招、求实效，在"转职能、转方式、转作风"中当先锋、作表率。带领全体干部职工，以"我为货运增量添光彩"为主题，广泛开展"五比五创"劳动竞赛，持续深化"货运增量、太铁有为、行动有我"活动。

2018年全路增运2亿吨的目标任务中，太原局集团公司承担比重超过1/3。面对艰巨重任，以庆祝改革开放40周年、大秦铁路开通运营30周年为动力，全局上下不负重托、勇挑重担，各级党组织和广大党员奋发作为、砥砺先行，相继在大秦线、瓦日线、南同蒲线实施22项扩能改造短平快工程，打通"卡脖子"环节，提升增量空间；优化制定10个方面39条运输提效组织措施，全面提升大秦、瓦日、侯月三线运输效率和运输质量；针对性提升全局机车运用效率，通过全方位、全环节的提

★共产党员在货运增量行动中冲在前、干在先、勇担当

质提效，2018 年全局货运量完成 6.72 亿吨，圆满完成年度货运增量目标，其中大秦线累计完成 4.51 亿吨，创下年运量历史新高，瓦日线完成 3395 万吨、侯月线完成 8776 万吨，运量同比实现稳步提升。

全局各级党组织和广大共产党员发挥模范带头作用，带领干部职工细化优化运输组织方案，全力组织货运装车上量，为落实中央"六稳"部署要求，以保安全、保稳定、保开通，增运量、增收入、增效益为主题，大打"三保三增"攻坚战，深入挖掘增量货源，走进周边厂矿企业开展"公转铁"和"小管内"运输营销，让"既有客户稳中促增、合同协议客户对标促增、潜在客户吸引新增"，以车数保吨数，以吨数保收入，优化集中修运量方案，大秦线按照"非施工日 130 万吨、日常维修日 110 万吨、集中修施工日 105 万吨"的目标科学组织，并利用大秦线回空列车装运矿粉、铝矾土等货物。瓦日线逐站逐点补强装车能力，保证机车机班供给，优化作业组织。

特别是面对 2020 年突如其来的新冠肺炎疫情对上下游产业链的影响，"公转铁"货源空间收窄的艰难局面，持续大运量下设施设备超负荷运转的实际，全局上下提高政治站位，坚定必胜信心，各级党组织和广大共产党员带领干部职工在危机中育先机、于变局中开新局，聚焦"五个确保、五个见实效"目标任务，成立 3 个货源营销攻坚小组和 1 个综合分析小组，推行网格化、契约化、项目化、集中化"四化"营销运输机制，开辟

"网格化＋专业化营销"新模式，一手抓疫情防控，一手抓货运上量，通过精准对接补上"断点"、"一企一策"打通"堵点"，以优质的运输服务推动产业链上下游企业协同复工复产，带动货运量、煤运量增长，全年日装车等主要运输指标43次刷新历史纪录，连续受到上级党组织表彰奖励。

同时，大力发展集装箱运输，推出一系列量身定制的"散改集"、开发新品类、拓展集群式、融入供应链等新举措，箱办站点由2017年的83个增至2020年的166个，形成了太原至天津港固定班列、中鼎物流园至宁波舟山港铁海联运班列等多个公铁海联运通道；太原始发终到中欧班列稳定线路增加至9条，集装箱运量3年增幅达72.5%；"集装箱自动导向运输车"等3项发明和设计获得国家专利，《集装箱多式联运服务规范》被山西

★在货运增量中，充分发挥党支部战斗堡垒和党员先锋模范作用

省地方标准收录。2020 年 12 月 8 日，全局集装箱运输单日创下 4178 标箱的新高；2020 年集装箱增量实现 560 万吨，占到全局集团公司增量的 60%。

在绿色发展上筑堡垒当先锋

铁路是典型的绿色交通工具。大秦铁路实施货运增量行动更是直接为降低物流成本、打好污染防治攻坚战、打赢蓝天保卫战作贡献，让煤炭主产区和沿途再现绿水青山。

在以服务"山西转型发展蹚新路"为主题，全面融入山西"打造国家综合交通枢纽和现代综合交通运输体系"建设中，各级党组织和广大党员充分发挥思想引领、组织保障、攻坚克难和岗位先锋作用，带领干部职工深度融入区域经济发展，为"公转铁"创造良好外部环境。围绕建设美丽山西、提高"公转铁"物流承接能力，实施了 32 个"短平快"改扩建项目，3 年新投运专用线 37 条，启用闲置、废弃专用线 10 条，协调 72 条专用线新建环保棚。

2019 年 8 月，针对粉煤灰外运困难的问题，制订装箱方案，研发铁路专用收尘器，建成国内首条粉煤灰铁路灌装生产线，搭建朔州经唐山港到达珠三角、霍州直达长三角 2 条粉煤灰外运通道，3 年累计发运粉煤灰 61 万吨。"粉煤灰变废为宝"等多个服务区域经济发展的经典案例树立了国铁企业的良好社会形象，争取"公转铁"政策支持，协同物流单位减免杂项收费，减少"门到门"运输两端费用，3 年累计为企业降低物流成本超过 60 亿元。

"过去，这里每天有 200 辆大货车运输近万吨煤炭去往 600 公里外的天津港。公路拥堵、空气污染成为百姓美好生活和绿色发展、协调发展的不可承受之重。改为铁路运输后，不仅每天减少了 270 吨的二氧化碳排放，而且每吨煤炭的运输成本降低了 10 多元。"山西口泉煤业运营经理宁华介绍道。据测算，8000 万吨煤炭改为铁路运输后，可减少 200 多万吨二氧化碳排放。

为响应国家战略部署，太原局集团公司党委优化生产组织和劳动组织，在保证运力供给情况下改善机车乘务员劳动条件及强度，激发全局干部职工投身货运增量行动的积极性。开启"机车快跑"模式，实施货车"达标达速""满轴满长"等"提速""提效"举措，有效解决了运输区段最繁忙的大秦线湖东—

★广大共产党员积极投身货运增量主战场，当先锋、作表率

278

茶坞间运缓问题；实行"日欠周补月清零"举措，以大秦、瓦日、侯月三线为重点，分线施策、逐线推进，日日精进、以日保周，量身定制大秦线"模块化组织、客车化开行、集运化装运、一体化卸车、动态化调整"运输组织模式，按不同运量分别制订 7 种运输组织方案，实现了非施工日运量 130 万吨的常态化组织目标。

各基层单位党委积极响应集团公司党委号召，自觉在污染防治攻坚战和打赢蓝天保卫战中发挥组织作用，展现先行作为。以太原工务机械段为例：在大秦线集中修施工中，该段党委为减少环境污染、改善操作人员及周围作业环境，通过立项攻关，在大机清筛前后分别增加了"清水抑尘"和"污土转运"两个环节。他们在集装箱专用平车上安装 2 个 15 立方米的洒水装置，每个装置都配有动力控制系统，可独立实现洒水作业，洒水线路长度可达 2000 米。该装置在此次集中修首次使用后，很好地满足了清筛作业抑尘要求。在尚未使用新型喷洒装置的区段，清筛作业前，作业人员采用人工洒水方式进行抑尘。清筛作业中，清筛车前后各挂 1 个物料车，集中收集清理清筛之后的污土，以往集中修施工中漫天煤尘和边坡污土的现象一去不返。

以"建设美丽中国，实现绿色低碳发展"为己任，太原局集团公司围绕加快发展方式绿色转型，继续推进运输结构调整，持续提升承接"公转铁"能力，巩固"公转铁"成果，为实现碳达峰、碳中和目标贡献力量。2020 年 6 月 18 日，大秦线运量

碳达峰、碳中和

碳达峰是指某个地区或行业年度二氧化碳排放量达到历史最高值，然后经历平台期进入持续下降的过程，是二氧化碳排放量由增转降的历史拐点，标志着碳排放与经济发展实现脱钩，达峰目标包括达峰年份和峰值。

碳中和（carbon neutral），节能减排术语。碳中和是指国家、企业、产品、活动或个人在一定时间内直接或间接产生的二氧化碳或温室气体排放总量，通过植树造林、节能减排等形式，以抵消自身产生的二氧化碳或温室气体排放量，实现正负抵消，达到相对"零排放"。

实现 138.42 万吨，创下建线以来日运量历史纪录。这一日运量，相较公路完成同等运量，相当于节约柴油消耗 5 万吨以上，减少碳排放量 20 万吨以上，仅分别是公路运输的 1/46、1/50。大秦铁路运输增量，为保卫蓝天，特别是保护京津冀生态环境起到了积极作用。

在聚力攻坚上筑堡垒当先锋

货运增量谁担当？党组织展现担当作为，党员永远冲在前。

实现增量目标，找到货源是关键。朔州车务段货运营销中心副主任、共产党员谢步俊和他的同事们每天忙着做一道同样的试题——如何营销、调集货源，科学配置运输资源，为全段、全局打造"亿吨级"货运营销平台，让大秦线最大的重载基地和装车源头运输效益最大化。大同站湖东货运营销主任、共产党员李杰为了尽快找到货源，带领货运营销团队，驱车 9000 多公里从内蒙古的鄂尔多斯到河北的秦皇岛，对大准、大秦线周边的企业挨家挨户进行走访，紧盯市场动态，对大宗货物的市场需求进行了深入挖掘，组织上下游企业召开"对接会"，为双方企业的合作牵线搭桥，将潜在需求转化成实际运量。他们用党员的担当解决了增量行动的源头问题。

如果说大秦线是货运增量的前沿阵地，那么重载司机就是一马当先的排头兵。呼长宝，"80 后"的重载先锋，在 2018 年大秦线上吹响"货运增量"号角后，自告奋勇，在"货运增量党员突击队"名单中率先签下自己的名字。这意味着，他每班要少休息 8 到 10 个小时，每月要比别人多跑至少 3 趟车。呼长宝时刻以一名共产党员的标准严格要求自己，主动参加党员立项攻关，加班加点地进行现场摸排、数据分析，时刻为货运增量保驾护航。

牢记使命的大秦线一个个堡垒坚实稳固、一面面党旗焕发党的荣光。大秦车务段柳村南站党总支把畅通大秦重载"最后一公里"作为最重要的政治任务和最有力的政治担当，组织 12 名党员骨干攻关，形成了"多工种、多专业平行作业法"，使列车在站停时平均减少 75 分钟。

湖东车辆段党委组织各级党组织和广大党员扎实开展"珍

惜大秦荣誉、扛起重载旗帜"主题活动，党员带头、职工参与，1000 余名党员群众合力开展了 189 项课题研究和立项攻关，以党员、职工名字命名了 93 项攻关成果，有力破解了一批制约重载车辆运行安全的难点问题。涌现出了青年攻关能手张智峰、大秦"5T 医生"杨艳云、车辆应急处置"急先锋"霍耿等一大批能拼善战、作用突出的党员先锋模范。京唐港运用车间党员检车员侯军红在 2018 年的最后一天，实现了连续技检 45.8 万辆无漏检的骄人成绩，在货运增量行动中践行了党员的承诺。

大同西供电段党委组织广大党员在"提升设备质量、保障货运增量"大讨论中承诺践诺、统一共识，依托"郑立春铁路接触网工技能大师工作室"平台优势，攻关完成"遥感式隧道列车通过预警系统"等一批解决现实难题的项目成果。

在大秦、北同蒲线集中修施工现场，大同工务段党委组织全段 500 多名党员投身"学习十九大精神、争当新时代先锋、打赢集中修全胜"主题实践活动，在成组更换道岔、成段更换钢轨等施工作业中亮身份、冲在前，为大秦重载运输提供了良好设备保障。大同电务段党委以确保安全稳定、货运增量为重点，在全段党组织层面和共产党员群体中分别开展"五个一"主题实践活动，为"货运增量行动"期到必成提供了坚强的组织保障。朔州工务段韩家岭线路车间韩家岭维修工区线路工、共产党员高斌，以设备检查"寸铁不漏"、病害整修"一处不落"、施工作业"一章不违"的标准，坚守大秦起点韩家岭站线路安全……

在各级党组织、党员和干部职工的共同努力下，太原局集团公司年货物发送量连续三年跨上 6.72 亿吨、7.4 亿吨、7.5 亿吨三个台阶，货运增量累计达 3.86 亿吨，对全路增量贡献率达 25.7%，其中"公转铁"增量 3.3 亿吨，货运量、煤运量分别增长 26%、26.8%，日装车数由 2.25 万车增长至 3.3 万车，全局煤炭产运系数由 70.3% 上升为 77.8%，规模效应、发展质量得到质的提升，国铁企业的市场竞争力进一步提高。这其中大秦铁路年货运量分别完成 4.51 亿吨、4.31 亿吨、4.05 亿吨，占全局年货运量的 67%、58%、54%，为打赢货运增量攻坚战、促进经济社会发展作出了突出贡献。

延伸阅读

六线六区域

2018 年，铁路启动三年货运增量行动，实施《2018—2020 年货运增量行动方案》，提出以扩充煤炭外运通道能力为着力点，围绕"六线六区域"为重点深入挖掘运输潜力，提升运输能力。"六线"指的是西煤东运和北煤南运的六条主要铁路通道，主要包括大同至秦皇岛铁路（大秦线）、唐山港至呼和浩特铁路（唐呼线）、吕梁瓦塘镇至日照港铁路（瓦日线）、侯马至月山至日照铁路（侯月线）、南京至西安铁路（宁西线）和兰州至重庆铁路（兰渝线）；"六区域"指的是晋、陕、蒙、新 4 个煤炭主产区，全国疏港矿石及集装箱、铁水联运运量集中的沿海、沿江地区。

★ 砥砺奋进：抗击疫情渡难关

2020 年，面对突如其来的疫情，太原局集团公司党委把坚决打赢疫情防控阻击战作为重大政治任务，充分发挥党组织和党员的作用，在疫情防控、助力复工复产复学一线立足岗位当先锋、作表率，充分展现太铁人的使命担当，作为运输先锋的大秦铁路再次出征。

牢记党和人民的重托

生命重于泰山！疫情就是命令！防控就是责任！2020 年 1 月 29 日 15:30，大秦车务段接到抢运防疫物资的任务后，第一时间启动抢险救灾物资运输预案，立即召集各科室认真研究运输和组织方案，动员全段上下积极投入抢运防疫物资战斗中。没有适用的棚车，他们联系北京局集团公司紧急从秦皇岛南站调

★大秦铁路展现使命担当，全力抢运抗疫物资

入 10 辆棚车；站场线路紧张，他们联系沈阳局集团公司交口排车腾出线路；年节装车人力紧张，在车站休班的共产党员、共青团员冲了上来，迅速组成装车突击队，冲在装车一线……当天 22:30，经过紧张有序的装车组织，满载 300 桶抗疫救援物资的列车正点驶离秦皇岛东站。

这是 2020 年大秦铁路投身抗疫战斗的一个片段。这一年春节伊始，在党中央的坚强领导下，一场新冠肺炎疫情防控的人民战争、总体战和阻击战全面打响，在这场没有硝烟的战役中，在这场为了人民幸福安康的斗争中，公路运煤汽车数量骤减，铁路再次成为煤炭运输的生力军。习近平总书记多次召开会议、听取汇报、作出重要指示。农历正月初一，中共中央政治局常务委员会召开会议，对疫情防控工作进行再研究、再部署、再动员。特别是要求能源等重点企业复工生产，优先安排电煤等重点物资运输。面对疫情，国铁集团党组连续多次召开专题会议进行部署安排，发出了"全力打好疫情防控战，最大限度防止疫情通过铁路传播"的动员令。同日，山西省委通过连线各地市的形式，召开专题会议，对防控工作进行研究部署。

大秦铁路是全国能源运输的大动脉，太铁人牢记党和人民的重托，毅然站在前列，他们全体动员，不畏艰险，迎难而上，用对党最坚定的信念签下一封封"请战书"，在防疫运输的第一线，强化营销货源、装车上量，统筹港口、煤炭、矿石、钢铁等重点运输板块，加强管理、统一部署，做到装、接、卸无缝衔接，各环节畅通高效。在夜以继日、与时间赛跑的滚滚车轮声中，一列列满载"乌金"的列车，第一时间为疫情地区送去光与热。

越是党需要的关键时刻，越是祖国和人民需要的地方，越要冲锋在第一线，这就是大秦铁路的担当！

一个党支部就是一座"抗疫堡垒"

风急浪骤方显中流砥柱。

关键时刻，生死关头，党组织就是主心骨。

在抗击疫情的斗争中，大秦线千余个基层党组织、万名党员奋勇争先，战斗在第一线、工作在最前沿，以开展"我是党员我带头、疫情防控冲在前"主题实践活动为载体，构筑起阻击疫情的坚固屏障。

湖东电力机务段党委动员 190 个党支部 2544 名党员主动

★党员乘务员补强队冲锋在疫情防控第一线

参与疫情防控工作，建好疫情防控"主阵地"。497名党员参加"四队一组"，22支党员乘务员补强队、6支党员机车应急抢修队、5支党员机车动态故障110服务队、32支党员志愿者服务队、14支党员技术攻关组，冲锋在疫情防控第一线，开展突击奉献、应急处置、志愿服务、设备抢修，46名党员重载司机自愿报名参加机车乘务员储备队，成立临时党支部，全天候隔离集中管理，随时担当应急任务，让党的旗帜飘扬在疫情防控第一线。

大同工务段大同东线路车间在疫情防控工作的关键时期，口罩、消毒液、红外体温计等产品供不应求，困难党员陈喜、化稍营线路车间支委张建伟、阳高南高铁综合维修车间预备党员孙泽等同志主动作为，想方设法联系各种渠道，及时帮助车间解决生产、生活急需用品，为车间打赢疫情防控阻击战提供了有力保障。因疫情影响，职工日常巡视检查、应急抢险的通道部分封路，阳原线路车间党支部、湖一线路车间党总支及时与所属乡镇、街道协调沟通，为职工办理疫情防控临时通行证，确保了车间班组用车和职工上下班出行。大同电务段遵化北车间党支部面对受疫情管控作业无法正常推进的情况，虽然经过多方联系办理了通行许可证，但是由于沿线村庄都实行了封控，大部分区间信号点依旧不能到达。为此，党员突击队员用2天的时间逐一作好调查统计，进一步明晰了到达每个班组、每个区间信号点的最佳路径。2月18日，迁西工区管内有一区段轨道电路电压波动，这个区段离有确诊病例的村庄不远，村里不让车辆通行，在班组党支部书记齐贺军的带领下，几个党员和入党积极分子肩扛手抬机具材料，沿着铁道线步行 4 公里到达现场……20 多天的疫情防控，这个车间以车间主任王立华为代表的多名党员主动放弃休息，昼夜值守，在确保零感染前提下，及时发现并处理迁安北站电源屏切换板坏等设备隐患 26 件，为确保大秦重载通道畅通作出了积极贡献。

在大秦线的各级党组织中，广大党员在疫情防控措施落实上冲在前；在重点物资运输组织上冲在前；在突发情况应急处置上冲在前；在确保安全运输畅通上冲在前，坚决做到关键时刻站出来、紧急关头豁出去，让职工群众在疫情面前能够随时听到党组织的声音，看到党员的身影，感受到党的温暖。

鲜红的党旗，凝聚着党心民心；坚强的堡垒，成为抵御疫情的中坚力量。在这场抗疫战争中，大秦线上的各级党组织用他们对党的忠诚支撑起最坚强的防疫堡垒！

践行党旗下的誓言

"疫情不退，我们不退！"这是茶坞工务段共产党员李明合、刘科峰用实际行动践行的承诺。2020 年 2 月 25 日，茶坞工务段接到疫情期间接送太原机务段动车组司机值乘和退勤、往返北京机务段和北京西乘务员公寓之间的任务后，党员李明合、刘科峰主动请缨，前往北京西执行这项光荣而艰巨的任务，全力确保乘务员值乘、退勤途中降低感染病毒风险和减少工作劳

★广大共产党员承诺、践诺，坚守疫情防控第一线

动强度。

出乘前，专人对车辆全覆盖消毒，对出乘人员身体健康状态进行检测，让乘车人员坐车放心、上班舒心。

"您好，欢迎乘坐茶坞工务段共产党员先锋号乘务员接送车，请您配合，测量体温。"在乘务员上车前，李明合都会按照疫情防控要求，对乘车人员登记测量体温。乘车过程中，李明合还会为乘车人员发放"疫情防控提示卡"，科普"疫情防控小知识"，开展"疫情防控心理疏导"。"他们每天从早上六点跑到晚上十点，把我们'照顾'得无微不至，为了我们值乘、退勤途中的安全，他们所做的一些小举动让我特别感动，我真正体会到了'疫情隔离了距离，但没有隔离人与人之间的爱'。"太原机务段动车组司机张贵忠说道。方向盘、门把手、车内车外每趟次出乘后，李明合和刘科峰都要对车辆进行全覆盖、无死角彻底消毒。

朔州车务段朔州站的客运负责人，共产党员刘贵勇，始终战斗在防疫最前沿，按时给旅客测量体温、为人员密集处消毒是他的重点任务。2月23日—3月1日，面对朔州市政府的复工复产需求，太原局集团公司先后两次紧急组织开行徐州—朔州、烟台—朔州站的"复工专列"，当时急需一名经验丰富的车站客运工作人员随同组织复工人员返程，刘贵勇得知信息后主动请缨，并以党员的身份写下"请战书"，必保复工人员顺利返程。一路上，他积极协调地方政府、用工企业、列车乘务组等各方工作人员，并对站车的防疫、消毒、用餐、座序方案做到了事无巨细、亲力亲为，全程逐项盯控；到发车站后又主动协助车站和企业方组织工友消毒、测温、乘车，返程途中协助列车工作人员巡查，安排工友就座用餐、防疫消毒、定时测温，给工友们讲防疫小知识、返工注意事项，确保了返程工人的顺利抵达，成为朔车防疫线上的模范先锋。

"尽管疫情依然比较严峻，但是铁路哪个岗位都要有人坚守，特别是受疫情影响，铁路客、货运输都受到不小冲击，越是这个时候越不能让设备出一点事儿，我年轻，也没有结婚，正是该出力的时候。"大同西供电段大同供电检测车间接触网工周鑫一头扎进综合检测列车，开始了长达十几天的添乘检测任务。

为了评估、掌握集团公司管内各条线路设备动态运行质量，对全年设备养护维修进行科学预判，集团公司2月16日开行综合检测列车对管内线路设备进行动态联检。这趟执行任务全长6000多公里、需要全程吃住在列车上，其间还要途经疫情比较严重的地区，任务重、要求高、时间紧，是对体力和毅力的双重考验。几乎在车间接到添乘任务的同时，周鑫就走进了主任办公室："这是个体力活，我年轻，又是团支部书记，应该带头，我主动请战！"检测列车启动了，周鑫发短信安慰母亲："妈，车上很宽敞，又是全封闭，很安全，放心吧。等我任务完成，相信疫情也快结束了，就当是安全隔离了！"

陈云鹏是集团公司调度中心乙班大秦台的一名学习助调，2020年1月7日刚刚步入婚姻的殿堂。面对突如其来的疫情，他了解到大秦线为社会复工复产开始抢运电煤的消息，婚假尚未休完便主动申请返回工作岗位，与大秦线并肩作战。他的妻子是平遥县的一名护士，疫情发生后，她也紧急奔赴抗击疫情的第一现场，从此夫妻两人相隔两地。疫情面前，他们舍小家为大家，共同奋战在抗役的最前线。

"我是党员我先上！"朔州工务段朔州探伤车间十班班长、共产党员常江，为了支持护士妻子在医院全身心做好抗疫工作，他自己承担了照顾年幼的孩子和双方父母的任务，却从未因为家事请过一次假。车间集体研究让他回家调休一段时间，他却说："作为一名共产党员，作为一名医务人员的家属，妻子在抗

'疫'一线战病魔，我坚决不能在这个时候'掉队'，我更要坚守在铁路一线保安全。"

湖东车辆段秦皇岛运用车间党员大学生陈文强，在2020年春节前夕，本已购买好飞机票，打算利用春节假期带女朋友回老家订婚，为了响应疫情防控号召，毅然退掉了飞机票，说服女朋友及父母，坚守在工作岗位。同时带动二十多名家居异地的青工放弃回家过年，共同坚守在检车一线岗位，为抗击疫情做出自己的努力。

党员在前作表率，团员紧跟作贡献。彭佳铭是太原通信段滦南通信车间的一名共青团员，他在回到辽宁省昌图县家中因疫情防控无法返回工作岗位的一段时间，得知社区疫情防控工作人手紧张，便主动报名参加了共青团辽宁昌图县委发起的青年志愿服务活动，因工作完成出色被授予"优秀青年志愿者"荣誉称号，回到岗位后，主动当起职工们的防疫抗疫讲解员，帮助大家缓解心里紧张情绪，得到大家一致好评。

沧海横流，方显英雄本色。在最危急的关头，在最危险的地方，"我是党员"这句铿锵有力的回答，就是大秦铁路共产党员的担当本色，他们用实际行动践行着党旗下的誓言，在全国抗疫战斗中作出了大秦贡献，展示了"太铁担当"！

★学史力行：电煤保供立新功

2021年9月23日，东北多地发布限电通知，沈阳、长春等地居民正常用电甚至都受到了影响，一时间，"拉闸限电""电煤紧缺"等关键词再次成为社会的焦点，登上了"热搜榜"。

电煤保供是当务之急！正在深入开展党史学习教育的太铁人，坚持"学史明理、学史增信、学史崇德、学史力行"，再次挑起了服务国计民生的重担，精准对接运输需求，扎实推进过冬迎春的发电供暖用煤运输保供专项行动，打响了一场没有硝烟的战斗，将煤炭从主产地山西、陕西、蒙西"三西"地区运到全国各大电厂，以解"燃煤之急"。

"大秦人就是要负重，要争先"

"大秦人就是要负重，要争先……"在湖东电力机务段电煤保供运输突击战动员会上，段党委书记张文平带领与会者重温大秦重载历程、回顾大秦铁路精神这一红色基因的形成脉络，他勉励每一名党员、干部职工负重争先、勇于超越，在电煤保供主战场上检验党史学习教育成果。

2021 年 10 月 9 日，国铁集团党组召开全路电煤保供电视电话会议，传达习近平总书记关于能源电力保供的重要指示批示精神。这时太原局集团公司主要领导调整还不满半个月，新班子面对新挑战：在现有运力条件下，运输效率怎么提？行车安全怎么保？为此，在电煤保供专题电视电话会议上，新班子对集团公司电煤保供专项行动作出全面部署，动员集团公司各级党组织和广大党员、干部职工听从党中央号令，从百年党史中汲取奋进智慧和奋斗力量，采取有力有效的举措，全力确保安全稳定，高标准兑现电煤保供运输任务。

就在电煤抢运保供动员部署的前几天，集团公司正面临着南区水害运输受阻、北区开展大秦线集中修的叠加因素影响的严峻形势，运输压力凸显。但千难万难难不倒特别能战斗、特别能吃苦、特别能奉献的太铁人。全集团公司上下坚持学史力行开新局，调度部门统筹协调，精准指挥，车、机、工、电、辆、供等各个系统和部门相互协调，打通影响运输的"梗阻"。

2021 年第四季度，集团公司上下齐心协力开启年底增运补欠冲刺攻坚模式。各级党组织以党史学习教育为动力，深入开展"我是党员我带头，会战攻坚当先锋"主题实践活动，1565 支党员突击队引领带动干部职工在保货源、保收入、保供应、保质量、提效率中当先锋展作为。

深化"以货补客"经营策略，做实总体实施方案顶层设计，配套出台货源组织、机辆运用、施工安排等一系列方案，加快推进专用线建管用一体化，提高机车车辆周转效率；以 610 家合同协议客户为重点，专人包保、"一企一案"对接运输需求，提升服务质量，2021 年 11 月 29 日创下超保供目标 5258 车的纪录，取得良好社会和经济效益；突出信息化手段，挖掘增运潜能，发挥大秦、瓦日、侯月等线的运输通道优势，2021 年 12 月 12 日创下单日分界口交接 870 列的历史纪录；大力开发"两高一远"运输产品，集装箱发运量 2917 万吨，同比增长 33.7%。

在千里大秦线上，各级党组织在电煤保供主战场上攻坚克难、展示作为，广大共产党员在电煤保供一线负重前行、争当

图说

千万吨级四方运输协议在朔州车务段落地

朔州车务段是太原局集团公司货运增量的主力军，货物年运量占到集团公司的三分之一。该段始终把货运营销作为货运增量的根本性和长期性任务。2021年12月，该段与中国煤炭工业秦皇岛进出口有限公司、山西华惠通商贸有限公司、国投中煤同煤京唐港口有限公司第二次签署"四方战略合作框架协议"，就各方业务互通、优势互补、信息交互共享及年煤炭运输1000万吨运量规模发展等内容形成了深化合作框架，把构建货运发展新格局提升到了新的高度，对于深入推进运输结构性改革，更快促进煤炭供、需、港、运各方一体化深度合作，更好保障国家能源稳定运输，推动"公转铁""散改集"取得更大成效，均衡全年货运增量，稳固增量"基本盘"等都具有重要的现实意义。

先锋模范，打了一场过程艰苦、成效显著、成绩精彩的攻坚战。大秦线运量连续42个非施工日保持130万吨以上，2021年全年大秦线完成运量42103万吨，同比增运1602万吨。

集团公司上下连续9天收入保持3亿元以上，连续10天装车数保持 34000 以上，11 月份创造近年来最高运输效率，12 月份创下集团公司最高装卸车、交接车纪录，仅用 53 天就补平了 1284 万吨、13.9 亿元的任务亏欠，一举逆转局势，一鼓作气完成全年运输收入 959.8 亿元，货运量 77669 万吨的全年运输目标，全年运输收入、营业收入、换算周转量、盈亏等指标全部兑现，稳居全路第一，坚决夺取了电煤保供突击战、"两坚守两实现"攻坚战的全面胜利。

另外，瓦日线全年完成运量 8338 万吨，同比增运 1397 万吨。侯月线完成运量 9904 万吨，同比增运 231 万吨。石太线完成运量 6517 万吨，同比增运 442 万吨，为集团公司完成 2021 年各项工作任务作出了突出贡献。

党旗在电煤保供主战场高高飘扬

在集团公司党委的号召下，各级党组织迅速行动，以最有效的组织、最坚决的行动、最果断的措施，保安全、保畅通、保稳定。

朔州车务段成立电煤保供运输组织领导小组，在管辖各装车站成立"电煤保供党员突击队"，组织 40 个党支部开展现场走访，对 3 省 4 市 21 县的 298 家发运客户开展了联系包保，为每个客户画出装车任务图、进度写实表，及时发布政策信息，了解客户需求，推介服务项目，及时解答疑问，共挖掘电煤货源 200 多万吨。通过每日逐一核对发运客户的发运情况，对未按照计划兑现的发运客户，加强沟通联系，了解实际发运困难，确保发运畅通。积极组织神头电厂、太原电厂、大同电厂等短途装车，实现卸车后及时返回续装，加速空车周转，从原来短途电煤日装车1200车提升至1500车左右，电煤装车运输效率创下新高。2021年10月，朔州车务段日均电煤发送量达71.2万吨，同比增加4.6万吨，增长6.9%。

作为集团公司最大的卸车段，大秦车务段按照"优先计划、优先配车、优先挂运、优先放行、优先交车"的"五优先"措施，坚持"以卸促排保装"方针，从"强化组织保畅通、强化协调保卸车、强化挖潜保效率、强化制度保清偏"入手，打通煤运"最后一公里"，实现电煤运输链条畅通。调度车间副主

★党员突击队立足施工现场，破解技术难题，服务电煤保供运输

任、共产党员吕其宁针对港口一段时间存煤状况不稳，车流、煤种到达不均衡，翻车机利用率不能达到最大化的"短板"问题，利用路港合署办公的契机，与港口方研究细化卸车方案，打破煤种、垛位限制，确保翻车机满负荷运转，深入港口、码头，积极协调港口有关部门，随时掌握场存及船舶动态，督促港方及早装船，抓好车流接续，不断缩短辅助作业时间，最大限度为后续接卸创造条件。

设备系统发扬连续作战的精神，确保设备状态良好。秦皇岛西工务段加强大秦线和迁曹线集中修后设备保障工作，领导班子成员、科室车间和专业干部加密添乘，通过对更换道岔、桥隧落道、道岔换砟、大机清筛等扰动基础稳定的施工地段动静态盯控检查，及时掌握设备变化情况，对存在的翻浆、空吊、接头、轨面不平顺等设备病害，从源头做好隐患防控，进一步提升设备检修质量。

大同电务段利用施工预备会，加强与工务系统的沟通联系，在结合部方面制定有效整治措施，明确工电联整的整修项目和标准，重点对道岔顶贴离缝、滑床板吊板、尖轨基本轨爬行等问题进行联合整治，坚决做到发现一处、整治一处、销号一处。同时与工务系统共同更换破损绝缘、老化扣件，从根源解决轨道电路封连、基本轨窜动等隐患问题，着力确保工电联整工作取得实效。

湖东车辆段曹妃甸西运用车间是电煤保供攻坚战的主战场，

★广泛开展"我是党员我带头＋"系列主题实践活动，为电煤保供作贡献

特别是进入 11、12 月份后，日技检作业量连创新高，由 70 多列增长到 80 多列，在 12 月 6 日更是达到车间成立以来的历史最高值——90 列。车间党总支班子成员全部取消休假，多名休班的党员骨干主动请缨，24 人组成 4 支党员突击队，支援现场技检作业。突击队成员在每天休息不到四五个小时的情况下，连续多日坚守在技检作业第一线，有力缓解了列车集中到发、技检人员不足的难题，自始至终没有因为技检延时影响到运输畅通。

冲锋在前，是党员才有的"权力"

"绿灯，发车信号好了。73657 次准备发车，司机明白！"2021 年 10 月 12 日凌晨，湖东二场，伴随着 2 万吨重载司机呼长宝轻轻推动牵引手柄，列车缓缓启动。电煤保供专项行动以来，呼长宝主动申请加入乘务员补强队，10月份一整月，呼长宝就把家安在了"车上"和"公寓"。针对集中修期间列车周转周期长的情况，随时准备"添漏补缺"，添"紧点"。"两坚守两实现"攻坚战打响以来，呼长宝累计比别人多跑了7趟，相当于多拉了14万吨煤，凭着一己之力将4700辆30吨重的运煤卡车从大同运到了秦皇岛。

"作为大秦线的脊梁，必须高标准、严要求"，这是茶坞工务段涿鹿线路车间主任、共产党员李成有常挂在嘴上的一句话。大秦铁路电煤运输繁忙，茶坞工务段在大秦线设备维护中扮演着承上启下的角色，这一区段是大秦线的咽喉，每天有近130对列车从茶坞工务段管内通过。2021年入冬以来，大秦线电煤保供运量增大，李成有带领职工投身发电供暖用煤运输保供专项行动。他们主动下现场、盯关键、卡要害，积极组织职工重点对伤损轨件突出、道床翻浆、病害集中的道岔进行成组更换，并对道床进行清筛处理，改善了设备基础框架，设备质量明显提升。

"你好，16道内2万吨货车准备就绪，请做好放行。"10月1日，湖东站车站值班员、党员吴少清一边紧盯计算机显示屏监控编组场内人员作业和设备状况，一边不停接打电话下达作业命令。

湖东站是大秦线上唯一的编组站，承担了该线所有重载列车的集结、疏解任务，有"重载列车加工厂"之称。湖东站站场面积大，为横列式一级三场，共有正线 2 条、到发线 40 条，各工种既要做好本职工作，还要打好配合战。

据副站长李艮和介绍，湖东站有"三多"：值班员和内勤助理"电话多"，车号员"数据多"，外勤助理"走路多"。二场行车室内，内勤助理值班员马慧明桌上的电话铃声几乎没有断过。接电话、做记录，还要及时告知旁边休息室内的重载列车司机什么时候出乘，嘴根本闲不下来。"在岗位上，一天至少要接几百个电话，时间过得飞快。"马慧明说，"干我们这一行，没有节假日概念，不管国庆黄金周还是春节，只要在岗就要用心干好本职工作。"

在电煤保供的关键时刻，太原通信段茶坞通信车间成立大秦线通信线路巡视检查整治工作组，16 名党员骨干带领 53 名干部职工化身"巡检医生"，通过徒步、添乘、视频查看等方式，加大对室外光缆径路、通信杆塔、隧道漏缆、基站、直放站等设备运用状况巡视检查，及时发现并处置光缆隐患 2 件，整治标石破损 30 余处、光缆警示牌 10 处，用实际行动为电煤保供保驾护航。

太原工务机械段综合机修车间电气工区工长党员刘星星，充分发挥全面掌握 13 种车型以及百余台大机车辆年修调试的技术优势，在电煤保供期间，开设技术服务热线，运用"运""检""修"闭环流程和"电气组标准化一次作业流程"，对大机进行"隔空诊脉"，指导现场检修作业。

　　一个党员就是一面旗帜，遇到急难险重工作，冲锋在前，是党员本分，是党员才有的"权力"。他们坚持学史力行，把打赢"两坚守两实现"攻坚战作为检验党史学习教育成果的重要抓手，用实际行动确保运输畅通有序。

　　在 2021 年的电煤保供专项行动中，大秦人勇挑重担，再立新功。煤运长河，川流不息，重载之路，历久弥新。在新的征程上，只要党需要，只要人民需要，大秦人必将会以负重争先、勇于超越的勇气，创造出更多新的奇迹，铸就更加辉煌的事业！

媒体链接

扫一扫

专题：千里走"大秦"　看能源保供

★信念如磐：大山深处的坚守

　　2022 年 1 月 28 日 9 时 30 分，"兄弟们，给点了，上道！"王进带着 33 个兄弟进入大秦线河南寺隧道，在没有专门照明设施的隧道里，仅凭着头顶上一盏盏亮起的微弱"头灯"，到达 K163+500 处，他带头弯腰用铁锹一铲一铲刨开轨枕下的煤砟，组织大家再用新的道砟板将轨枕垫起，保持线路平顺。他们利用"天窗点"对线路病害进行整治，以保证春运期间的电煤运输安全畅通。

王进是大同工务段王家湾线路车间主任，他已经是车间的第14任主任，可以称得上是第二代大秦人。他和其他43名职工一起负责维修养护大秦线上56公里长的线路，其中82%以上是在桥梁上和隧道内。

已经有三代人先后值守王家湾，这里是大秦线上养护作业最艰苦的线路，但他们坚守在群山河谷之间，热爱这里的一草一木，以工区为家，以苦为乐，用心守护这里的每一座隧道、每一座桥梁、每一根钢轨和每一颗螺栓。

坚守一个誓言

"两山夹一桥，工区半山腰；天上无飞鸟，地上不长草；风

★继承优良传统，坚守王家湾，奉献大秦线

吹石头跑，吃水下河掏。"这是原王家湾车间河南寺工区的真实写照。

当年，面对艰苦的作业环境和刚建成基础较差的线路，3名共产党员面对高山峡谷举起右拳庄严宣誓："扎根大秦，终生报国！"誓言铮铮，荡气回肠，宣誓的三名党员分别是吴炳雄、王海山、颜迁芳。那一晚，王家湾线路车间的第一个党支部，在飘着雪花的寒夜里诞生了！简陋的屋子里，党支部负责人把大家召集起来，在简易的小黑板上，画出了大秦铁路的示意图。从此，王家湾人的心里，装满了这条"中国重载第一路"，装满了这条为大半个中国经济发展提供能源支撑的钢铁大动脉，更装满了自己肩负的使命！

养路先养人，养人先养心。面对当地"天上无飞鸟，风吹

★以"坚守"为底色、坐落于燕山深处、桑干河畔的王家湾线路车间

石头跑；十里无人烟，吃水下河舀"的艰苦环境；面对大雪封山、缺粮短菜，职工们常常端着稀饭就咸菜的生活现状，车间党支部首先将目光投向改善职工生活这一方面，得想方设法让大家的心先稳下来。

桑干河畔，很快就钻出了一眼属于王家湾人的水井。但没有水泵，再甘甜的水，也难以输送到位于山坡上的院子里。很快，在党支部的申请下，段上送来了大功率的抽水泵，将山下的井水通过二次加压，输送到职工们的眼前。

第二年春天来临的时候，一片充满生机的绿色出现在大家面前。听着自来水管发出的哗哗水声，看着菜园子里破土而出的各种蔬菜，大家心里乐开了花。也正是从这一桩桩、一件件揪心事的解决上，拴住了心、留下了人。

经过 4 年多不懈整修，王家湾的线路质量在大秦线名列前茅。1993 年，河南寺工区被中华全国总工会授予"职工模范小家"荣誉称号。

坚守一种责任

薪火的传承，也从吴炳雄、王海山和颜迁芳等第一批党员手中，传到了第二批党员许利祥、雷献鸿、张会亮等人手中，而且，这束火焰在后来者的手中越燃越旺。

2004 年夏天持续高温，全国各地急需煤炭发电，大秦线运量陡增，保安全的压力巨大。王家湾职工全都守在大桥上、隧道里，加班加点整治病害。那年最热的时候，时任国务院总理温家宝亲自来到茶坞站，看望迎峰度夏中的大秦职工，张五永和其他单位的 14 名劳模受到接见。在接见中，他胸前的奖章吸引了温总理的注意，他走过来问张五永："你的奖章怎么和他们的不一样？"张五永当时眼圈就红了，因为想起他和他的战友们在隧道里施工的情景，阴暗潮湿，好多人都落下了毛病，可没有人抱怨，于是张五永挺直胸膛回答总理"因为我是养路工，我工作的王家湾车间，线路设备几乎全在隧道里，条件艰苦，去年领导授予了我山西省特等劳模的荣誉，所以我的奖章比他们的要大一些。"总理听了，握着他的手又问："那你们管辖的线路安全不安全？"张五永说："安全！"说这两个字的时候，底气特别足，因为在王家湾有一个特殊的群体：愿意为大秦付出一切的一群党员骨干们。

长期以来，王家湾就像磁铁一样，吸引着每一个心中有着崇高信仰的王家湾人！

2008 年春节，一场数十年不遇的冰雪灾害，袭击了我国东南部地区。华东告急、华南告急；南方无眠、北京无眠……

此刻，面对罕见灾害，大秦铁路再一次担负起党和国家交给的重任！王家湾线路车间的全体党员带领职工，又一次挺起了负重的脊梁！

大桥上、隧道里，一列列满载煤炭的万吨大列呼啸着驰骋而过，高密度行车不可避免地加剧了对线路设备的冲击和损耗，但是，电厂要煤、工厂要煤、灾区的群众呼唤煤！

为了及时处理线路出现的故障，确保抢运电煤的万吨大列安全通过，王家湾人和时间赛跑。每当列车驶过，弥漫着浓重尘埃的空气还没散去，他们便打开头灯、戴上防尘面罩，背着工具从避车洞内奔向线路。紧螺丝、换钢轨，常常是送进隧道里的饭菜都凉了，甚至冻成了冰坨子，大家也顾不上吃一口。

目睹了这一切的职工，无不肃然起敬，他们要求和党员们一起冲在最前面。有一次，正在家中休班的职工王建设得知大秦线普降大雪，他立刻起身冒着皑皑白雪，徒步行走 60 里山路，赶到王家湾，投身到设备抢修中。他说："我虽然还不是一名党员，但我愿意向身边的党员看齐！"

年轻的大学生范小宁毕业后来到王家湾，一次次目睹这里的党员们在急难险重面前总是冲在最前面的情景，他立志要成为这个党员队伍中的一员，负重不言重，吃苦不叫苦，将青春奉献给大秦铁路！

子承父业来到大山里工作的韩建秦，在城市的繁华与大山的贫瘠之间，毅然选择了后者，他决心加入党组织，扎根王家湾！

📖 媒体链接

扫一扫

视频：守护煤河的父子兵

2008年，王家湾线路车间的31名党员带着35名职工，以超乎寻常的努力捧回了金灿灿的山西省集体一等功和太原铁路局先进党支部奖牌。

2011年7月1日，在党的生日来临之际，中共中央组织部将"全国先进基层党组织"这一荣誉授予王家湾线路车间党总支，肯定了这里的干部职工在党的领导下为大秦铁路安全运输、为国民经济飞速发展作出的突出贡献。

媒体链接

视频：信念——王家湾线路车间

扫一扫

坚守一份初心

走进车间院落，右手边有一座"坚守坡"，"坚守"二字约200平方米，用近100方石头垒起来。这是大家工余时间肩扛人背，历时一个星期建成的。

像"山"一样"坚守"，这是大秦线第三代年轻人走进王家湾车间无形中接受的"第一课"。

现在的王家湾线路车间有44名干部职工，其中党员就有27名，占到了一大半。在职工队伍建设上，开展了王家湾精神传承活动，号召所有共产党员在急难险重任务面前抢在前，老一代王家湾人的实际行动正影响着这些年轻人。

2020 年 1 月 25 日，面对突如其来的疫情，王家湾线路车间响应段上号召，全部返岗，应对新冠肺炎疫情的防控工作，没有一个人掉队，整整一个多月，大家都没有回家。为保证大秦线安全畅通，春运 40 天里，阮小五和他的同事们，更换重伤轨 39 根，加固伤损轨 6 根，锚固立螺栓 78 条。撤垫板 797 块，改道 707 头，钢轨打磨 96 米，复紧扣件螺栓 3800 米。

韩玮是第三代养路人中的优秀代表，身为铁路子弟的他，身上流露着铁路人吃苦耐劳的品质，也拥有着一名退伍军人雷厉风行的气质。10 月份大秦线集中修期间，是他最忙碌的时候，从凌晨起床开始整备工机具、防护用具，到现场开始调查工作量、上道进行作业。干完活，从回检施工质量，到清点人数、工机具和使用回收的材料。回到工区，他还要核对次日工作计划、检查人员安排、查看安全预想，常常熬到夜里十一二点。集中修的完美收官为电煤保供打下了坚实基础。

在鲜红的党旗下，一代代王家湾人前赴后继，继往开来，承接着使命担当，创造着重载辉煌。大秦铁路，这面中国重载铁路旗帜，必将在年轻一代的大秦人手中高高飘扬。

全路党员先进性教育示范基地——王家湾线路车间

　　王家湾党员先进性教育示范基地是原中国铁路总公司党组在 2016 年 6 月首批命名 7 个全路党员先进性教育示范基地之一。2021 年 4 月，被太原局集团公司党委命名为全局党史学习教育铁路红色教育基地。

　　2017 年，在集团公司、集团公司党委的大力支持下，大同工务段历时 100 天，重新打造了王家湾党员教育示范基地，建造了党旗广场、文化墙、艰苦奋斗展室、学院楼、坚守护坡、坚守"山"以及文化园等展区，逐步将王家湾党员教育示范基地建成一个人才建设的摇篮、新任支部书记锻炼的基地、入党积极分子培训的基地、标准化党支部建设的示范基地、企业文化建设的示范基地。目前，共有45批1000多人参观了王家湾党员示范基地，成为大秦线上的"一面党旗"。

大同工务段王家湾线路车间位于河北省张家口宣化地区，担负着大秦线52公里的线路维修任务，其中桥梁和隧道占线路总长的80%以上。车间实现了从建立以来34年安全无事故的好成绩。曾荣获"全国先进基层党组织""全国工人先锋号""全国青年文明号"等国家级荣誉6项、山西省五一劳动奖章等省部级荣誉14项。

📖 媒体链接

专题：百年瞬间——大秦铁路全线通车

扫一扫

第二节　大秦脊梁

先进典型是工作的说明书，是有形的正能量。

30多年来，一代代大秦人和新时代太铁人不忘初心、牢记使命，负重争先、勇于超越，薪火相传、接续奋斗，用平凡孕育伟大，以奉献履行使命，坚决保障国家能源运输大动脉的安全畅通，昂然挺立起服务经济社会发展的钢铁脊梁……

在重载运输的主战场上，一大批立得住、叫得响的先进典型扛起旗帜、讴歌时代，示范带头、岗位建功，为推动重载铁路高质量发展作出了突出贡献，成为了大秦铁路精神的代言人和创新发展的带头人。

景生启

1973 年出生，中共党员，中国铁路太原局集团有限公司湖东电力机务段湖东一运用车间重载司机。曾先后获得全路优秀共产党员、全路首席技师、火车头奖章、铁路工匠、全国五一劳动奖章、新时代·铁路榜样、最美铁路人、全国劳动模范等荣誉称号，是全路第一个享受国务院政府特殊津贴的重载司机。在 2014 年大秦线 3 万吨重载列车试验中担当主控司机，亲历了我国具有自主知识产权重载铁路技术的重大突破，总结出"2 万吨列车精准操纵法""3 万吨列车操纵法"，填补了世界重载列车操纵技术标准的空白，被誉为中国铁路"重载第一人"。

★ 景生启：中国铁路"重载第一人"

年近 50 岁的景生启是一名驾驶 2 万吨重载列车的司机，在担当机车乘务工作的 29 年里，景生启经历了大秦铁路主型机车 6 次转型升级，见证并亲历了中国重载铁路从无到有、从弱到强、从追赶到引领的飞速发展，并在这条中国重载的创新之路上逐梦前行，从一个名不见经传的普通司机成长为名副其实的"重载第一人"。

心存一个当司机的梦

山西省阳高县大泉山下桑干河畔的景家庙村人不多，景生启就出生在这个村。京包铁路线从他们村旁穿过，开始是烧煤的蒸汽火车拉着列车，后来是内燃、电力机车。"它们从哪来又去哪，火车司机多么神奇啊，能拉那么多的车辆。"幼小的他常常羡慕地看着火车想，"如果自己有一天也能开上火车，该有多神气啊？"当火车司机的梦想也就是这个时候在景生启心里种下了。

1989 年中考那年，报考机车司机专业成了他唯一的志向。功夫不负有心人，他终于以优异的成绩被北京铁路电气化学校录取了。当他了解到南口至青龙桥的历史后，在居庸关青龙桥詹天佑铜像前发誓："一定要努力学习，做一名对铁路发展有用之人。"他在心里重新为自己制定了奋斗目标和理想。

1993 年，当大秦铁路全线开通后，在增运任务繁重、最需要人的时候，他被分配到了期盼已久的湖东电力机务段，实现了当一名火车司机的梦想。

尽管工作前做好了思想准备，然而，大秦线机车司机的辛苦还是景生启始料未及的：换闸瓦、浇油、擦车、盯信号、判断故障、处理突发非正常行车……身体单薄的他，却并不服输，硬是咬紧牙关坚持着，圆满完成了见习考核。

"开火车可是个精细活儿，咱手中的闸把分量千斤重。"他牢记第一次值乘时师傅刘振华的叮嘱，"把每一趟车都当作第一趟去开"的追求也在他心底慢慢扎下了根。

在别人认为"只要能开车就行"时，他却把《技规》《行规》当作做一名合格司机的"宝典"。他能随口背出任何一条规章，对大秦线 20 个站场设备、31 个分相坐标烂熟于心，被大家称为"活规章"。一门心思钻研驾驶重载列车的景生启，逐步掌握了 SS_1 型、SS_3 型、SS_4 型、DJ_1 型、HXD_1 型、HXD_2 型等 6 种机型的驾驶技术。

心诀全在一把闸上

2013 年，景生启参加了全国铁路机务系统技术大比武。2 万吨列车不停地变换曲线和坡度，31 个分相区段没有牵引电流输入、只能靠"动能闯关"的分相区段……这些，都没能成为景生启平稳操纵的障碍。特别是在最后停车时，靠着数十公里外一把制动闸，列车最终稳稳停在了预定的停车位置，让他身后的 5 位评委赞叹不已。这一年，他获得了全路技术比武第一名。

了解大秦线的人都知道，驾驶难度最为复杂的区段就是从8.46公里的军都山隧道开始，长达51公里、坡度超过12‰的连续下坡区段。在这样的坡道上操纵重载列车，撂闸猛了，冲击力瞬间集中释放，轻则造成中部机车渡板变形，重则造成断钩分离；撂闸浅了，则可能引发列车超速甚至放飏。为了精准、安全、高效地完成复杂区段的驾驶任务，景生启给自己定下了"硬任务"——必须找出一套切实可行的方法。

图说

景生启获得"全国劳动模范"荣誉称号

2020年11月24日，湖东电力机务段重载司机景生启在北京人民大会堂参加了全国劳动模范和先进工作者表彰大会。作为"全国劳动模范"荣誉称号获得者的他现场聆听了习近平总书记重要讲话。他表示，习近平总书记重要讲话高度评价了工人阶级和广大劳动群众在中国特色社会主义事业中的重要地位和作用，充分肯定了全国劳动模范和先进工作者的卓越贡献和崇高精神，作为一名铁路工人，自己要立足岗位实际，以开好每一趟车、带好每一名徒弟、保好每一天安全的实际行动，发扬好劳模精神、劳动精神和工匠精神。

他编制了时间表，每趟出乘前设计一套操纵预案，运行中试验一种操纵手法，退勤后再对照运行曲线，在脑海中"复盘"每一步操纵得失。他根据自己的操纵心得，计算出 2 万吨列车在长大下坡道运行的下滑力，并结合不同车底及温度、湿度等诱因，制定针对性操纵方法，减少了列车纵向冲动，达到"杯满不溢"的效果。经过近半年的努力，针对大秦线 16 个起伏坡道的"操纵模块"成功出炉，2 万吨列车中部机车渡板变形等多个难题迎刃而解，景生启首创的"分步循环制动法"被命名为"生启治坡法"。

今天，大秦线的司机们通过这一复杂区段时，都能够精确掌握排风、充风、速度三者的最佳操控时机。这都得益于景生启总结的"生启治坡法"，他的这套"心诀"也成为了填补我国重载列车操纵技术空白的"真经"。

亲历 3 万吨重载试验

如果问景生启，29 年的"大车"岁月哪个时刻最难忘，他一定会告诉你是 2014 年 4 月 2 日。那一天，他驾驶着 3 万吨重载试验列车，成功完成试验任务，向全世界展示了中国重载技术自主创新的成果。

操纵 3 万吨重载组合列车，最大的难点是准确掌握头、中、尾 4 台机车的相对距离和所处坡道位置，保证多台机车牵引、制动的同步性，否则，极易发生牵引时前拉后拽、制动时前堵后涌等危险状况。这样的重任并非任何一位重载司机所能担当，这也意味着景生启要付出更多的努力。

在正式试验前的40多天里，受命进入试验组的景生启完全处于忘我的状态。在3万吨列车的静、动态试验中，他白天跟操纵团队上车试验，夜里就待在试验组梳理试验数据，将每趟列车的操纵实况翔实地记录在笔记本上，这样从试验开始到结束他密密麻麻地记满了5个大本子。每个细节，他都要反复推演几十次、上百次，修改、试验，再修改、再试验，不断优化操纵方案。由他主导的"3万吨列车操纵法"，为确保3万吨列车成功试验开行提供了可靠的操纵技术依据。

3万吨重载列车牵引试验的圆满成功，带给景生启的不仅是荣誉和成就，更是一种"献身重载铁路事业就是献身中国梦"的精神升华，让他对重载司机的责任与担当有了更深的理解。他说："3万吨重载组合列车试验是立足于国家发展战略的重大技术创新和技术储备。大秦人从来都以国家需要为使命，我们不仅要把重载技术一代代传下去，而且要把大秦铁路精神发扬光大。"

带领一群人奋斗

景生启明白"一枝独秀不是春，满园春色才是春"的道理，更明白中国重载铁路机务牵引操纵技术要在世界重载铁路上独占鳌头，必须培养出更多更优秀的重载人才。

2017年以来，面对大秦线运输任务繁重，重载司机队伍青黄不接、参差不齐的情况，景生启带头参加"名师带徒""打造百位'景生启式'大师级司机"行动。按照"每趟车帮带 1 班，每两个月带出两名"的培带计划，以"滚雪球"的方式先后培养出 89 名 2 万吨重载司机，为重载司机岗位储备了宝贵的资源。

面对《"十四五"规划和 2035 年远景目标纲要》对重载铁路提出的新要求新任务，景生启以时不我待的热情深度参与到了重载列车 2 万吨无人驾驶试验和 3 万吨常态化运行试验中，正如他一直以来坚守的那份初心："既然选择了重载事业，我就要用一生来担当。只要组织需要，我会义无反顾去做。"

景生启将自己的热爱与奋斗献给了大秦重载，大秦重载也同样成就了景生启的奋斗梦想，这就是大秦铁路精神的强大力量。

媒体链接

扫一扫

视频：景生启——会开车只是技术，
　　　开好车才是艺术

薛胜利

人物档案

1969 年 5 月出生，中共党员，中国铁路太原局集团有限公司朔州车务段宋家庄站业务主管。曾先后获得全路优秀共产党员、火车头奖章、山西省优秀共产党员、山西省五一劳动奖章、新时代·铁路榜样等荣誉称号。2022 年 1 月，被中共中央宣传部、中国国家铁路集团有限公司联合授予"最美铁路人"称号。他坚守"最好的营销就是服务"这个朴素理念，创下了 8 年时间货运量翻三番的奇迹；他是重载安全的守护神，总结形成的"摸、摆、促、调、比、控"六字胜利治超法一举攻克了超偏载难题，实现了连续 9 年装车 180 多万辆零超偏载的奇迹。

★薛胜利：货运营销的"胜利"之路

在中国铁路太原局集团有限公司，许多人都知道朔州车务段宋家庄站业务主管薛胜利。这不光因为他名字上口好记，更因为他有一种不怕困难、勇夺胜利的精神，创新了许多经典的营销案例，在货运增量主战场上找出了"胜利"之路，成为了全局货源营销场上的"胜者"。

用服务换效益

2013 年，国家进入发展转型的关键期，通过产业结构调整，地方物流业迅猛发展，公路汽运灵活的运价浮动给铁路运输带来了巨大冲击。那年 6 月，薛胜利调任宋家庄站货运负责人，如何稳定既有运量，拓展新增货源，是组织交给他的硬任务，也是他遇到的第一场攻坚战。

要想干好货运，实现运量稳中有进，必须以实干抢市场，用服务换效益。为了尽快打开局面，实现货运增量，薛胜利组织货运班组的 3 名骨干成立了货源调查组，利用一个多月的时间，驱车上万公里，一家公司一家公司地走访，一个厂矿一个厂矿地调查，他们摸清了车站辐射区内 15 家重点煤矿企业、76 家煤炭加工商贸企业的生产情况、库存能力、去向和外运方式，建立了车站既有客户、新增客户、潜在客户基础数据库，分析挖掘客户的显性需求、潜在需求、趋势性需求，制定出"网格化"精准营销和差异化"一对一"服务方案，动员货运班组 18 名职工深入企业，打通走访服务的"最先一公里"，仅两个月时间获得新增货源项目 8 项 120 余万吨，这极大地鼓舞了货运班组全员大营销、闯市场的士气。

将"头回客"变为"回头客"

为打好污染防治攻坚战，中央要求调整运输结构、增加铁路货运量，这更坚定了薛胜利团队的营销信心。为精准掌握企业的产、运、销等情况，他每天都要收集动力煤价格指数，了解港口存煤、电厂耗煤、船舶及海洋气候等情况。久而久之，心里就有了一本"煤字典"，哪座煤矿年产量多少，煤质如何，运到哪里，薛胜利都能做到心中有数。

2017 年，为了争取更多货源，薛胜利带领团队多方走访调研，最终将大秦玉龙能源有限公司定为潜在客户。当时，该公

图说

薛胜利获得 2021 年度"最美铁路人"称号

2022 年 1 月 16 日，由中共中央宣传部、中国国家铁路集团有限公司、中央广播电视台总台联合录制的《闪亮的名字——2021 最美铁路人发布仪式》，在中央电视台社会与法制频道首播，"学习强国"学习平台、央视网、央视视频同步直播，薛胜利获得 2021 年度"最美铁路人"称号。

司拥有 3 个煤矿且区位优势明显，主要通过公路运输煤炭。对此，薛胜利及时沟通联系，多次上门推介铁路运输的优惠政策和便捷优势，成功揽得该公司货源。在"试水"铁路运输取得良好效益后，薛胜利针对运输现状进行客观分析，认为建立铁路专用线是降低运输成本的最佳选择。大秦玉龙公司采纳了薛胜利的建议，于 2018 年建成大秦玉龙煤运站，当年即实现全年煤炭发运量 300 万吨。

服务赢得信任，信任推动合作。2021 年底，大秦玉龙公司特地邀请薛胜利为新专用线选址筹划，并签订了 2022 年 800 万吨互保协议，成为实现路企双赢、货运上量的生动缩影。

货源"蛋糕"越做越大

宋家庄站周边有 15 家煤矿和煤炭加工企业，年产量 3000 万吨，如何有效推进"公转铁"，助力打赢"蓝天保卫战"，让这些企业的煤炭走铁路货运，作为管理者的薛胜利面临很多困难和挑战。

2019 年，煤炭市场持续低迷，货运营销成为重中之重。薛胜利压力特别大，和车站管理人员一起找方法，定措施，制定"网格化"营销方式，将年运量 20 万吨及以上的客户定位目标客户，按照一对一的营销模式，定人、定量与客户对接，实施档案化管理。他经常和同事们说："宋家庄站有天然的煤源，我们是带着国家铁路货运营销的使命为客户服务，一定要用真心、真诚打动客户，满足客户的需求，把有铁路发运意向的客户找回来！"

2020年8月10日，山西同煤集团王坪煤矿开始为期2个月的坑下综采搬家，专用线闲置，资产浪费，车站货源也受到严重影响，怎么办？薛胜利脑子里突然冒出了"借线运煤"的想法——不远处的小峪煤矿正好有富余的产能，可以与王坪煤矿专用线结上对子。他先后赶往两家煤矿，当起了"红娘"，迅速促成了企业合作双赢。王坪煤矿挣到了1000多万元专用线租赁费，小峪煤矿的煤也顺利运了出去，同时车站运量也稳住了，实现了一举三得。通过千方百计为客户服务，车站货源的"蛋糕"越做越大，服务货主、干好本职的底气更足了。后来，薛胜利和他的团队又先后拓展了山煤国际、宋家庄煤站等新增大客户。

疫情期间奋力攻坚

要确保货运工作稳中有进，经常会遇到意想不到的挑战，但薛胜利坚信，咬定青山不放松，办法总比困难多。

2020年2月下旬，由于高速公路出台免收过路费的政策，企业发运煤炭纷纷转向高速公路，车站装车量出现断崖式下滑。薛胜利为了将流失的煤源查清楚，他带领3名营销骨干，穿着棉大衣，连续蹲守在高速公路口7天7夜，饿了就吃一碗泡面，冷了就上车暖和一会儿，一辆一辆地数遍了通过高速口的近万辆运煤货车，想方设法跟司机套近乎，了解煤炭从哪来，运到哪，运费多少，掌握了大量基础信息。随后，他们对症下药，逐一走访重点煤矿，从国家政策，到企业经营发展，掰着手指算大账、看长远、比性价，制定"一企一策"运输方案，与 9 家中小客户签订 820 万吨"量价互保"协议，与 3 家大中型企业签订 560 万吨淡旺季运输互保协议，牢牢稳住了货源基本盘。

2020 年春节过后，合作企业大量矿工因疫情滞留外省，无法复工，薛胜利第一时间向段、集团公司反馈信息，主动参与复工返程方案的制订，促成了朔州、烟台两地 1060 名矿工乘坐专列复工复产。

在他们的努力下，车站货运量逐月攀升，全年超运输目标 147 万吨，不仅没有受到疫情影响，还实现了逆势增长。

"最美铁路人"的初心

作为一名始终奋战在煤炭装运一线的铁路人，薛胜利凭借着一名老党员的责任和担当，全力满足电煤运输需求，为保障人民群众温暖过冬贡献着自己最大的力量。

2021 年 9 月，全国电煤供需吃紧，10 多个省份出现拉闸限电的情况，给正常经济运行和居民生活造成一定影响。为扎实推进电煤保供任务，薛胜利迅速与电煤保供企业对接，制定开行直达列车、签订中长期合同、开通绿色通道等 12 项电煤保供措施。10 月 12 日，30 年来首趟发往东北的"点对点"直达电煤货运列车从宋家庄的小峪煤矿发出。此后，宋家庄站每日常态化开行东北、华北等 17 个地区的电煤列车 10 列以上，薛胜利一天到晚忙碌在站场，望着装满煤炭的列车一趟趟开出去，心里特别踏实，感到所有的付出都是值得的。

9 年来，薛胜利凭借各方面的精准运筹，带领营销团队实现宋家庄站货运量每年增长 13%，为大秦线运输增量发挥着积极的作用，将温暖送到千家万户，被称为"货运增量的领头人""服务客户的暖心人"。

作为 2021 年"最美铁路人"，薛胜利在接受中央电视台记者采访时说："能为电煤保供作点小贡献，我从心里感到充实和高兴！我要尽一切力量，把工作往好了干，再往好了干！"

媒体链接

扫一扫

视频：薛胜利——货运增量的领头人 服务客户的暖心人

王养国

人物档案

1971 年 1 月出生，中共党员，中国铁路太原局集团有限公司大同西供电段阳原供电车间阳原供电运行工区工长、党支部书记。曾先后获得全国"两学一做·榜样"、山西省劳动模范、山西省五一劳动奖章、山西好人、全路优秀党支部书记十大标兵、全路优秀共产党员、火车头奖章、新时代·铁路榜样提名奖等荣誉称号。他作为大秦铁路第一代建设者，扎根大秦线 32 年，带领工区的职工们拼搏奉献、创新实干，实现了安全基础达标率、设备质量优良率、职工抽考合格率三个百分之百的目标，创造了 15 年无责任设备故障的安全成绩。

★王养国：养国的"初心"

大同西供电段是大秦线唯一的供电保障单位，其中44公里接触网供电设备是阳原供电车间阳原供电运行工区工长兼党支部书记王养国的"战场"。从1990年入路至今，王养国始终把使命扛在肩上，30多年如一日用忠诚、责任与担当守护着这段线路。他从一名青工成长为职工身边的榜样，深受大家赞誉。他把自己最美好的青春献给了大秦铁路，诠释了一名大秦人的无悔追求。

以匠心守初心

1990年，19岁的王养国来到阳原供电运行工区，他从师傅那里听到的第一句话就是"供电安全无小事"。因此，他将全部精力倾注在精进业务上。

大秦铁路运营初期，设备检修密度大。他要处理各类网线缺陷、故障，每天像是"挂"在了接触网上。随着工作积累，王养国的业务技能突飞猛进。在一次供电分束改造施工中，出现了加装新型高速分段器卡壳的问题，此时距"天窗"点结束不到20分钟。高度体系化、模块化的大秦线，列车开行间隔以分钟计算，任何延误都可能影响当日运量。紧急时刻，在另一端作业的王养国立刻赶来。依靠精湛的技术，不到5分钟，他便完成了对卡壳环节的紧急处理。"天窗"正点销令，列车正常运行。自此，王养国"技术大拿"的美称便在工区传开了。

一个夏夜，暴雨如注，一台隔离开关瓷瓶被雷电击碎。由于破损的设备类型已被淘汰，没有同型号设备可替换。关键时刻，王养国将新旧两种隔离开关反复对比测量，把新型隔离开关较短的部位用垫片抬高，并在较高的部分打孔穿上螺栓固定。经过改造，合闸成功、顺利送电，确保了迎峰度夏电煤顺利运输。

阳原地区风大，承力索和中锚辅助绳在大风天气中相互磨损，容易造成设备性能降低。王养国与工友们对此展开技术攻关，在接触网定位点中间用钢线卡子将承力索与辅助绳分别卡牢。该项成果被评为段合理化建议一等奖。

肯吃苦、善钻研的王养国很快就成了车间数一数二的业务骨干。1999 年，王养国当上了班组副工长。2012 年，他担任阳原检修队工长。

王养国曾签发过 3 年的接触网工作票，数百张作业票从来没有出过差错。他还从事过 3 年材料员工作，上千件料具从他手中进出，井然有序。在当安全员的 2 年时间里，他严格执行规章按标作业，从未打过折扣。担任工长后，为了能将自己的技术经验理论化，他将 200 多页的《接触网设备检修与维护》背得滚瓜烂熟。为了摸清管内设备底数，做到及时更新、动态管控，他带领职工一根支柱一根支柱地测量、记录，编制了《阳原外线设备简图》《电力系统图》《应急处置手册》。管内设备哪里是检修重点、哪里需要补强，他都了然于胸……从一名青工到一名技术带头人，王养国始终把责任扛在肩上。

以担当赴使命

2014 年夏天，阳原检修队被列为标准化示范建设区段。不同于日常"天窗"修的拾遗补缺和每年集中修的重点整治，标准化示范建设是从职工素质、日常管理到设备质量的一次全方位、全要素质变。面对这场艰苦的硬仗，作为工长的王养国一马当先，什么工作最艰苦，他就带头干什么。他经常是晚上排计划、定进度，一项一项检查第二天使用的材料；白天盯"天窗"、卡关键，为 1000 多根杆逐段逐杆测量、记录、作标注……为了不耽误进度，他天天顶着骄阳步行数公里到现场，脚底磨出了血泡。工友们心疼地说："你怕我们中暑，让大家轮流到现场，自己也不能一天都不休息啊！"功夫不负有心人。经过 3 个月的标准化示范建设，阳原检修队管内区间被评定为全局供电系统标准化示范区段，王养国本人也被授予标准化示范岗荣誉称号。

为了完善《接触网工岗位作业指导书》，王养国带着工区几名业务骨干，翻阅了 20 多本专业书籍，凭着多年的工作经验和专业技术，用时 3 个月，补充完善了 9 项岗位作业指导书、22 项检修作业指导书，并插入了 200 多张示范图片。

提高"天窗"利用率是解决运输与安全矛盾、提升设备运行质量的关键。以往接触网设备检修，都是以小组为单元，一段一段干，辅助人员占的比例大，人多不出活。王养国针对低效的作业组织方式，向车间提出了"检辅分离"的建议，在保证安全的前提下，打破了过去有几个作业组就设几个辅助队伍的做法，通过精准计算作业时间，统筹安排作业项目，实现了几个作业组共用一个辅助队伍，尽可能减少辅助人员，提高了上网操作人数比例。这种作业方式不仅提高了职工的素质，"天窗"利用率也提升了50%以上，被广泛采纳推广。

图说

王养国"传帮带"提升青工素质

工长兼党支部书记的王养国，注重发挥"传帮带"作用，提升工区的凝聚力和战斗力。

在工作中，他利用自身技术优势，手把手

教授职工业务，针对工区青工人数超过50%的实际，为每名青工量身制订"一人一案"培训计划，带头示范演练，有效提高青年职工的技术业务水平。

在生活上，他视工区如家，把职工的事当成自己的事，运用手到、眼到、口到、心到"四到"工作方法，精准做好职工"一人一事"思想政治工作，把工区职工紧紧拧成"一股绳"。

作为工长，要想把队伍带好，越是有困难的时候就越得靠前站、往前冲。接触网支柱基础在大雨天塌陷，他连续盯在现场一天一夜，直到加固整修完毕才离开；组织青工演练，不管三伏夏日还是三九寒冬，他从来都是第一个到练兵场；职场环境整治，每天下午，他都是第一个走向工地搬石头、拉沙土。无言的行动带动着每一名职工积极参与到义务劳动的行列。职工们在工区栽花种草，建起了小花园。桃红柳绿、整洁美观的小花园让这个远离都市的"家"有了更温馨的味道。

以忠诚铸信仰

阳原检修队有 43 名职工，近七成是"85 后""90 后"青工。为了帮助青工快速掌握业务技能，王养国不但为每名青工量身定制培训计划，还亲自示范、实作演练。

有一天，气温高达 35 摄氏度。大伙以为会等凉快下来再开练，没想到演练铃声准时响起。仓促列队的人中，有的没拿工具、有的没穿黄马甲……王养国拉下脸说："越是天气异常，接触网线越容易出问题。设备发生故障了，我们能说等天凉快了再抢修吗？"在他的一次次严格要求下，青工业务水平逐步提升。渐渐地，工区的青工们个个都能网上杆下独当一面。

作为工长兼班组党支部书记，不仅要抓好生产，还要把班组职工团结起来，拧成一股绳。工区远离城市远离家，班组职工就把工区当成家，王养国就像家长一样关心每一名职工。

一名青工休班时摔伤了胳膊，养伤时又换了手机号，很长时间联系不上，王养国感觉事情不简单。他利用休班去家访才知道，这位青工迷上了网络游戏。有人劝他说："很多有网瘾的人，父母劝说都没用，你就别操那份心了。"但王养国认为，决不能让自己的职工这样沉沦下去，帮助他回到正常的生活状态是自己的责任。为了帮助这位青工戒掉网瘾，每到休班，王养国第一件事就是直奔其家中，终于在第七次上门时见到了他。苦口婆心、耐心劝导，精诚所至、金石为开，在王养国的努力下，这名青工回归到了正常生活。

为了让这名青工更好地融入集体，王养国有意识地在业务上给他开小灶。在他手把手带领下，这名青工就像换了一个人似的，很快成了熟练的操作工。在一次集中修期间，这名青工及时发现并消除了桥上钢柱底座严重松脱的设备隐患，受到2000元奖励。

班组的职工，不管谁有事儿，王养国都当成自己的事。职工的孩子便血，他帮着联系医院专家；职工的父亲摔伤，他像对待自己的父亲一样，背着送到医院。

凡事都为职工着想的王养国，也有自己过不去的坎。

2016年，王养国的妻子被查出患了癌症。一边是化疗后需要照顾的妻子，一边是繁忙的检修工作，分身乏术的王养国将妻子从大同接到阳原，悄悄在工区旁租下一套40平方米的宿舍。他一脸歉疚地对妻子说："条件不好，委屈你啦！"妻子眼含泪水地说："不委屈！能和你在一起，哪儿都是家……"

　　一个人的思想境界、道德情操和行为准则，与他的人生追求和理想信念密不可分，而一名有着崇高信仰的共产党员，也必将始终坚守初心和使命。许多人问他："这么多年，累吗？后悔吗？"王养国有时也问自己："累吗？"真的很累！但他从不后悔！他说："大秦线不一定记住我们的名字，但一定留下了我们的故事。"

　　📷 **媒体链接**

扫一扫

　　　　视频：养国的初心

丁巧仁

人物档案

　　1972 年 9 月出生，中共党员，中国铁路太原局集团有限公司大同电务段湖东移动车间湖东无线测试工区通信工、高级技师。2011 年获得第三届全国铁道行业职业技能竞赛铁路通信工（无线终端维护）第一名。曾先后获得全国技术能手、火车头奖章、全路首席技师、铁路工匠、新时代·铁路榜样提名奖等荣誉称号。作为山西省和原铁路总公司成立的"丁巧仁技能大师工作室"带头人，先后主持推出创新性技术攻关项目 20 余项，组织实施车载通信设备规模化技术改造 3 次，大大提高了安全保障力，产生经济效益 2000 余万元。

★丁巧仁：巧手仁心成大器

1993 年参加工作的丁巧仁，扎根大秦线 30 个年头，保障重载列车车载无线通信设备对操控命令的精准传输，确保每一列重载列车安全运行，是他多年来一直秉持的工作态度。超过 8300 台次的设备检修、2600 件次的故障处理，连续 15 年无责任故障，丁巧仁日复一日、年复一年将大秦人的初心和使命书写在"中国重载第一路"上。

"要么不干，要干就干好！"

1993 年，丁巧仁从天津铁路工程学校毕业，成为大秦线上一名无线通信检修工。那时的车载通信设备被称为无线列调，只能实现近距离点对点传输，换代后的移动通信设备被称为"机车保命装置三大件"之一，能够保证大秦线重载列车保持良好的运输秩序。喜欢研究电路的他逐渐爱上了这个行业，并暗暗下定决心："要么不干，要干就干好！"

为了尽快掌握工作原理和参数标准，白天，他跟着师傅们学习基本检修方法，下了班就利用废旧设备进行模拟练习。别人不愿碰的"疑难杂症"，在他眼里都是提高业务技能的试验案例。他把每一次故障现象详细记录下来，回到工区后再反复研究琢磨，常常在不足 4 平方米的无线屏蔽室里，一待就是一整天。凭着对工作的满腔热情和刻苦学习实践，他很快就掌握了各种型号车载通信设备的工作原理、作业流程，成为班组里的技术骨干。

1997 年，凭着多年练就的业务本领，他成功地解决了机车司机与车站值班员通话时间超过 1 分钟就会自动中断的问题。业务关联单位的总工程师向他竖起了大拇指："一名现场的青工能解决这样的问题，很不简单！"

"要踏踏实实地干活"

2006 年，大秦线由模拟无线通信模式步入 GSM-R 无线数字通信模式，需要现场维护人员具备扎实的数据分析应用能力。当年 3 月，大秦线试验开行 2 万吨重载列车，首次使用 GSM-R 铁路综合数字移动通信技术。这次装备升级在全路无任何经验可供借鉴，丁巧仁感到了前所未有的压力，他跟自己较劲："这个硬骨头，必须啃下来。"

从零起步的丁巧仁珍惜每一次向厂家学习的机会，他从安装、调试设备学起，一次次进行数据分析，一遍遍排查设备故障，一趟趟请教厂家技术人员。每当他疲惫懈怠时，脑中总会想起父亲说过的那句话："你哄地皮，地皮就会哄肚皮，要踏踏实实地干活。"

为了尽快熟悉新业务，他先后参加了北京交通大学、深圳相关厂家组织的培训学习，借来专用英文字典，对照查询 G 网专用术语，徒步巡线熟悉区间设备运用情况。在通勤车上、在家时，他总要拿起英文字典背几个单词。不到半年时间，他就基本掌握了 G 网维修的各项技能，成为工区里维护车载无线通信设备的"小专家"，先后解决了机车信号弱、天线驻波比不达标等诸多问题。

在后续工作中，牵引 2 万吨重载列车的机车无线通信设备出现了"车次号注册失败"现象，他连续工作了几个白天晚上，梳理了 3 万多组数据，找出了问题所在，提出了"用霍尔开关电路代替机械式手柄握键"的解决方案。CIR 操作显示单元人机界面维护设置内容不合理，他通过对系统软件进行编程修改，实现一键式导入，极大地提高了维护人员的工作效率。凭着一股子不服输的钻劲闯劲，2011 年，他在第三届全国铁道行业职业技能竞赛中摘得桂冠。

图说

丁巧仁技能大师工作室

2014 年 4 月 18 日，以丁巧仁名字命名的"丁巧仁技能大师工作室"正式挂牌成立。

他热爱本职岗位，痴迷通信技改，以过硬的技术和工匠精神，带领团队成员先后推出技术攻关项目 20 余项，组织实施车载通信设备规模化技术改造 3 次，大大提高了安全保障力，产生经济效益 2000 余万元。

他注重团队建设，培养的技术骨干先后有 5 人在太原局集团公司技术比武中获得前三名的优异成绩，4 名职工获得全路技术能手、三晋技术能手等荣誉称号。

"让我来！我先给探探路！"

大秦铁路是一条与时间赛跑的民生通道，车载通信设备必须时刻保持良好，否则就会让司机变成"哑巴"，与调度指挥人员失去联系。2003 年 6 月的一天，他和同事们徒步进行区间设备检查。当走到大秦线栗家湾隧道 2 号东部洞口附近时，他发现无线信号变弱，立即断定这里的电缆接头接触不良。为了尽快处理故障，他主动请缨："让我来！我先给探探路！"经过对氧化部分进行打磨，更换新的接头，测试顺利通过，信号恢复正常了。

2007 年，他担任测试工区工长后，肩上的担子更重了。他也变得更忙了，无论苦活脏活累活急活，都要冲到最前面！2010 年除夕前一天，工区接到一项紧急任务：柳村、京唐港等车站有 36 台内燃机车需要尽快加装 CIR 新设备。一场鏖战打响，他带领 3 名同事火速赶往目的地。在途中，他就和工友们商定好了作业方案。那些天，他每天 6 点准时把大家叫醒，赶快吃完早点，肩扛手提几大箱子工具设备材料，就从驻地出发。当时秦皇岛、唐山地区最低气温是零下 16 摄氏度左右，一进到机车里，感觉就像进入"冰窖"，感觉浑身的热量都被吸走了。

机车内部设备装完，最头疼的是安装车顶上的 4 根天线，又冷又滑又高，他们穿的衣服多而动作笨拙，简直像在冰山上作业，干上 10 分钟，就仿佛脸要开裂耳朵要冻掉。每天连续作业达 14 个小时，一直干到正月十一才回到家。尤其是最后一天，他们由每天装车 2 台的进度提高到了 7 台，创造了他们自己也不敢相信的装车纪录。厂家人员高度评价："全国各地走过那么多地方，你们这样的速度，这样的硬骨头，我还是头一回遇到。"

"要对得起组织的信任！"

2013 年 4 月、2015 年 12 月，山西省和铁路总公司以丁巧仁名字命名的"技能大师工作室"先后挂牌成立。这让他对自己工作的重要性有了更深的理解，也让他对技术的痴迷渐渐转为把职业当事业的责任和担当。他思忖："这是很高的荣誉称号，要对得起组织的信任！"

他带领工作室成员积极进行技术攻关，先后解决了和谐机车新旧车载无线通信设备不能互换通用等 20 项难题，实施规模化技术改造 3 次，创效 2000 余万元。其间，他主导筹建了太原局集团公司首个铁路无线通信设备维护实训基地，创新推出传帮带"小课堂"，还参与铁路总公司组织的 5 部书籍的编写审定。2015 年被铁路总公司抽调到武汉高铁训练段，担任驻段培训师，个人技能经验得以快速推广。工作室培训的骨干先后有 5 人在全路、全局技术比武中获得前三名，4 人获得全路技术能手、三晋技术能手称号。

2021 年 10 月，电煤保供攻坚战打响后，大秦线上机车运用数量增加，机车入库周期变长，需要对车载设备做更精细的检测。丁巧仁和他的技术团队变"坐医"为"行医"，对所负责的

500 台机车车载无线通信设备逐一进行"会诊",分析了上万组数据,确保了通信通道始终顺畅。

打赢了电煤保供这场硬仗,让丁巧仁和他的工友们内心喜悦而充实。正是因为有了他们的付出和守护,才使得一条条钢铁巨龙安全有序地奔驰在千里大秦线上。

媒体链接

扫一扫

视频:新时代·铁路榜样——丁巧仁

李建兵

人物档案

　　1971 年 4 月出生，中共党员，中国铁路太原局集团有限公司湖东车辆段湖东运用车间货车检车员。曾先后获得全路劳动模范、火车头奖章、全路技术能手、太铁工匠、太铁之星、集团公司首席技师等荣誉称号，是"李建兵货车检车员技师小组""建兵创新工作室"的带头人。他汇编了 12 万余字《大秦线重载列车车辆故障研判（应急）处置指南》，搭建了"应急云平台"，有效提升了大秦线车辆故障的远程诊断处置能力。组织制作的"C80B 型空气制动装置移动练功车"广泛推广，累计节支创效 300 余万元，为大秦重载运输事业作出了积极贡献。

★李建兵："剑走偏锋"的检车员

从大秦线开通运营时的"业务尖兵"到著书立说的"土专家"，这条路李建兵走了 33 年。他扎根一线，凭着一腔热血"仗剑走天涯"，与大秦线相伴成长，将所有经验汇集浓缩到"三尺讲台"。他是一线检车员"李师傅"，也是技教员"李老师"，不改对车辆新技术的痴心执念，不改做一名货车检车员的初心，他用深耕细耘的匠心，在千里大秦线上牢牢树起了先锋旗帜。

他是职工信得过的"土专家"

大秦线 1988 年开通，李建兵 1989 年便来到湖东车辆段湖东运用车间工作，自此他 30 多年如一日地扎根在大秦一线，无论寒冬酷暑，还是风霜雪雨，从事检车员的他，始终埋首在自己岗位的"一亩三分地"上，没有叫过一声苦、没有喊过一句累。

面对货车上大大小小上百个零部件，他仔细揣摩配件结构、刻苦钻研车辆知识，书籍资料翻了一本又一本，学习笔记摞了一沓又一沓，车辆配件摸得发亮，别人得过且过的内容，他一概不放过，深入研究。在这种钻研精神下，别人发现不了的问题他能发现，别人解决不了的难题他能解决，随着一次次排查疑难故障的突出表现，他成了车间"问不倒""难不住"的"业务尖兵"。担任班工长期间，班组一直被评为"先进班组"。他说："我是一名党员，是党员就要人前示范、人后苦干。"

面对大秦重载高速发展和新设备、新技术、新工艺的应用，李建兵跟随者大秦线的发展，不断刻苦钻研车辆技术业务，在一次次技能比武中"崭露头角"。2009年取得了"高级技师"技术资格后，他不满足于仅仅做一名"业务尖兵"，决心将所掌握的知识及积累的经验传授给更多工友。于是，在段、车间举办的各种培训班上，他一手传帮带，一手攻难关，"李建兵的三尺讲台"成了工友们热捧的"小课堂"。

在2018决战冲刺安全年的关键时期，针对37名大学生检车员现场经验少、实作能力差的情况，李建兵心急如焚。为了能够实实在在地提高大学生的作业水平，他主动向车间和段请缨，远赴唐呼线京唐港运用车间增量主战场，对症下药，因材施教，采取案例学、现场教、多媒体等多种培训，组织实作演练，将培训班办在现场，把课堂设在岗位，"李老师"带着学生们沉在一线，一起摸爬滚打，短短一个月，他硬是把一群"娃娃兵"带成了"拳头班"，大学生们从刚开始的眼高手生，变成了检车队伍里的中坚力量。

除此之外，着眼于一线检车员人身安全和技能提升，李建兵还精心编录了"人身安全警示录"微视频，编制了《讲坛·动态检查》等多媒体教学课件。他还多次被集团公司专业部门邀请，参与编写了《货车车辆钳工》，审定了《高等职业学校铁道车辆专业建设指导标准》《货车检车员国家职业标准》等全路车辆行业培训教材。慢慢的，这位什么都懂的"技术尖兵"，成为了职工心目中著书立说的"土专家"。

🖼 图说

建兵实训小课堂

2016年2月17日，李建兵针对冬季重载货车多发易发故障的处理技巧，为班组新职人员进行现场讲解授课。作为现场经验丰富的"老师傅""好教练"，李建兵把做好对新职人员的传帮带作为自己的重要责任，汇总编写了12余万字的《大秦线重载列车车辆故障研判（应急）处置指南》培训手册，组织制作了"C80B型空气制动装置移动练功车"，采取案例学、现场教、多媒体等方式，带领大家学业务、提技能、强本领。特别是作为段参加集团公司、国铁集团技能竞赛参赛选手的"首席教练"，他带领团队获得了全路技能竞赛团体一等奖，多名青年职工在他的指导下，获得火车头奖章、全路技术能手、全路青年岗位能手等荣誉称号。

手握破解安全难题的"金刚钻"

"一入路，我就有一个梦想，就是要做检车员里的行家能手。"这个梦想，很平实，但实现起来并不容易。为此，他不断琢磨思考，并提出了许多可靠可行的"金点子"。针对大秦线C70、C80B新型货车制动梁端轴易脱出窜上上翼板的故障，为杜绝车辆漏检而引发事故，他利用二十多天的休班时间，将6个作业场挨个走遍，通过多方现场调研求教，提出了在距侧架上翼板19毫米处加装35毫米×30毫米×20毫米防脱挡铁的相关改造建议，并在《太原铁路科技》期刊上发表。

在一次工作检查中，他发现动态检车员不懂检车技巧、不清楚典型故障图片特征、不知道故障发生规律等风险隐患后，便思考总结出《动态检查运用"三法"判别钩缓装置故障》《TFDS故障三对比》等故障判别法，并制作成视频课件，指导动态检车员作业"看什么、怎么发现隐患，怎么看、如何辨别故障"。

针对边远班组岗位练功设施匮乏，职工岗位技能无法适应运输发展新形势的问题，他根据班组作业特点，组织制作了"C80B型空气制动装置移动练功车"，彻底扭转了边远班组一直以来无基础练功设施和技术薄弱的问题。练功设施得到段的广泛推广，为段节支创效300余万元，获得全路"QC质量管理小组活动"竞赛优秀奖、局级一等奖。2019年"李建兵货车检车员技师小组"QC攻关成果《提高音视频记录装置利用效率》又获集团公司级优秀质量管理小组成果奖。他研究出的理论成果，为检车员提高作业质量提供了强有力的方法指导，是解决安全隐患的"金刚钻"。

开发重载车辆应急处置"云平台"的匠人

为了运用互联网技术更好地为工作需要服务，他刻苦钻研互联网平台知识，遇到不懂的技术难题，还虚心向刚入路的大学生请教，翻书籍、查资料、做笔记、搞推演，最终学以致用，利用现代网络通信设备以及铁路专网，搭建了"建兵120服务台"，实现了内外对接，使职工在应急处置中，对故障无法作出准确判断时，总能在第二现场给予远程诊断。几年来，他遥控指导应急处置百余次中，没有出现一次调查漏项、处置不当的问题。

结合大秦货运增量实际，他还编写了12余万字《大秦线重载列车车辆故障研判（应急）处置指南》，并运用互联网技术，设计研发了《应急处置"云平台"》，实现了技术文件、事故案例、应急处置、故障研判等15项"云"查询，让职工随时随地了解故障处置方法，快速指导现场故障处置。

他常说："没有比现场更生动的课堂了，大秦线的敞车开到哪里，我的讲台就在哪里。"他守在作业现场，见缝插针地传授，倾囊相授地教学，始终让职工的业务素质跟上车辆新技术的进步。随着"建兵创新工作室"的成立和"建兵货车检车员技师工作小组"的组建，李建兵的"三尺讲台"不断扩大延伸，先后带出车辆业务骨干1000多人，指导200多名检车员走上了技能竞赛领奖台。

30多年的时光，让李建兵从检车员成长为技术专家。在这条路上，他剑走偏锋发挥特长，用精益求精的匠心，守住了不懈奋斗的初心，在"交通强国、铁路先行"的追梦路上必将走得更加充实，更加坚定！

柳村女子探伤工区

人物档案

　　由14名女探伤工组成，年龄最大的41岁、最小的25岁，隶属于中国铁路太原局集团有限公司秦皇岛西工务段西张庄探伤车间，是全路工务系统第一支整建制全部由女探伤工组成的探伤工区。工区先后获得全国工人先锋号、全路先进基层党组织、山西省工人先锋号、山西省十大杰出女子班组、山西省巾帼标兵岗以及集团公司三八红旗班组等多项荣誉，涌现出火车头奖章获得者2人。工长谢小伟曾获新时代·铁路榜样提名奖。

★柳村女子探伤工区：谁说女子不如男

15 年来，走过 12000 多公里线路，保障了 20000 多组道岔的安全，创造了 5400 多天"零漏检、零误判、零违章、零事故"的纪录，准确判断 800 余处伤损，减少疑似伤损复核 273 处，累计节约维修成本 56 万余元，这是秦皇岛西工务段柳村女子探伤工区创造的纪录。12 名清一色的"80 后"女子探伤队员化身"硬汉"，用柔弱双肩扛起钢轨探伤任务，用青春和坚守书写奋斗华章。

女子探伤工区的 12 名"80 后"

2006 年 7 月，一群风华正茂的山西姑娘走出绿色军营，脱下军装，穿上工装，成为秦皇岛西工务段柳村养路工区的养路工。

2007 年 1 月，段里要组建女子探伤班的消息不胫而走。听说探伤是个技术活儿，待遇比较好，大家争相报名。在 123 名复转女兵中，12 名"80 后"姑娘脱颖而出。她们担负起大秦线柳村、港站及秦东三个大型编组站 118 公里线路和 274 组道岔的钢轨探伤检测任务。

在铁路系统，户外作业多为男职工负责，尤其对于工务来说，每一台探伤仪 50 公斤重，每天上线一走就是六七公里，光避车上下道就得 20 多次，探伤工这一职业历来都是男同志的阵地。长年风吹日晒，又苦又累，休假不规律，作业时间长，就餐没准点，男职工都望而却步的活儿，她们却勇敢地承担了起来。即使夏天 36 摄氏度的高温天气，她们也坚持至少每月探伤 20 天，完成道岔探伤 75 到 80 组的高强度作业。

从零下 20 摄氏度到 60 摄氏度

"前方来车！全体下道！"现场防护员高以香手中的对讲机响起，她举起信号旗，高声提示，向远端防护员发出信号告知工作中的同伴。正在作业的 6 位女工迅速将 2 台重达 50 公斤的超声波探伤仪搬离钢轨。

震耳欲聋的轰鸣声中，身着橙色工装，口罩、帽子全副武装的女子探伤队员们排成一列下道避车，等列车驶离、接到命令后，再将沉重的仪器搬回到钢轨上，继续向前推行。对于柳村女子探伤工区来说，同样的场景每天都在重复上演。

"我们统计过，每天需要避车上下道 20 多回、弯腰蹲起 100 余次、分析波形 20 多组。"工长谢小伟用一组数据描述她们的工作状态。

探伤工区负责的区域坡道多、钢轨侧磨严重、探伤难度大。每天，她们都需要手抬探伤仪，检测 6 公里长的钢轨，徒步推行六七个小时。这还不是最难的。气温剧烈变化时，最易发生钢轨断裂的情况，每逢隆冬、盛夏，就是她们最紧张的时刻。

冬季在气温接近零下 20 摄氏度的室外进行作业，捂着口罩和帽子，呼出的水汽常常在头发、睫毛上凝结成冰；盛夏炙热的钢轨直逼 60 摄氏度，作业站场毫无遮蔽，暴晒雨淋都是家常便饭。

毫米计的缺陷也坚决不允许

"真正的考验是每天要在数公里的钢轨探伤中查找以毫米计的缺陷，稍有遗漏就可能造成安全事故。"谢小伟说。

伴随着探伤仪器"嘀嘀嗒嗒"的信号声，姑娘们边推行仪器，边仔细地在监控屏幕上观察波形、校对伤波。只要遇到异常信号，她们都要反复检查、校对，确保伤损及时检出。遇到道岔等复杂路段，谢小伟便带头弯腰"手检"，用锤子敲打钢轨，观看反弹高度、监听反馈声音。

图说

柳村女子探伤工区荣获国家殊荣

2019 年 2 月 26 日，中华全国总工会在北京召开每两年一次的全国先进女职工集体和个人表彰大会。秦皇岛西工务段柳村女子探伤工区获得全国五一巾帼

奖状和全国五一巾帼标兵岗，工长谢小伟代表工区接受表彰，她说："这是对我们女子探伤工区的肯定和激励。我们将继续坚守大秦，为煤运大通道的安全畅通作出新的贡献！"该工区十余年如一日坚守在铁路一线，用零漏检、零误判、零违章、零事故的安全佳绩，守护大秦重载铁路的安全畅通，曾获全国工人先锋号、山西省工人先锋号、山西省十大杰出女子班组、山西省三八红旗集体等荣誉称号。

每天室外工作结束后，还有大量数据回放、比对任务等着她们处理。通过回看，发现出波的异常情况，确定伤损位置，通知相关人员及时处理。

探伤女工的专属"化妆包"

因为免不了磕磕碰碰，探伤工区的姑娘们进场地，包里总是随身携带着红花油、创可贴。"我们经常开玩笑，说这是女探伤工专属化妆包。"执机手任玮玮笑着说。由于长时间抬重物、加上弯腰作业，许多人的腰椎都有劳损问题。

防护员王婷是探伤班为数不多的"90后"，她笑称自己一直是"女汉子""力气贼大"，可为了适应这份工作，也花了不少时间。

现在，转线、避车，每天抬上抬下百余次，姑娘们克服困难，逐渐适应了这样艰苦的工作状态。

离开这个艰苦的环境、高强度的工作，她们不是没有动摇过。"刚来的时候，我们都掉过泪，也很想家。"和谢小伟一批来到秦皇岛的女探伤工们都来自山西大同。远离家乡和亲人，气候、饮食、工作强度，都特别不适应。她们不是没有过调离的机会，但多数选择了留下来坚守，她们舍不得像亲人一样的姐妹们，离不开"日久生情"的奋斗岗位。"既然做了这份工作，就要好好干。"这是她们共同的心声。

"怕干不好'捅娄子'，没想到却成了业务骨干"

"学徒那会儿，头顶烈日，每个人的脸上都褪了一层皮，手上磨出了血泡，看着都叫人心疼。"师傅们这样评价自己的徒弟。杨敏刚开始上道时，生怕掉队，紧张得不知先迈哪条腿。"四细、五慢、八注意"七个字，想做好都觉得难。后来她们掌握了要领，推行探伤仪就平稳了。

"大秦线运量高、列车密度大，每一根钢轨都承受着巨大的压力，每一吨煤炭都要从我们探伤过的路段通过，稍有闪失，就可能造成严重的安全后果，干上这一行，我才知道什么叫担当，才懂得责任的重大。"平日不善言谈的班长霍智慧那一刻显得很健谈。

一次巡检，路娜娜发现了一个异常波，因为三、四通道是前后 37° 组合探头，很难判断出波是多孔还是双孔。大家现场攻关、仔细分析、耐心推敲、反复演示，最终准确探测出了伤损轨件，那一刻，每个人脸上都洋溢着开心的笑容。"最开始大家担心这些女孩子吃不了苦，怕干不好'捅娄子'，没想到却成了业务骨干。"车间主任这么评价自己的兵。

坚守是担当也是使命

女子探伤工区的队员们大都已经结婚组建家庭，上有父母下有儿女。但是在工作中，她们早已忘记了自己是父母的掌上明珠，忘记了自己还是妻子、是母亲，在她们心中更多的是对工作、对岗位的执着与热爱。

2017 年 11 月，霍智慧的孩子感冒咳嗽，高烧三四天不退。为了不影响工作，她把山西大同的母亲接到秦皇岛，白天在单位忙工作，晚上回家再照顾孩子。

工长谢小伟每天早晨五点半起床为孩子做好早点，送孩子上学。为了不影响工作，把孩子托管到"小饭桌"，每次都是丈夫去接孩子，周末同学都在父母的陪伴下玩耍，只有她的孩子是爸爸一个人陪伴。仅 2018 年一年，12 名女工就主动放弃休假192 天次。她们把对孩子、对父母、对丈夫的爱和牵挂深埋在心底。把对大秦铁路的热爱放在心上，用担当践行着坚守大秦线安全畅通的铮铮誓言。

"经过我们探伤的钢轨不断轨、不出事儿，再苦再累也值得。"朴实的语言，道出了姑娘们的心声。她们用苦中练就的技艺，用枕木道砟般赤诚的坚守，护航重载列车的安全，用实际行动展现着大秦重载"谁说女子不如男"的巾帼风采。

📖 媒体链接

视频：大秦重载女子探伤班

扫一扫

韩喜青

人物档案

　　1969 年 5 月出生，中共党员，中国铁路太原局集团有限公司湖东电力机务段湖东检修车间机车电工。曾先后获得太铁工匠、火车头奖章、全路技术能手、三晋技术能手、集团公司"专业技能拔尖人才"称号、季度"太铁之星"等荣誉称号，以他名字命名的喜青电子攻关组、喜青劳模创新工作室被国铁集团授牌。参加工作 30 多年来，他累计完成各类小发明小革新 20 多项，为单位节约了 4000 多万元。他提出的"喜青电子配件维修十九字"工作法为职工干好配件维修工作提供了依据。

★韩喜青："什么都会修"的工匠

什么是工匠？工匠喜欢不断雕琢自己的产品，不断改善自己的工艺，享受着产品在双手中升华的过程。他们对细节有很高的要求，追求完美和极致，对精品有执着的坚持和热爱。在湖东电力机务段就有这么一个工匠，瘦瘦的身材，中等的个子，虽然只有中专学历，却是技术攻关的一把好手。他叫韩喜青，被工友们亲昵地誉为"什么都会修"的工匠。

"师傅很神奇，什么都会修"

"师傅很神奇，什么都会修，头灯、手电、节能灯、电磁炉、吹风机都不在话下，找他的人多，他都给修，一不挑活，二不挑人。"这是湖东电力机务段的职工们对检修车间电器钳工韩喜青的众口评价。这个"什么都会修"的电器工匠 1969 年出生，他的创新成果先后为国家节省开支超过 4000 万元。

"90 后"检修工尚旭娇至今清楚地记得，2013 年夏天头一次拜师，她推门而入，检修车间里不起眼的角落，一个消瘦的背影映入眼帘，走近点，透过霜染的鬓角，发现他锁着眉头，不停地用电笔（万用表）检查线路，脸上写满疑问。这个汗水浸透工装的背影给她留下了深刻的印象。她小声嘀咕："这是个啥人呀？别人都去休息间吹空调了，怎么就他一个人忙得满头冒汗呢？"

当时，韩喜青正争分夺秒地攻关 HXD1 型电力机车空调控制板故障。那段时间，赶上大秦线电煤抢运正酣，为了减少噪声，大夏天屋里没空调，即使这样他还把门窗都紧闭起来工作，直热得大汗淋漓。

"空调控制板坏了，驾驶室里冬天就是冰窖，夏天就是烤箱，对机车的电子元器件使用寿命也有影响。如果换块新的，太贵不说，一等就是三五个月，太误事。"时任湖东检修车间党总支书记的李富这样说。

但要自主攻关，一无图纸，二无资料，怎么办？韩喜青下起了"笨"功夫，拿着放大镜、万用表，挨个画电路图。A4纸画不下了，就在家里的大挂历上画；单位干不完，就带回家加班。

"韩喜青硬是靠汗水换成效，检查出了故障，连通起了线路。原先 2.8 万元的检修成本，一下降到了 2.8 元。"检修车间主任刘进军说。和谐机车电路板都是高精尖，随随便便一个电路板就有上千个元件，最少得修改上万次才能初步形成线路图，紧接着还要挨个验证、测试，搞清原理，找出故障。质检员万祥说："HXD2 型电力机车主显示器，更换一个新的得 10 万多元，韩喜青攻关下来后，只需花三四百块钱就能修好。50 多块显示器检修下来，一下就给国家省下近 600 万元。"

"这个工作适合我"

1990 年，21 岁的韩喜青来到湖东电力机务段湖东检修车间电子组，成为一名电器钳工。当看见琳琅满目的电路板时，他眼前一亮，觉得"这个工作适合我"。韩喜青只有中专学历，人长得白净纤瘦，头上的安全帽总显得大一号，怎么看也想不到他能成为全段的技术大拿。

　　自从进入车间后，韩喜青就对各种电子设备和配件非常痴迷。他遇见个电路板，就像发现新大陆一样，两眼直放光，总要把密布各种元件的电路板拿在手里，翻来覆去观察，爱不释手。遇上不懂的型号他就记下来，上网查清楚。他说："技术一直在变化，学得更多，才能干得更快。"为了干好检修，韩喜青每个礼拜都去"泡"书店。遇到喜欢的书，省吃俭用也要买上收藏起来。

　　一次，已经下班的韩喜青看见工长徐刚的桌子上放着一块电路板，他拿起电路板看了看，凭着多年的经验很快就看出了毛病。他从随身携带的"百宝箱"里拿出放大镜、万用表和组合工具，三下五除二修好了电路板。第二天，徐刚满脸疑问地

图说

喜青"十九字"工作法

　　韩喜青依托电子攻关组、喜青劳模创新工作室解决重载机车检修难题，总结提炼出眼看、鼻闻、手动、放大镜查、万用表量、示波器跟踪"喜青电子配件维修十九字"工作法，成为技术革新的"土专家"，他带领团队成员，运用"十九字"工作法，潜心攻关技术难题，自制 17 种试验台，实现了 23 种电子配件和模块自主维修，打破了进口配件不可复修的"神话"。

看着电路板，怎么也找不到"毛病"了？知道了事情的原委后，徐刚开玩笑地说："老韩，你是不是有强迫症啊？坏东西就不能让你看见，一看见就手痒痒，不修好不罢休。"

打开韩喜青家的一个大抽屉，里面堆着各种电阻、电容等电器元件。原来，在给别人修理电器之前，他总要拿自己家的相同物件做实验，拆开看看里面的结构和线路，研究一下原理，画画电路图。久而久之，家里的东西让他拆了个遍，许多"新东西"到他手里都成了练手的"牺牲品"。随着他修电器的本领越来越高，名气越来越大，找他的人也越来越多。当别人称赞他的时候，他就憨憨的一句话："我就是爱好这个。"这一切也为他后来的攻坚探索之路打下了基础。

"得有接班人"

2006 年，代表当时世界铁路重载尖端技术的和谐型大功率交流电力机车在大秦线全面上线。但随着时间的推移，机车过了保修期后，2012 年 HXD1 型机车 AC/DC 充电模块几台机车相继出现故障，配件迟迟不到位，库存配件已基本用完。主管段领导认识到，机车电子配件不能受制于人，必须内部解决。于是他找到了韩喜青，想让他带头，组建"攻关组"。老韩也没多说什么，就接下这一重担。

攻关组刚刚成立时，进入攻关组的几名年轻职工基本都是电子配件领域的"菜鸟"。韩喜青清楚，组织上这样安排是有深意的，是想让他把技术和经验传授给更多年轻职工，同时也能从年轻人身上汲取思维的活跃和鲜活的点子，取长补短，使攻关组的整体战斗力循序渐进得到提升。

遇到一些专业术语词汇，攻关组没人能看懂，韩喜青就带着大家一起上图书馆查资料。几年下来，攻关组成员手写记录的参考资料塞满了文件柜的抽屉，手绘的线路图纸装满了一个大纸箱。韩喜青多年坚持每周去图书馆的好习惯，也同样带动了攻关组的成员们。"不学习就会落后，想创新、想攻关就得不停地学习。"老韩的这句话使年轻人受益匪浅。

有一次，车间电器组的110伏稳压电源坏了，送到设备车间后被鉴定无法修复，只能报废。攻关组的郭艳明正好来设备车间办事，就抱着练练手的心态将稳压电源拿回了攻关组。按照师傅平时所授的秘诀，他重新对电源元件进行检查，最终使这个稳压电源奇迹般地"复活"了。

攻关组成员们白天一起爬机车检查故障模块，对模块进行拆解、测量；晚上一起挑灯夜战，分析数据、查阅资料。几年下来，他们编写的机车电子配件原理、检测、维修等各类工作手册达21种，填补了很多方面的空白，已经达到能对23种机车电子配件和功能模块进行自主维修的水平。小小攻关组创造了一项奇迹，6个人，创造了4000万元的经济效益。

"我们的司机负重前行，我们机车检修人也不能落下！"朴实的话语中透着老韩对干好本职工作的独到"见解"。

王 健

人物档案

1977年5月出生，中共党员，中国铁路太原局集团有限公司大秦车务段秦皇岛东站乙班值班站长、党支部书记。曾先后获得全国五一劳动奖章、火车头奖章、山西省劳动模范等荣誉称号。他是山西省总工会首批命名的"王健劳模先进创新工作室"带头人，带领团队攻关完成"遥控领车强光报警灯""线间绝缘测试工装"等一批革新成果，解决了现场生产难题，锻炼了队伍，团队成员中涌现出火车头奖章获得者、青年技术能手3名，集体荣获"山西省青年文明号"。

★ 王健：干啥都是好样的

秦皇岛东站作为集团公司管内一等路港联合编组站，主要承担着大秦铁路向秦皇岛港二公司集港及两家电厂燃煤直供的接卸任务，卸车完成的好坏直接影响到空车底循环周转效率，关系到上游煤企能否有空车可装、下游电厂能否满足用煤需求，是大秦线运输链上至关重要的一环。王健就在这一环上，作为秦皇岛东站乙班党支部书记、值班站长，他扎根在大秦线上，用执着与坚守，书写着中国重载铁路的使命与担当。

调车场上"驯虎"人

1995年，刚满18岁的王健被分配到车站第三调车组，成为一名制动员，从此在制动员、连结员、调车长这个集"苦脏累险"于一体的岗位上一干就是18年。

第二年，刚刚见习转正的王健自告奋勇去撩一钩溜放下来的车组，因对溜放调车的技能掌握不熟练，眼看着呼啸而下的车组从身边驶过，王健愣是没敢上车。这件事深深刺激了他，苦练业务技能的想法自此在他心里萌生、扎根。

他从背《铁路技术管理规程》、默画站场线路图学理论入手，一组道岔一组道岔记、一架信号机一架信号机查，宿舍的墙上贴上了站场平面示意图，笔记本里记满了道岔信号机位置、线路容车数有效长、机车车辆换长……他抓住调车中每钩作业锻炼自己眼力、体力的机会，把练功场当成另一个"家"。

为了掌握作业中观速、观距的作业技能，他在站场里以运行中的车辆为参照物，数枕木、量钢轨、看道砟，虚心向调车机司机询问车速。

经过几年的学习锻炼，王健在上车每小时 15 公里、下车每小时 20 公里的速度下，能轻松"飞"上"飞"下；对现场 49 处分路不良作业区段全都清楚掌握。他根据 C80、C76、C70 等各型重载车辆的人力制动机构造、车辆走行性能，摸索出了一整套溜放调车选闸、试闸、磨闸、调闸、撂闸的技巧，是溜放调车作业"无响、无移动"连挂的技术佼佼者，成了调车场上"驯虎人"。

每当车流不畅、疑难不决的时候，大家首先想到的就是王健，处理的疑难杂症多了，他成了大家羡慕的"一口清""问不倒"。在 2004 年的调车技能竞赛中，他获得了大同铁路分局全能第一名的好成绩，同年被中华全国铁路总工会授予火车头奖章，并被评为路局青年技术能手和金牌调车长。

一点也不能差、差一点儿也不行

"王健在工作中特较真，他的口头禅就是'一点也不能差、差一点儿也不行'！"三调连结员刘佳琪说。

每一次抵达，都意味着新的出发。走上管理岗位以后，多年的调车经验让他时刻绷紧了安全这根弦。他常挂在嘴边的一句话是："人身作业安全来不得半点马虎，如果真把班组的职工当兄弟，就要让他们都安安全全的。"他是这样说的，也是这样做的。每班作业前他都要自己动手审核调车计划、指导人员分工，遇风雪雨雾等不良天气自己上手检查防护用品佩戴、进路信号确认、盯控脱轨器状态、车辆防溜时机，并制定特殊情况下的作业联系办法。

2014年2月，王健跟随组内的连结员进行8道编组列车的复检时，发现一辆车的制动梁上有铁丝捆绑，这种异常现象引起了他的警觉，经过进一步排查，他发现该车辆制动梁有脱落的风险，车辆枕簧有断裂的痕迹，立即向车站汇报。经过列检确认，是检调漏向车站通报故障车，成功阻断了一起将故障车编入列车的事故。

不留后手不怕超越

王健在传授技术经验、训练青年职工方面，从来不留后手、不怕超越，这让车站调车集体始终充满朝气和活力。他与青工王建华、张贺民、赵宏铁等多名职工结对子，在调车实作、救援演练中教技术、练硬功。在他言传身教"传帮带"下，一批技术过硬的青年职工脱颖而出，涌现出火车头奖章获得者、全路优秀共产党员、青年技术能手3名，并集体荣获了"山西省青年文明号"调车骨干团队。

"不怕徒弟超过师傅，这就是王健独特的性格魅力。"该站三调调车长杨卫滨由衷地说。

2013年1月，山西省总工会首次命名了一批"劳动模范创新工作室"。王健有幸成为了以自己名字命名的劳动模范创新工作室带头人。他带领骨干人员利用技术优势，不断改进创新工作方法，破解安全生产现场难题。为了适应大秦线货运增量目标，他带头攻坚克难，完成了《提高秦皇岛东站东咽喉通过能力》《秦皇岛东站一、六场整发合一作业办法》一批课题，有效克服了站场设备老化的困难，解决了运输生产率不高的难题，使每班解编单元万吨列车从 10 列提升到了 13.5 列，生产效率提高了 35%。

针对结合部安全短板，他牵头开展了"秦港二场接车办法""油交线道口作业防护办法"课题攻关，取得分解单元万吨

王健团队取得多项技术革新成果

2018 年 6 月，王健带领团队成员利用原有声光报警装置，加装了具有"遥控"功能的"强光灯"，便于携带和操作，通过增强遥控和照明功能，强化了作业人员的"眼睛"，有效消除了视线死角，实现了"视觉、听觉"双卡控，较以往每班减少调车顶送作业前方瞭望不足发生减速、停车的等待时间 15 分钟，极大提升了作业安全和人身安全系数，该成果入选山西省职工"五小"精品作品展。几年来，王健劳模创新工作室团队先后取得 12 项技改革新小成果，获得集团公司"五小"技术创新二等奖 1 项、三等奖 6 项、优秀奖 2 项。

列车、调动防护危险品车辆 10 年安全无事故的好成绩；为了便于现场商检作业、防溜检查的使用操作，他带头研制了便携式车体倾斜测量设备、磁钉止轮器、车门整理器等 12 项技改革新小成果，获得集团公司"五小"技术创新二等奖一项、三等奖六项、优秀奖两项。他制作的"领车遥控声光报警器"，入选山西省职工"五小"精品作品展。2018 年，他配合集团公司职教处编写了《调车长、调车区长技能培训规范》，该教材由中国铁道出版社出版，在全路推广使用。

是坚守，也是使命

在担任值班站长，调整岗位角色的过程中，王健敏锐地意识到自己肩负的职责不仅仅是调车组工作，更要全面担当起一班作业装、卸、排各项任务的安全与效率，管的人多了，工种也更加复杂。

新的岗位既有以往专业的延续，也有全新的标准要求，他首先要做的就是尽快补齐"行车、货装"等以前自己陌生领域知识的短板。于是他抓紧业余时间学习《普速铁路行车组织规则》《铁路货物运输规程》，并经常向车站值班员、货运值班员请教，很快成为行家里手。为进一步提高整个班组人员的综合素质，他组建了班组学习群，与大家分享心得、解疑释惑，通过"单兵教练""靶向帮教"，培养出了一批业务尖子和技术标兵。

遇到急难险重任务，王健始终带领职工坚守一线、合力攻坚。在冬季保供电煤行动中，他根据调车作业取送电煤计划，提前安排人员检查专用线线路、车辆情况，加强与调车机的配合，提前试风保压，保证调车运行达速。

为了保证卸后空车能够及时编组上线，他精心组织各工种通力配合，克服车站 C70、C76、C80 等车型复杂、车辆朝向不一致的难点，对站存车车型提前掌握清楚，合理腾空适合存车股道，主动联系港方转场下轴适配有效车型，确保能够及时组合单元万吨列车。

在抗击新冠肺炎疫情的关键时期，面对 417 辆车的防溜重任，王健第一时间组织成立党员突击队，在低温严寒中连续作战 6 个多小时，圆满完成了任务。面对秦皇岛突发罕见暴雪的紧急情况，他组织班组 19 名党员放弃休息，除冰扫雪，连续奋战近 11 个小时，保证了道岔运转良好。

王健也曾有机会调到段机关工作，可他最后还是选择了留在车站。他说："大秦线上的车到了我这里，能快速解编开出去，无失误、不积压，就是我无限的荣光。"在王健心中，大秦线是他坚守的阵地，更是他为之骄傲的光荣使命。

姜 晋

人物档案

　　1976 年出生，中共党员，中国铁路太原局集团有限公司茶坞工务段下庄线路车间黑山寨线路维修工队工长，曾先后被评为段"九五""十五"建功立业先进生产者，曾获得火车头奖章、全局党员标兵、先进工作者等荣誉称号。他所在班组被评为"九五""十五""十一五"建功立业先进班组，被中华全国总工会授予"工人先锋号"荣誉称号。他用自己的坚持和精益求精，总结出"动找病害、静查原因、轨面枕下、综合整治""四步"整修法，适用于大秦重载铁路的设备整修，给全国重载铁路维修养护贡献了力量。

★姜晋：甘做大秦线的一枚"道钉"

对于钢轨来说，道钉是极为平凡又不可或缺的配件，就像黑山寨线路维修工队工长姜晋之于大秦线一样。在 20 多年的工作生涯里，这枚"道钉"一直牢牢扎在大秦线，越扎越深，铆足力气保障重载运输安全。

一线"铁"工长

2001 年，姜晋来到大秦铁路黑山寨工队，通过自己刻苦学习、钻研业务，练就了一身过硬本领。2013 年，姜晋被任命为工长。

姜晋担任工长的黑山寨线路维修工队是茶坞工务段下庄线路车间的一个班组，地处大山深处，管辖正线上下行 16.6 公里。由于地处山区，线路较为复杂，其中小半径曲线 700 米的 4 条、800 米的 4 条，桥梁 4 座，隧道 7 座，隧道占线路总长的 70% 以上，管内桥隧相连，给施工和日常维修带来了很大的困难。黑山寨是大秦线最艰苦的工区之一，远离繁华、考验重重，而姜晋在这里一干就是 20 多年。

在这样的环境里，姜晋磨砺出了"道钉"精神。有一年，花果山隧道漏水特别严重、漏水量特别大，像下雨一样，还造成了线路翻浆冒泥。为了保证列车安全运行，姜晋带领队友们从 500 米以外的地方扛石砟。上百斤一袋的石砟，别人都是两人一组抬，他却一袋接一袋地往肩上扛，再把卸下的石砟一锹一锹垫到轨枕底下。

正值深秋时节，他浑身都被漏下的雨水淋湿了，身上冒着汗蒸气，却感到冻得直打冷颤。可他根本顾不上这些，心里想的只有尽快把漏洞补起来，维护好线路的安全。桥隧工负责堵漏水点，姜晋带着线路工清理翻浆冒泥。就这么连着干了好几天，姜晋的肩膀都磨破了皮，又红又肿。翻浆冒泥病害终于被整治住了。可他还是不放心，又一连几天去蹲守检查。为了安全起见，他还对周围其他地方也进行了安全补强，直到确认所有地段都万无一失心里才踏实下来。

在姜晋的带领下，工区职工齐心合力，全力整修设备。尤其对整治难度最大的隧道，采取对线路撤板垫沙相结合的整治方式，同时对线上、大平方向都进行了综合维修，彻底消灭了所有超限处所，确保了重载列车安全平稳运行。

在他担任工长的这几年里，每天行走在两股钢轨间，看方向、弯腰检查百余次，近万根轨枕上留下了他坚实的足迹，每年下来结实耐磨的劳保鞋，也要穿破好几双。不怕苦、不怕累，不提困难，不讲条件，职工们都称他是"铁工长"。

"零分"工长的"百分百"战绩

姜晋是干部职工公认的好党员、好职工。作业期间，他带头严格执行标准化，从不违章违纪，做到"在岗一分钟，干好六十秒"。尤其是"天窗"施工，在隧道内，他积极整修设备，使隧道病害得到全面的整治，设备质量显著提高。

在工务系统，轨检车检测是衡量线路质量的一项重要指标。

他精益求精、一丝不苟，坚持以"零分"理念、追求"无责任"为目标，发挥党员先锋模范作用，带领职工苦干实干。重点设备轨检车每月检查都达到全优标准，"零分"公里达到 95% 以上，受到段、车间领导的肯定。自他担任黑山寨维修工队工长以来，工队未发生

图说

姜晋的修旧利废"节支经"

2022 年 2 月 10 日，茶坞工务段下庄线路车间黑山寨线路维修工队工长姜晋组织攻关小组成员开展修旧利废攻关活动。

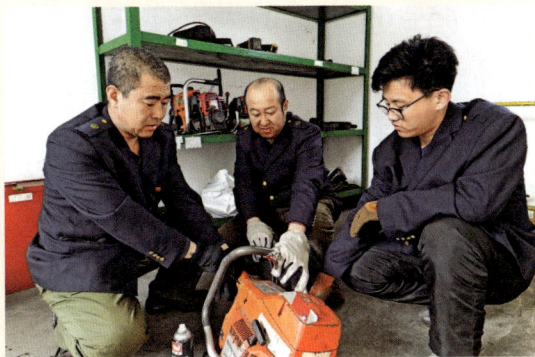

为破解技术难题，最大限度从设备管理中挖潜创效，降低维修成本。下庄线路车间党支部积极响应段党委号召，围绕节支降耗发挥党员的先锋模范作用，抽调素质过硬、技术精湛的党员骨干力量成立党员攻关小组，开展修旧利废攻关活动，提高废旧机具的利用率。

让报废备件"新生"，提升设备的工作效率，攻关小组利用休息时间登记送检机具名称、型号、出厂日期、故障原因、送修频率等信息，掌握设备的实际运行状况和使用情况，分析机具损坏的真正原因。针对每台故障机具制定维修方案精准维修，使废旧机具恢复原有性能，再次投入使用，累计节约维修成本 2 万余元。

过一起安全事故，是被工友交口称赞的"'零分'工长"。

姜晋针对管辖设备桥隧相连，线路病害多、维修养护难度大等不利因素，结合实际，带领班组人员，及时补强各项安全卡控措施，始终遵循"春防融、夏防胀、冬防断"工作规律，精检细修，严格标准化作业程序，反复实践总结出了"动找病害、静查原因、轨面枕下、综合整治"的"四步整修法"：第一步，利用天窗时间彻底疏通排水沟，使排水设备畅通。第二步，利用45~65毫米的大石砟在枕底进行捅垫整修。第三步，经过列车碾压后再用10~25毫米的小石砟进行精细捅垫。第四步，用水平垫板垫平线路，使水平误差在±2毫米，线路质量达到最佳状态。

姜晋还充分利用有限的"点"内作业时间，对隧道内轨枕板、线路空吊等病害组织综合整治，对连接零配件和大胶垫进行修复。为彻底解决隧道线路下沉难题，姜晋带领"大黑山隧道党员整修班"硬是用撬棍把隧道涵盖板一块一块撬起来，一米一米清理排水沟淤泥，有效解决了因水流冲刷导致的线路下沉问题。

功夫不负有心人。姜晋带领黑山寨线路维修工队百分之百实现了线路质量轨枕无空吊、道床无翻浆、垫板无超层超厚、几何尺寸无超限、连接零件无失效的"五无"目标，轨检车质量评定优良率百分之百，打造了大黑山线路质量"精品工程"。

啥都管的黑山寨"寨主"

在工区管理上，姜晋也有一套。他善于发现每名职工身上的闪光点，引导职工互相帮助、协作包容。他尤其重视对新职工的培养，对"安全第一"的理念反复强调，他还把自己所学知识、经验技巧倾囊相授，手把手地教授大家学会线路测量和维修，帮助他们迅速成长。

姜晋始终要求保持工队卫生干净整洁，材料堆码整齐，各种台账规范齐全，达到外美内实，黑山寨工区连续多年被评为"模范职工小家"。除此以外，他还想尽办法搞好职工的生活，亲自上手在小菜园种上茄子、豆角、西红柿、黄瓜、韭菜等各种绿色蔬菜，改善职工的伙食。职工们的幸福感一涨再涨，纷纷向他竖起点赞的大拇指。

姜晋是父母心中的好儿子，妻儿眼里的好丈夫、好父亲，更是职工眼中的好朋友、老大哥，有时候工友们开玩笑地称他为黑山寨"寨主"。姜晋关心职工，做人谦逊，一直与职工同甘共苦。工区内，但凡自己能动手处理的故障，这个"抠门寨主"绝不花钱处理。厕所水龙头坏了是他修，宿舍空调坏了也是他自己修。夏天来了，他给工区的空调外机除霜，节能又凉快。冬天，他到每个宿舍嘘寒问暖，给每个屋子挂上棉门帘……"我是从普通线路工到班长、再到工长一步步走过来的，当然和大家一样，不仅一样，能干的我还要多干。"

"责任重于泰山"是姜晋的岗位价值追求，良好的工作作风，是他个人前进的动力。他曾经说过："黑山寨工队就是我自己的家，大家是我的亲人。再苦再累，我也不能给自己家脸上抹黑、丢脸，我要为自己的亲人带来快乐，而不是痛苦。"为了兑现自己的这句话，这十几年来，他义无反顾地坚守在大黑山，养修巡检，铲除隐患，以自己无畏而坚实的步伐行走在奉献大秦、拼搏大秦的路上，彰显着工务人无私忘我的奉献精神，诠释着大秦人在平凡岗位中的不平凡。

春夏秋冬、严寒酷暑，姜晋这枚大秦线上的"道钉"始终钉在那里，随着阵阵风笛，伴着钢轨仔细巡道。此时的他又手持道尺，整装出发……

于永生

人物档案

　　1980年5月出生，中共党员，中国铁路太原局集团有限公司重载铁路技术研究中心牵引制动技术研究室主任，高级工程师。曾先后获得茅以升铁道工程师、詹天佑太原铁路局专项奖、一级专业拔尖人才、太原铁路局青年科技拔尖人才、山西省"三晋英才"优秀青年人才、中国铁道协会科技进步二等奖和三等奖等多项荣誉称号。累计参与承担20余项重点、重大及系统性重大课题研究任务，研究成果推广应用累计1500余万元，为铁路运输生产提效及提升重载铁路安全性发挥了重要作用。

★于永生：永攀高峰的科技带头人

在太原局集团公司有这样一个人，他勇攀高峰、不断超越，是创造重载铁路一项项奇迹背后的先锋之一；他坚守理想、勇于创新，坚持在"重载"前沿科研领域里探求答案；他淡泊名利、执着坚守，甘做重载科技教育路上的"点灯人"……他，就是于永生，现任重载铁路技术研究中心牵引制动技术研究室主任。工作以来，他用责任、毅力与担当，书写着一个个重载创新奉献的故事，也彰显出铁路科研工作者矢志奋进的力量。

起步艰辛催奋进

2003 年，于永生大学毕业被分配到科研所工作，没多久就跟随研究人员一起啃起了"硬骨头"。几次三番下来，攻的关多了，解决的难题多了，渐渐长了本领，适应了工作岗位。

2008 年初，于永生迎来了一个挑战。这一年，他参加了"重载列车操纵评价技术研究"课题。而这是于永生入路以来第一次真正全面接触重载铁路，也恰恰是这一次的立项攻关，激发起他内心对重载铁路技术科研攻关的浓厚兴趣。

课题是为了促进重载列车操纵标准化管理，确定重载列车操纵的标准数据成为关键。于是，每有空闲时，于永生便阅读默记《铁路机车操作规则》《两万吨重载列车模块化操纵办法》等操纵标准文件，逐条将关键项点分解量化为具体数值。在一次次总结记录，一遍遍攻关分析中，于永生和队友们找到了解题之法。他们构建了计算机自动计算模型，能够直观比对司机操作上存在的不足。接下来，面对国外技术封锁，无法直接获取机车数据通信数据的难题，他们刻苦钻研、连续攻关，借助搭建测试装置、数据比对的方法，最终解决了重载机车网络数据难以直接获取的难题，并将采集到的实时数据与标准的列车操纵数据进行比对，实现了对值乘司机进行操纵提示的功能。

到此并没有结束。于永生带领团队加快了对"重载列车操纵评价系统"的开发。一方面，他对《重载铁路机车操纵规则》、优化后的《两万吨重载列车模块化操纵办法》等操纵标准文件进行细致梳理，建立起更加实用、准确的重载列车操纵评价标准。另一方面，他和团队进一步优化地面分析软件，利用分析统计和直观屏显功能，达到快速纠偏的效果，能够指导司机安全平稳操纵列车，提高重载列车运用管理质量。在于永生和团队成员们执著攻坚、永不言弃的坚持下，难题被攻克，课题圆满结项。

"推动重载铁路技术不断取得新突破就是我不懈努力的方向。"他常说的这句话，成为激励自己迎难而上、勇攀重载技术高峰的强大精神动力。

开拓创新当先锋

"列车折角塞门状态判定防控装置"是于永生第一次承担的技术含量高、研发难度大的课题。为了破解这一课题，于永生把眼光投向了现场。短时间内，他连续添乘了数十趟不同列车编组数量的列车，通过大量采集数据进行数值分析，拟合出不同减压量时排风时间与关闭折角塞门位置的数学关系曲线，建立适应性广泛的数学模型，又马不停蹄联系铁科院，在制动实验室进行模型测试，成功研制了课题样机。2008年6月5日，在太原北站进行了现场试验，验证了系统功能和测试精度。装置的研究与推广应用，避免了因折角塞门意外关闭引发列车"放飚"事故，有效提高了列车运行安全性。项目研究攻关成功的过程，锻炼了于永生的科研开发能力，锤炼了他严谨认真、刻苦攻关的科研作风。

随着不断的学习和尝试，于永生对于重载铁路技术有了一定的积累和独到见地。2019年，为推动大秦线重载技术升级和核心技术的自主创新，打破国外垄断，在前期充分调研的基础

图说

于永生科研团队致力解决重载技术难题

于永生团队长期跟踪技术装备应用现状，与10余个高等院校、科研院所、先进装备生产制造企业展开横向合作，近年来先后开展16项集团公司重载专项课题研究，参加国铁集团系统性重大课题项1项、重大课题1项、重点课题研究2项，为促进重载列车安全操纵、无线同步操控系统国产化升级、重载列车机车车辆可控列尾装置空气制动系统匹配性与重载适应性等重载关键应用技术提升，发挥了重要作用。

上，于永生深度参与了"国产化重载组合列车无线同步操控技术研究"和"重载组合列车自动驾驶技术研究"课题。

科研工作来不得半点含糊。这是一场漫长的科研征途：作为项目承担人之一，他主动协调产学研用十余家部门、单位、科研院所技术骨干和科研专家，寒来暑往三四载，经历了大大小小上百次的相同和不同项目测试，带领团队成员度过了无数个不眠之夜，攻克了一个又一个难关，终于全部完成了机车测试、组合空车、组合重车等几百项功能验证……应用国产化重载组合列车无线同步操控系统牵引2.1万吨重载组合列车在大秦线全线成功开展了线路运行试验，标志着重载组合列车无线同步操控技术自主创新的历史性突破，开创了中国铁路重载组合列车控制技术发展的新局面。

作为一名重载科研领域的急先锋，于永生不仅心系大秦线，其他线路出现急难险重他也一样冲锋在前。2021年初，面对瓦日线列车行经长大隧道出现列车管压力异常波动现象、部分车辆驶出隧道后出现异常出闸现象，他带队负责开展调研与分析，通过在瓦日线添乘、记录数据分析，结合机车、车辆制动系统原理和控制逻辑分析、理论计算，最终分析出了列车管压力异常波动的原因，为运用部门合理制定预防措施提供了有力的技术支撑。

倾囊相授育桃李

一花独放不是春，百花齐放春满园。重载铁路技术研究中心成立三年来，于永生从一个技术骨干成长为了一名专业领军人物。他立足国际化视野和深厚的技术积淀，在技术研究上以创新攻坚突破瓶颈，在人才梯队建设上坚持以老带新提素质，逐渐带出了一支吃苦耐劳、能打胜仗的重载科技人才团队。

面对新入路的大学生和研究生，于永生针对他们各自的专业特点，为他们量身制定了成长计划，帮助他们选择适合自己的技术研究方向。他说："选择了这份工作，就选择了责任，做一个有情怀的铁路人，传承经营与技术，也是铁路人的重要责任，我会尽己所能，将自己的所学传授给更多人。"

在重载铁路技术创新发展的大背景下，于永生和他的同事们积极参与承担"重载铁路技术深化研究""重载铁路机车车辆技术升级优化研究"等包括国铁集团系统性重大课题在内的多项省部级科研课题，多年来他个人除了参与完成国铁集团及集团公司十余项课题外，还参与起草铁道行业标准 2 项，为我国铁路相关产品的设计、生产、检验和验收提供了依据和规范。已获得实用新型专利授权 3 项，发明专利授权 1 项。另有 4 项实用新型专利、3 项发明专利和 1 项软件著作权已被国家知识产权局受理。

历史的车轮滚滚向前，唯有奋斗者能乘势而上。迈入新时代，每一个人都是奋斗者、追梦者。对未来的发展，于永生充满信心，他说："我们将继续在自己的岗位上把工作做实，扛起一份责任与担当，进一步开展新技术、新装备的研究开发工作，为重载铁路的安全提效不断贡献力量。"

第三节　逐梦前行

★弘扬大秦铁路精神之一：笃行报国之志

"志之所趋，无远勿届；志之所向，无坚不入"。习近平总书记指出："一个人可以有很多志向，但人生最重要的志向应该同祖国和人民联系在一起，这是人们各种具体志向的底盘，也是人生的脊梁。"从大秦铁路建成的那天起，一代又一代大秦人和新时代太铁人牢记初心使命，坚持以发展中国重载铁路为己任，把爱国之情化为重载报国之志，用心用情用力服务经济社会发展和人民群众，以优异成绩向党和人民交出了一张张满意的时代答卷。

大秦铁路从小到大、由弱及强的腾飞之路，承载了一代代大秦人和新时代太铁人对历史责任的勇敢担当，对国家利益的刚性坚守，对复兴伟业的炽热情怀，展现了一代代大秦人和新时代太铁人坚毅而笃定的重载报国之志。以 653 公里不足 0.5%的铁路营业里程，运送了全国铁路五分之一的煤炭；自 1998 年开通运营以来，30 多年来累计运输煤炭 75 亿多吨……最直观也最有说服力的数据，无不证明一代代大秦人和新时代太铁人"平常时候看得出来"。危急关头见忠诚，从 2004 年"迎峰度夏送'凉方'"到 2008 年"抗击冰雪暖八方"，从"货运增量勇担当"

到"电煤保供作贡献"……在一项项重于千钧的压力下，大秦铁路方显英雄本色，以重载的动脉挺起了负重的脊梁，用"冲得上去、豁得出来"的有力行动，一笔又一笔书写着重载报国之志。

矢志不渝，一代代大秦人和新时代太铁人从来没有辜负重载报国的崇高使命，过去如此，现在仍然如此，将来也永远不会改变。实施强局工程、创建模范路局、建设一流企业，就要以身许党报国，以国家民族利益为重，秉持重载报国志向，负重争先、勇于超越，在继续为实现中华民族伟大复兴贡献铁路硬核力量中不负重托、不辱使命。

笃行报国之志，首在坚定理想信念。国企姓党、姓国，干部职工必须做到理想信念坚如磐石，毫不动摇。要牢牢把握学

★ 2021 年，大秦精神纳入铁路精神谱系

习贯彻习近平新时代中国特色社会主义思想这条主线，统筹及时跟进学、全面系统学、深入思考学和联系实际学，坚持在学懂中深化、在弄通中消化、在做实中转化，常补精神之钙，以理论上的清醒确保政治上的坚定，坚定对共产主义的远大理想、对中国特色社会主义的共同信念，坚决拥护"两个确立"、做到"两个维护"，把党中央的决策部署不折不扣地落到实处。

笃行报国之志，重在践行初心使命。要始终坚持以人民为中心的发展思想，自觉践行"人民铁路为人民"的宗旨，不忘初心、矢志报国，着力做强货运，以重载示范工程为抓手，把大秦铁路建成政治线、安全线、示范线、效益线和幸福线，把这面中国重载旗帜更好地扛起来；着力做精客运，坚守政治红线和职业底线，不断提高服务品质，更好满足人民群众对美好出行的向往和需要；着力做优非运输业，持续在延伸服务、盘活资源、创造价值上下功夫，切实增强企业市场竞争力。

笃行报国之志，贵在奋勇担当作为。要传承和弘扬"特别能吃苦、特别能战斗、特别能奉献"的优良作风，以事不避难、义不逃责的担当，以努力到无能为力、奋斗到感动自己的作为，共同为强局想招，一起为发展出力，尽心尽力为创建模范路局、建设一流企业出谋划策、添砖加瓦，扛起交通强国铁路先行历史使命，在推动铁路高质量发展中留下敢担当、善作为的铿锵足音、重载报国的坚实足迹。

志不立，天下无可成之事。逐梦路上，力践交通强国之行，笃行重载报国之志，我们就一定能为全面建设社会主义现代化国家、实现中华民族伟大复兴作出新的贡献，为党和人民争取更大光荣！

★弘扬大秦铁路精神之二：永铸强局之魂

没有什么，比一种传承厚重历史的精神更能凝聚人心；也没有什么，比一种辉映美好未来的精神更能汇聚力量。习近平总书记在党史学习教育动员大会上强调："我们党之所以历经百年而风华正茂、饱经磨难而生生不息，就是凭着那么一股革命加拼命的强大精神。"

伟大事业孕育伟大精神，伟大精神引领伟大事业。中国重载铁路发展的伟大实践，跳动着国家富强、民族复兴、人民幸福的时代脉搏，熔铸着一代代大秦人和新时代太铁人精神的锰、意志的钙、信仰的钢和力量的火，锻造形成了"负重争先、勇于超越"的大秦铁路精神。30多年来，这一源自"人民铁路为人民"宗旨的铁路精神，激励、指引着一代又一代大秦人和新时代太铁人笃行重载报国之志，不负重托敢担当，勇争一流善创新，砥砺先行勤奋斗，在"中国重载摇篮"的大秦铁路，创造了一个又一个运输"世界奇迹"，铸就了"中国重载第一路"，树起了"中国重载的一面旗帜"，引领中国重载铁路实现了从"追赶者"到"领跑者"的华丽转身。大秦铁路精神穿越时空，历久弥新，不论过去、现在还是将来，永远都是砥砺太铁人不忘初心、牢记使命的宝贵精神财富。

　　站在"十四五"的新起点，踏上全面建设社会主义现代化国家的新征程，中国铁路太原局集团公司党委以习近平新时代中国特色社会主义思想为指导，从百年党史中汲取智慧和营养，鲜明提出"弘扬大秦精神、实施强局工程、创建模范路局、建设一流企业"的总体发展思路。这一以史为鉴、开创未来的科学思路，是集团公司党委坚决贯彻国铁集团党组部署要求，勇担交通强国、铁路先行历史使命，加快治理体系和治理能力现代化建设的重要决策；是坚持在大局下行动，发挥区位优势，彰显担当作为的战略考量；是解决集团公司发展不平衡不充分问题，推进高质量发展的内在需要；是顺应广大干部职工期盼，构建企业与职工命运共同体的根本要求，以恢弘的大手笔描绘了太铁高质量发展的新蓝图。

　　在实施强局工程的崭新实践中，靠什么凝聚人心、汇聚力量，把创建模范路局、建设一流企业的宏伟蓝图变成生动现实？既是集团公司精神之源、又是凝心聚力强局之魂的大秦铁路精神，必将提供坚强思想引领，激发不竭内生动力。新时代新征程推动太铁高质量发展，不仅需要强大的物质力量，而且需要强大的精神力量。这种精神力量，就是一代代大秦人和新时代太铁人在书写中国重载铁路发展非凡历史中培育、继承、发展起来的大秦铁路精神。强局道路上，坚守重载报国志向，大力弘扬大秦铁路精神，用以滋养初心使命、激发担当作为，就没有攻克不了的难关，就没有实现不了的梦想。

铸牢强局之魂，就要始终传承不负重托的担当精神。要心怀"国之大者"，坚持在大局下思考和行动，坚决做到中央有号召、党组有部署、我们就有行动和落实，更加坚定自觉地传承始终听党话、永远跟党走的铁路红色基因，知重不言重，知难不畏难，敢打硬仗，勇挑重担，以"舍我其谁、功成有我"的担当作为，继续扛好大秦铁路这面中国重载旗帜，奋勇担当交通强国铁路先行历史使命，用忠诚、无畏和担当创造奇迹、续写辉煌，决不辜负党和人民的重托。

铸牢强局之魂，就要始终传承勇争一流的创新精神。要坚持创新发展，破除"安于现状守摊子""小富即安、小进则满"的思想，拿出敢为天下先的勇气，在打破常规中创造性做好本职工作，立足岗位深入实施创新赋能工程，在推进管理创新、体制创新、机制创新、技术创新上贡献智慧和力量。要紧扣创建模范路局、建设一流企业的新目标新任务，继续发扬争先进、当模范的优良传统，拉高工作标杆，提高工作质效，坚持在"治理体系、管理基础、设备质量、人员素质、干部队伍、职场环境、创新生态、经营质效"八个方面走在前列、勇创一流，充分展现货运大局"大的样子"、重载强局"强的风采"。

铸牢强局之魂，就要始终传承砥砺先行的奋斗精神。要聚焦交通强国、铁路先行，保持艰苦奋斗的优良传统和作风，吃苦战苦不怕苦，在坚守奉献中把平凡的工作做到不平凡，以奋斗之我，为推动太铁高质量发展作出应有的贡献；坚持团结奋

图说

铁路爱国主义教育基地——大秦重载教育基地

中国铁路太原局集团有限公司为了更好地传承奋斗精神、激发爱党爱国爱路热情、推动重载铁路高质量发展，依托独有的重载文化资源，兴建大秦重载教育基地。该基地坐落在湖东站，于2013年5月28日正式对外开放，日常运维管理隶属大同站。

大秦重载教育基地占地约1200平方米，共设置领导关怀、重载历程、重载文化、重载创新、重载科技5个展区，运用大量翔实生动的图片影像资料和近千余件陈列实物及模型，全面展示了大秦铁路从1985年开工建设到1992年全线开通运营，再到目前屡创世界重载铁路运输奇迹的历史轨迹。

2021年初，大秦重载教育基地被国铁集团党史学习教育领导小组确定为全路50个铁路红色教育基地之一。同年底，被国铁集团党组命名为铁路爱国主义教育基地。

387

斗，大家拧成一股绳，心往一处想，劲往一处使，做到思想同心、目标同向、行动同步，形成上下同欲、风雨同舟的生动局面；做到奋斗"永远在路上"，持之以恒，一步一个脚印向前走，为谱写太铁高质量发展新篇章不懈奋斗。

我们每个人是什么样子，太铁就是什么样子。弘扬大秦铁路精神，没有"局外人"，人人都是责任人，每一名新时代太铁人都应增强"从我做起"的主人翁意识，躬身入局、挺膺负责、笃行不怠，在"实施强局工程"的征途上不断挑战自我、战胜自我、超越自我，在"我与大秦铁路精神同行""我与太铁共成长"中实现更好的自我，让"创建模范路局、建设一流企业"的梦想早日照进现实。

历史川流不息，精神代代相传。让我们大力弘扬大秦铁路精神，永铸强局之魂，照亮强局之路，携手创建模范路局、建设一流企业，不断推动太铁高质量发展！

★ 弘扬大秦铁路精神之三：力行担当之责

事业起于担当，成就源于尽责。习近平总书记指出："有多大担当才能干多大事业，尽多大责任才会有多大成就。"回望中国重载铁路发展的非凡历史，大秦铁路从"追赶"到"领先"的不凡征程，千里铁道线上深深刻印着一代代大秦人和新时代太铁人的担当与作为，见证着他们的责任和奉献。

使命呼唤担当，担当就是责任。年运量从设计 1 亿吨，一路跨越 2 亿吨、3 亿吨、4 亿吨，飞跃突破 4.5 亿吨；单日运量一次又一次创新高，达到 138.42 万吨；3 万吨重载列车运行试验取得圆满成功……大秦铁路的每一项纪录绝非单纯的数据，一代代大秦铁路人和新时代太铁人庄严的责任、无畏的担当尽显其中。奇迹的背后，是他们恪尽职守的职责担当，在层层负责、人人担当中众志成城，中国重载铁路发展才不断掀开崭新的一页。

铁肩担使命，作为显担当。只有我们的肩膀能负重、敢担当，强局征程才能一往无前，"创建模范路局，建设一流企业"的崭新事业才能无往不胜。众人拾柴火焰高。坚持总体发展思路，离不开每一个太铁人的担当作为。要坚持把使命放在心上，把责任扛在肩上，以"功成不必在我"的精神境界和"功成必定有我"的担当作为，用"铁肩膀"勇挑重担、扛起责任，在负重争先、勇于超越中继续创造新业绩，铸就新辉煌。

★宣讲大秦重载历程，传承大秦铁路精神

力行担当之责，要有胆识还要有谋略。担当好该扛的责任，必须有勇有谋，智勇双全。面对难啃的"硬骨头"、不明的"深水区"，要有"明知山有虎，偏向虎山行"的勇气，敢接"烫手的山芋"，敢做"热锅上的蚂蚁"，干事创业勇闯深水区，攻坚克难啃下硬骨头，不断跨越前进道路上新的"娄山关""腊子口"。谋略比胆识更重要，敢于担当还要善于担当。要有大局意识，善于从政治上分析和解决问题；在实践中锤炼善作善成的担当本领，干一行、精一行，争做本职工作的行家里手，以"庖丁解牛，游刃有余"的过硬能力，把该扛的责任担当好。

力行担当之责，要见思想还要见行动。担当好该扛的责任，必须"三思而后行"，知行合一。遇到急难险重任务，要提高思想认识和政治站位，怀有强烈的责任心和使命感，增强担当作为自觉，该做的事顶着压力也要做，该负的责冒着风险也要负。思想到位，更要行动到位。要动脑又动手，争做负重争先的"实干家"、勇于超越的奋斗者；敢打善打硬仗，坚信"事在人为，办法总比困难多""天道酬勤，岁月不负追梦人"，拿出"拼命三郎"的干劲，以"舍我其谁"的担当，做真抓实干、攻坚克难的"行动巨人"。

力行担当之责，要会务实还要会务虚。担当好该扛的责任，必须务实又务虚，虚实结合。不仅要"埋头拉车"，以硬碰硬的实干、实打实的担当，按照强局"八大工程"的"任务书""施工图""时间表"，把肩上的责任、负责的工作落到实处。而且要"抬头看路",经常想一想"是什么""为什么""怎么办",厘清头绪,悟出思路,谋出实招,把"虚"功做"实",让工作更好落地。只有这样,不平坦的强局征程上,我们才能少走弯路,避免走回头路,不走错路,在一路凯歌中乘风破浪、行稳致远。

一代人有一代人的使命,一代人有一代人的担当。新征程交通强国、铁路先行,使命光荣,任重道远。勇于担当、善于作为,不断谱写创建模范路局、建设一流企业新篇章,在高质量发展中扛起历史使命,中国铁路"人畅其行、物畅其流"的历史画卷必将越来越壮美。

★弘扬大秦铁路精神之四:勇闯创新之路

抓创新就是抓发展,谋创新就是谋未来。习近平总书记反复强调:"创新是引领发展的第一动力。"中国重载铁路发展的生动实践一再证明:哪里有创新,哪里就有不竭动力,哪里就有蓬勃生机。

"问渠那得清如许,为有源头活水来。"在短短的30多年时间里,从落后到追赶,再到领先的巨大飞跃,大秦铁路引领世界"重载时代"的成功之道是什么?答案就是太铁人勇争一流的创新,坚持不懈走自主创新之路,让大秦铁路一路高歌猛进、独领风骚,快速发展成长为"中国重载第一路",以卓尔不凡的英姿屹立在世界重载铁路家族中。

从某种意义上说,大秦铁路的发展史,就是一部创新的历史,就是一部太铁人创造性思维实践、创造力催生转化的历史。

依托重载技术的完美集成，大秦铁路年运量突破 4.5 亿吨，实现了一条变四条的"魔术变身"；瞄准运输组织现代化、运营管理现代化，完善形成了"速密重"的最佳匹配模式、"集疏运"的最佳衔接模式、"路港矿"的最佳协作模式、"产运需"的最佳互动模式、"产学研"的最佳联合模式、"集中修"的最佳施工模式和列车开行上"头身尾"的最佳组合模式……在大秦铁路，创新无时不有，创新无处不在，创新贯穿于内涵扩大再生产的全过程，创新成为挑战极限的力量源泉。正是一代代大秦人和新时代太铁人从未停止创新的脚步，一刻也不曾停息的求索、将创新进行到底的执着与坚定，在世人的疑问和惊叹中，把一个又一个不可能变成了可能，一次又一次创造了"大秦模式""大秦奇迹"。

实施强局工程，创建模范路局，建设一流企业，创新是动力源。要深入实施创新驱动发展战略，完整、准确、全面贯彻新发展理念，坚持创新发展，不断做强货运、做精客运、做优非运输业。只有创新，才能在推动高质量发展中占得先机、取得优势、赢得未来，在强局征途上蹄疾步稳、行稳致远。

勇闯创新之路，思想必须"走在前"。思想是行动的先导，有什么样的认识，就有什么样的行动。要围绕创新精神不够、进取动力不强，从思想认识层面解决"想不想"的问题，破守旧依赖、立创新思维，以思想破冰带动观念突破、引领行动突围。要有"敢为天下先"的魄力，拿出"明知山有虎，偏向虎山行"的勇气，解决好"敢不敢"的问题，变"要我创新"为"我要创新"。

勇闯创新之路，能力必须"过得硬"。走好创新发展上坡路，既要政治过硬，又要本领高强。面对新情况新任务，要加强理论学习，不断提高政治判断力，从认识上解决好"怎么看"的问题；不断提高政治领悟力，从思想上解决好"怎么想"的问题；不断提高政治执行力，从行动上解决好"怎么干"的问题，坚持创新发展的正确政治方向。刀在石上磨，人在事上练，要在安全、运输主战场磨练勇担事、敢创新的"宽肩膀"，锤炼能干事、会创新的"真本领"，汇聚"拾柴之力"，形成创新源泉充分涌流、创新活力竞相迸发的"众创"局面。

★注重言传身教，把深入传承铁路始终听党话、永远跟党走的红色基因与大力弘扬大秦铁路精神相结合，积极培育青年职工爱党爱国爱路爱企意识

　　勇闯创新之路，工程必须"落了地"。创新赋能工程是强局"八大工程"之一，也是抓创新、谋创新的重要依据和遵循。要牵住"牛鼻子"，锚定主攻方向，深入推进管理创新、体制创新、机制创新和技术创新，通过创新"一子落"，实现发展"满盘活"。要深入落实国铁企业改革三年行动方案，加快推进"六个变革"，坚持在深化公司制改革上求突破、在生产力布局调整上求突破、在经营方式变革上求突破、在劳动用工改革上求突破、在生产组织改革上求突破、在收入分配改革上求突破，按下改革快进键，跑出创新加速度，不断为高质量发展赋能。

　　创新赋能谋发展，逐梦强局向未来。更加坚定自觉地用改革点燃创新引擎，以创新驱动发展，就一定能让改革的活力不断迸发、创新的源泉不断涌流，激发出创建模范路局、建设一流企业的强大动力，在逐梦强局中走向更加美好的未来！

★弘扬大秦铁路精神之五：同唱奋斗之歌

　　一个企业的繁荣，离不开职工的奋斗；一个事业的兴盛，离不开精神的支撑。习近平总书记指出，"幸福都是奋斗出来的""奋斗本身就是一种幸福""新时代是奋斗者的时代"。纵观中国重载铁路发展史，大秦铁路无疑是一幅壮美的重载画卷，也是一曲时代的奋斗之歌。

　　大秦风光处处好，唯有奋斗最动人。大秦铁路的历史是奋斗的历史，开通运营30多年来，不负重托、勇争一流、砥砺先行的大秦铁路，就像奥林匹克竞技场上的不屈强者，不断提升着目标刻度，屡次把似乎遥不可及的梦想化作让世人惊艳的现实，创造着不断突破自身极限的"世界奇迹"。大秦铁路的辉煌历史是奋斗者书写的。"会开车只是技术，开好车才是艺术"的重载司机景生启、"择一事终一生"的大秦工匠王养国……他们都是负重争先、勇于超越的"最美奋斗者"，在平凡的岗位上创造了不平凡的业绩，用奋斗之笔在中国重载铁路发展壮美画卷上写下了浓墨重彩的一页。

蓝图已经绘就，奋斗正当其时。实施强局工程，创建模范路局，建设一流企业，离不开新时代太铁人的艰苦奋斗、不懈奋斗、团结奋斗。征途漫漫，惟有奋斗，才能在推动高质量发展、担当交通强国铁路先行历史使命中干在实处、走在前列，把宏伟蓝图变为美好现实。

同唱奋斗之歌，必须在实干和先行上见行动。社会主义是干出来的，幸福是奋斗出来的。实现"八个模范"路局、"八个一流"企业的美好蓝图，奋斗才能托起梦想、成就未来。实干是最鲜明的奋斗底色。要牢记习近平总书记"空谈误国，实干兴邦"的谆谆教导，勇当起而行之的实干家，不做坐而论道的"清谈客"，"致广大而尽精微"，把职业当事业干出彩，在攻坚克难的强局奋斗中"历经风雨见彩虹"。先行是最动人的奋斗姿态。要深入贯彻落实《新时代交通强国铁路先行规划纲要》，全面推进党建引领、安全强基、重载示范等八个强局工程，用奋斗承载使命，奏响奋斗主旋律、最强音，持续推动安全服务、改革发展各项工作迈向全路前列，让高质量发展进入铁路"第一方阵"。

同唱奋斗之歌，必须在独奏和合唱上下功夫。奋斗是一首歌，既需要奋勇争先、精彩纷呈的独唱，更需要一起打拼、韵律协和的合唱。每一个太铁人都应是实施强局工程的实干家，都应是创建模范路局、建设一流企业的奋斗者。要以奋斗之我，

★迎着朝阳，腾飞吧，大秦铁路

396

圆强局之梦，人人行动、人人担当、人人尽力，"不要在最好的位置上睡觉"，坚持奋斗有我、强局有我，形成百舸争流、千帆竞发，你追我赶、竞相奋斗的争先局面。一个人的力量是有限的，而团队的力量是无限的，只要10万太铁人都将"小我"融入创建模范路局的"大我"，唱好"团结奋斗"大合唱，就能汇

涓成海、聚沙成塔，形成攻无不克、战无不胜的磅礴伟力，不断开辟太铁美好未来的新境界，开创中国重载铁路的新辉煌。

同唱奋斗之歌，必须在坚持和对标上求实效。创建模范路局，建设一流企业，"绝不是轻轻松松、敲锣打鼓就能实现的"。山再高，往上攀，总能登顶；路再长，走下去，定能到达。奋斗贵在坚持，也难在坚持。日复一日、年复一年的奋斗，以"滴水穿石、绳锯木断"的韧劲、"逢山开路、遇水架桥"的闯劲、"舍我其谁、争创一流"的拼劲，不弃微末、不舍寸功，步步为营，久久为功，定能在勇攀高峰中不断登顶、不懈努力中经常到达。先进典型是实干、先行的说明书，是奋斗者的代言人，要向他们对标，学习他们"干一行、爱一行、精一行"的敬业精神，学习他们"知重负重不言重、吃苦战苦不怕苦"的奉献精神，学习他们"勇挑重担子、敢啃硬骨头"的进取精神，尽力把工作干到一流。

星光不问赶路人，时光不负奋斗者。回首过去，我们已然走过千山万水；展望未来，还需继续跋山涉水。在逐梦强局之路上，高扬先行之帆，紧握实干之桨，把牢奋斗之舵，"太铁号"这艘铁路巨轮必将劈波斩浪，乘风扬帆远航，成功驶向梦想的彼岸。

★腾飞吧，大秦铁路

在庆祝中国共产党成立 100 周年大会上，习近平总书记指出："一百年来，中国共产党弘扬伟大建党精神，在长期奋斗中构建起中国共产党人的精神谱系，锤炼出鲜明的政治品格。我们要继续弘扬光荣传统、赓续红色血脉，永远把伟大建党精神继承下去、发扬光大！"

一切精神皆有来源。历史从哪里开始，精神就在哪里产生。中国重载铁路发展的生动实践，在大秦铁路这片工作乐土、重载沃土、奋斗热土上孕育产生、丰富发展了"负重争先、勇于超越"的精神，为我们做强做优做大重载事业提供了丰厚滋养。

跨过长桥，穿过隧洞，闯过险坡，飞越群峰，

西起煤都，铺起通天大路，东抵海天，舞起钢铁巨龙，

向着世界一流，高扬大秦精神，

把最强去追赶，把最高去攀登，

腾飞吧，大秦铁路！

奔向未来，踏上新的征程！

腾飞吧，大秦铁路！

车轮滚滚，风笛声声，万吨重载，一路飞腾，

负重争先，打造宏伟工程，勇于超越，开创美好前景，

踏着时代节拍，荡起世纪雄风，

用最好去憧憬，用最美去描绘，

腾飞吧，大秦铁路！

奔向未来，踏上新的征程！

腾飞吧，大秦铁路！

大秦铁路精神是伟大铁路精神谱系的重要组成部分，是新时代太铁人的宝贵精神财富，是激励我们奋勇前进的强大精神动力。新时代新征程必须把弘扬大秦铁路精神，落实在实施强局工程、创建模范路局、建设一流企业的全部实践之中，奋力谱写太铁高质量发展新篇章。

弘扬大秦铁路精神永远在路上。

面向未来，共同祝愿——腾飞吧，大秦铁路！

📖 媒体链接

扫一扫

歌曲：腾飞吧，大秦铁路

🎓 学习与思考

1. 如何传承听党话、跟党走的铁路红色基因，推动大秦重载文化创造性转化、创新性发展？

2. 通过重载榜样"大秦脊梁"的先进事迹，如何理解劳模精神？

3. 新时代弘扬大秦铁路精神，对于实施强局工程、创建模范路局、建设一流企业有什么重要意义？

4. 如何在岗位上争做弘扬大秦铁路精神的模范？

大事记

1983

9月　国务院召开常务会议，决定修建大秦铁路。国务院重大技术装备领导小组办公室（简称"国务院重大办"）成立大秦铁路重载列车成套设备领导小组。

1984

1月　国务院大秦铁路建设领导小组正式成立。

3月　大秦铁路装、运、卸系统工程成套设备的研制、引进和国产化工作，被列为国家12套重大技术装备中的第六项。

1985

1月　全国第一条双线电气化运煤专线——大秦铁路一期工程（大同至河北省三河县大石庄）全面开工。

1986

4月9日　时任国务院副总理李鹏视察大秦铁路军都山隧道和延庆车站，并题词"开拓前进"。

12 月 中国第一个红外线轴温追踪探测网在大秦铁路建成。

1987

12 月 全长 8460 米的大秦线军都山隧道贯通，为当时我国第二座长大双线隧道。

1988

4 月 大秦铁路双线电气化二期工程（简称"大秦铁路二期工程"，大石庄至秦皇岛，全长 242.2 公里）陆续开工。

9 月 大秦铁路公司正式成立。

12 月 大秦铁路开出第一列试运营列车。

12 月 28 日 大秦铁路一期工程建成通车。时任国务院总理李鹏出席通车典礼，后赴茶坞站为大秦铁路首列运煤专列剪彩，并题词"为运输达到一亿吨而奋斗"！时任国务委员邹家华出席通车典礼，并宣读国务院发来的通车贺电。铁道部、山西省、河北省、北京市、天津市及国务院有关部门领导同志，北京铁路局、大同铁路分局相关负责同志参加了通车典礼及剪彩仪式。

1989

9 月 我国首列万吨重载组合列车在大秦铁路开始试验。

1990

1月19日　时任中共中央总书记江泽民到大同铁路分局视察，听取关于大秦铁路应用先进技术设备的汇报。

4月26日　时任国务委员兼国家计委主任邹家华为大秦铁路配套重点工程落里湾煤炭集运站开通典礼剪彩，并于4月28日前往大同铁路分局视察晋煤外运情况，亲切慰问干部职工。

10月　大秦铁路一期工程通过国家验收。后荣获1991年国家优质工程金质奖。

1991

3月　在国家重大技术装备表彰大会上，大秦铁路万吨级重载单元列车成套设备荣获特等奖。

4月　《中华人民共和国国民经济和社会发展十年规划和第八个五年计划纲要》正式发布，"大秦线二期"被列入国家重点建设项目。

9月　在国家"七五"科技攻关总结表彰大会上，大秦铁路万吨级重载单元列车成套设备荣获成果奖。

1992

6月10日　大秦铁路首列5000吨重载列车，由8K型机车牵引，编组60辆，总重5040吨，从湖东站发出，驶向秦皇岛码头。

6月11日　时任国务院副总理朱镕基视察大秦铁路，亲切慰问当班的干部职工。

12月19日　时任全国人大常委会委员长万里、国务院副总理田纪云视察大秦铁路，亲切慰问干部职工。

12月21日　大秦铁路二期工程及全线开通典礼在秦皇岛北站举行。时任全国人大常委会委员长万里出席开通典礼并剪彩。时任国务院副总理田纪云出席开通典礼并讲话。

1993

6月7日—10日　第五届国际重载运输大会在北京召开。其间，与会专家代表赴大秦铁路考察，并在遵化北站参观了万吨重载列车。

10月　时任国务院副总理邹家华视察大秦铁路，在调度所亲切慰问干部职工。

12月　大秦铁路二期工程通过国家验收，正式投入运营。

1994

3月　大秦铁路阳原铁路煤炭专用线开通运营。

1995

大秦铁路1亿吨配套工程开工建设。

1996

9 月　为了宣传中国铁路建设的成就，中华人民共和国邮电部发行了一套《铁路建设》特种邮票，志号为 1996–22，全套共 4 枚，分别描绘了大秦铁路、兰新铁路复线、京九铁路、北京西站的形象。

10 月　大秦铁路二期工程荣获中国建筑工程鲁班奖（国家优质工程）。

1997

11 月　全路"八五"重大科技攻关项目首段 18 公里 75 千克 / 米钢轨全长淬火超长无缝线路在大秦线（重车线）铺设完成。

12 月　大秦铁路 1 亿吨配套工程完工运营。

1998

3 月　由北京铁路局和铁道部科学研究院等单位共同完成的"大秦线开行重载列车运输组织及部分设备配套技术的研究"通过铁道部技术鉴定。

4 月　经中国企业新纪录审定委员会审定，大秦铁路开行 6000 吨单机牵引重载列车及每月开行一列万吨双机牵引重载列车，被纳入中国企业新纪录。同月，大同西电力机务段与北方交通大学共同研制的 IBGJ 辅助逆变器通过铁道部技术鉴定。

1999

5 月　大秦亿吨配套秦西疏解工程荣获 1999 年度铁道部优质工程奖，大秦线 1 亿吨配套工程大里营斜拉桥、大秦线 1 亿吨配套工程信号工程荣获 1999 年度铁路工程优秀设计奖。

6 月　大秦铁路西张庄站外至柳村南站划归大同铁路分局管辖。

7 月　北京铁路局研制的"大秦线 75 kg 钢轨跨区间无缝线路维修养护方法"通过铁道部技术鉴定。

2000

12 月　茶坞供电段研制的"电气化铁道用交联聚乙烯绝缘抗冰导线"通过北京铁路局技术鉴定，在实践运用中取得良好效果。

2001

12 月　大秦线上大同铁路分局与天津铁路分局的分界站定位蓟县西站。

2002

12 月　大秦铁路年运量突破 1 亿吨，达到设计能力。

2003

大秦铁路 2 亿吨扩能改造工程开始实施。

2004

大秦铁路开始进行 2 亿吨配套工程建设，大秦线成功试验并开行单元万吨列车。

7 月 29 日　时任国务院总理温家宝视察大秦铁路，在茶坞站亲切慰问奋战在"迎峰度夏"突击抢运电煤战役一线的职工。

10 月 26 日　大秦铁路股份有限公司正式挂牌成立，10 月 28 日在国家工商总局注册，是我国第一家以路网核心主干线为公司主体的股份公司。

12 月　大秦铁路首列 2 万吨重载组合列车运行试验取得成功，并于年底实现年运量 1.5 亿吨目标。12 月 28 日，铁道部、山西省在大同铁路分局召开大秦铁路实现 1.5 亿吨庆功会。

2005

3 月　因铁道部实行铁路局直管站段管理体制改革，大秦铁路股份有限公司控股股东由北京铁路局变更为太原铁路局（2017 年 11 月 7 日名称变更为"中国铁路太原局集团有限公司"）。

4月7日　时任国务院副总理黄菊视察大秦铁路，在柳村南站亲切接见了部分劳模代表，并慰问了当班的干部职工。

9月　大秦铁路 2 亿吨扩能改造工程全线完成。

10月21日　迁（安）曹（妃甸）铁路开工典礼在迁安北站举行。

12月　大秦铁路年运量突破 2 亿吨目标，重载列车开行数量、密度达到世界先进水平，受到铁道部通电嘉奖。

2006

8月　大秦铁路股份有限公司在上海证券交易所成功上市。

12月　大秦铁路配属新型大功率和谐型电力机车，以"1+1+1"模式成功试验开行 2 万吨列车，年底实现年运量 2.5 亿吨目标。

12月26日　迁曹铁路通车庆祝大会在曹妃甸南站举行，并开行首列矿石货物列车。

2007

8月　大秦铁路成功试验开行"1+1+ 可控列尾"模式的 2 万吨列车。

12月　"HXD_2 型"大功率货运电力机车正式在大秦线

担当牵引任务，当年运量迈上 3 亿吨台阶。

2008

1 月 31 日　时任中共中央总书记胡锦涛赴大秦铁路视察，时值我国南方多地遭遇历史罕见的雨雪冰冻灾害，他在湖东站慰问奋战在抗冰救灾抢运电煤一线的职工，并指示"尽最大努力，为打好抢运电煤关键一仗作出更大的贡献"。

8 月　大秦铁路 4 亿吨扩能改造工程正式启动。

12 月　大秦铁路重载运输成套技术与应用荣获国家科学技术进步奖一等奖。

12 月　大秦铁路年运量突破 3.4 亿吨大关。

2009

3 月　大秦铁路 2 亿吨扩能工程荣获第八届中国土木工程詹天佑奖。

5 月　大秦铁路股份有限公司荣获第 11 届（2008 年度）中国上市公司百强金牛奖。

6 月 22 日—24 日　第九届国际重载运输大会在上海举行。其间，与会专家代表前往大秦铁路实地考察，并在柳村南站进行了参观。

2010

1月　大秦铁路成功试验开行了由 HXD1 型 +HXD2 型电力机车以互联互通方式牵引的 2 万吨重载组合列车。

5月　大秦铁路 4 亿吨扩能改造工程全线完成。

6月　大秦铁路向控股股东收购运输资产，太原铁路局实现主业整体上市。

12月　大秦铁路年运量突破 4 亿吨大关。

2011

12月　大秦铁路年运量持续攀升，实现 4.4 亿吨目标。

2012

5月　大秦铁路股份有限公司荣获"2012 年度中国上市公司资本品牌百强"称号。

2013

12月　大秦铁路年运量再获突破，升至 4.45 亿吨。

2014

4月2日　大秦铁路成功进行了 3 万吨重载组合列车运行试验，创下了我国重载牵引的新纪录。

9月　大秦铁路被评为改革开放 35 年百项经典暨精品工

程（铁路工程）。

12 月　大秦铁路年运量再上新台阶，跃升至 4.5 亿吨。

2015

12 月　大秦铁路股份有限公司在 2015 年中国 500 强排行榜中排名第 117 位。

2016

12 月　大秦铁路创新 9 种运输组合方式，全力组织货运上量，截至 12 月 27 日 18 时，圆满完成突运电煤任务，受到中国铁路总公司通报嘉奖。

2017

11 月　在大秦铁路第二阶段集中修施工中，首次投入使用了 JJC 型接触网检修车列。这是全国装备最先进、科技含量最高的接触网检修作业车，被称为接触网"移动检修工厂"。

2018

10 月 26 日—27 日　由中国铁路太原局集团有限公司联合承办的"中国重载铁路技术交流暨大秦重载铁路运营三十周年论坛"在太原举行。其间，举行了"重载铁路技术研究中心"揭牌仪式；与会专家代表参观了中国重载铁路发展成就展览、装备展览，以及"奋斗大秦重载脊梁"大秦铁路开通运营三十周年主题摄影展。

12月 中国铁路总公司7月份发布《2018—2020年货运增量行动方案》，大秦铁路勇当货运增量排头兵，年运量实现4.51亿吨目标，创下大秦铁路建线以来年运量最高纪录。

2019

12月 大秦铁路股份有限公司上榜2019年中国企业500强第120位。

2020

6月18日 大秦铁路日运量完成138.42万吨，创大秦铁路建线以来单日运量最高纪录。

12月18日 大秦铁路股份有限公司成功发行320亿元可转债，创造了多项A股市场历史。

2021

12月 大秦铁路在电煤保供专项行动中勇挑重担，克服新冠肺炎疫情、管内南部水害和北部集中修等不利因素影响，全力增运补欠，实现年运量4.21亿吨，有力保障了国计民生。

参考文献

[1] 铁道部大秦铁路建设办公室.大秦风采 [M].北京：中国铁道出版社，1989.

[2] 周文斌，刘路沙.乌金通道：大秦铁路建设工程纪实 [M].南宁：广西科学技术出版社，1995.

[3] 张学亮.能源动脉：大秦铁路施工建设与胜利竣工 [M].长春：吉林出版集团有限责任公司，2011.

[4] 中国国家铁路集团有限公司党组宣传部.铁路红色基因 [M].北京：中国铁道出版社有限公司，2021.

[5] 中国国家铁路集团有限公司党组宣传部.铁路红色故事 [M].北京：中国铁道出版社有限公司，2021.

[6] 铁道部大秦铁路建设办公室.大秦铁路 [M].北京：中国铁道出版社，1995.

[7] 耿志修.大秦铁路重载运输技术 [M].北京：中国铁道出版社，2009.

[8] 陈旭光，王为民，叶峪清.巨龙吟：大秦铁路开通运营纪实 [M].北京：中国工人出版社，1992.

[9] 莫伸.中国第一路 [M].北京：中国工人出版社，1992.

[10] 陈旭光.中国第一路 [M].北京：文化艺术出版社，1990.

[11] 张有松，朱龙驹.SS4 型电力机车 [M].北京：中国铁道出版社，1998.

[12] 刘豫湘，陆缙华，潘传熙.DK-1 型电空制动机与电力机车空气管路系统 [M].北京：中国铁道出版社，2002.

[13] 常崇义，王成国，马大炜．重载列车缓冲器的应用现状与发展趋势 [M].中国铁道学会：2004年度学术活动优秀论文评奖论文集，2005.

[14] 严隽耄．车辆工程 [M]．北京：中国铁道出版社，1999.

[15] 严隽耄，翟婉明，陈清，等．重载列车系统动力学 [M]．北京：中国铁道出版社，2003.

[16] 陈雷，姜岩，孙蕾．关于重载铁路货车缓冲器技术的研究 [J].铁道车辆，2007，45(8)：8.

[17] 侯文葳．大秦重载铁路修建及运营管理技术 [J].中国铁道科学，2001(06)：135-136.

[18] 廖洪涛．和谐HXD_1型大功率交流电力机车概述 [J].电力机车与城轨车辆，2007，30(1)：5.

[19] 张嘉通．试论发展我国重载列车的几个问题 [J].铁道学报，1985，000(001)：59-67.

[20] 魏国范，孙守君，赵鸣九．努力扩大运输能力，多开开好组合列车 [J].铁道运输与经济，1986(6)：4.

[21] 张辉东，王秀娟．大秦线分散自律调度集中工程实施方案 [J].铁道通信信号，2007(07)：28-30.

[22] 钱立新．国际重载机车车辆的最新进展 [J].机车电传动，2002(1)：5.

[23] 孙福祥．重载列车制动技术的发展与进步 [J].铁道机车车辆，2004，24(6)：10.

[24] 王烈．大秦线增加资本投入提高运输密度的分析 [J].铁道运输与经济，2004，26(10)：3.

后　记

扛起中国铁路重载旗帜勇毅前行

精神的火炬代代相传，精神的火焰永远向上。

习近平总书记在庆祝改革开放 40 周年大会上强调："改革开放铸就的伟大改革开放精神，极大丰富了民族精神内涵，成为当代中国人民最鲜明的精神标识！"

作为中国重载铁路的摇篮和重载技术创新的试验场，大秦铁路因改革开放而生、也因改革开放而兴，创造了我国自主创新的成功范例，不断让世界感受着中国发展的强劲脉搏。"负重争先、勇于超越"的大秦铁路精神根植于中国重载铁路高质量发展的成功实践，是绽放于伟大改革开放精神百花园中一枚璀璨的铁路标识，引领一代代大秦人和新时代太铁人牢记"大秦铁路是中国铁路科技创新的重大成果，是铁路重载的一面旗帜"嘱托，不负重托、砥砺先行、勇争一流。

车轮飞驰，不觉经年。党的十九大报告鲜明指出：要建设交通强国，要加强铁路等基础设施网络建设。《新时代交通强国铁路先行规划纲要》擘画出了一幅"高铁飞驰、路网通达，人畅其行、物畅其流"的生动民生图景，吹响了不忘初心、牢记使命，交通强国、铁路先行的出征号角。

心有所信，方能远行。在回望百年路、奋进新征程的特殊节点，编纂出版《大秦铁路精神》，旨在通过挖掘这一宝贵的精神财富，赓续铁路人始终听党话、永远跟党走的红色血脉，继承先辈们负重争先、勇于超越的优良传统，汇聚起新时代太铁人弘扬大秦精神、实施强局工程、创建模范路局、建设一流企业的磅礴力量。

编纂《大秦铁路精神》，固本元、惠当下、利长远，意义重大，容不得一丝懈怠。在中国铁路太原局集团有限公司党委的坚强领导下，编写组刚一成立，全体人员便怀着对历史负责、对组织负责、对读者负责、对自己负责的敬畏心态，全力以赴投入到编纂工作当中。大家沿着大秦铁路，深入一座座文博场馆，从蛛丝马迹中辨伪识真；遍访一处处新程旧址，从故纸堆里探寻"珍宝"；走近一个个"脊梁"人物，从他们内心深处感悟奋斗伟力，日以继夜地采访核实、反反复复地推敲查证、严谨细致地编写修订，梳理再现大秦铁路30多年负重争先的发展历程，纪实展示一代代大秦人和新时代太铁人勇于超越的创新追梦故事，认真思考大秦铁路精神从孕育产生、发展丰富，之于新时代的内涵价值和现实意义……经过半年多的艰辛努力，在各级领导的关怀鼓励和广大干部职工的协力帮助下，《大秦铁路精神》编纂工作终于如期完成了。

《大秦铁路精神》的出版，必将对填补和丰富以"人民铁路为人民"为核心内容的伟大铁路精神谱系，起到积极有益的促进作用；特别是对 10 万太铁儿女传承红色基因，赓续奋斗血脉，更好弘扬大秦精神、实施强局工程、创建模范路局、建设一流企业提供强大内驱动力。当然，大秦铁路精神内涵丰富、博大精深，与时俱进、充满活力，是全局乃至全路取之不尽、用之不竭的精神"富矿"，不可能毕其功于一役。车机工电辆供各系统的发展历程、精神理念还等着我们去梳理、发掘。谨以此书抛砖引玉，希望能唤起铁路干部职工爱党爱国爱路的自豪感、责任感、使命感，唤起太铁人扛起重载旗帜、珍视大秦荣誉，爱太铁、爱大秦的认同感、归属感、幸福感，牢牢筑起企业与职工命运共同体。

在编写过程中，我们也深深体会到，在习近平新时代中国特色社会主义思想指引下，今日之中国铁路，发展成就喜人，发展速度惊人，大秦铁路也必将跑出发展加速度，引领中国乃至世界重载铁路走好高质量发展之路。回望历史，"负重争先、勇于超越"的大秦铁路精神，诠释了一代代大秦人和新时代太铁人砥砺前行的精神密码，树起了接续奋斗的精神丰碑，标注了勇当先行的精神坐标。面向未来，大秦铁路恰是风华正茂，相信这张充满活力的"铁路名片"，定会在新的赶考之路上交出一份铁路高质量发展的精彩答卷，谱写更加辉煌的铁路篇章，为助力创建货运大局、重载强局、收入大局、效益大局、贡献大局作出新的贡献！

由于受到时间跨度和生产力布局调整等因素影响，一些早期人物和事件素材的采访、收集比较困难，导致第一手资料匮乏，给编写工作增加了不小的难度；加之编者能力有限，时间仓促，书中难免有不足之处，望请一直以来关注大秦铁路发展的各位专家、学者、读者特别是大秦铁路的亲历者们给予谅解和指正，提供更多素材和线索，为下一次的编纂备好更足的"料"。

本书在编写过程中，得到了国铁集团宣传部的关心指导，得到了太原局集团公司机关各部门、大秦铁路股份有限公司、党校（干部培训中心）、职工培训基地以及大秦铁路沿线各单位的鼎力支持，特别是王志平、任导之、刘越、刘璐瑶、许伟中、李祥国、张文昌、苗怡凡、范楚唯、林小静、郭俊峰、温连海（以姓氏笔画为序）等同志积极参与其中、贡献力量，还得到了北京局、上海局集团公司等兄弟单位的大力帮助，在此致以诚挚谢意。同时，还要郑重感谢中国铁道出版社有限公司的悉心帮助指导，感谢本书的编辑，正是他们的勤勉和敬业才使得这项工作得以圆满完成。

编　者

2022 年 3 月